Drewermann
Zwischen Staub und Sternen

Eugen Drewermann

Zwischen Staub und Sternen

Predigten
im Jahreskreis

Herausgegeben von Bernd Marz

Patmos Verlag Düsseldorf

CIP-Titelaufnahme der Deutschen Bibliothek

Drewermann, Eugen:
Zwischen Staub und Sternen : Predigten im Jahreskreis /
Eugen Drewermann. Hrsg. von Bernd Marz. –
1. Aufl. – Düsseldorf : Patmos-Verl., 1991
ISBN 3-4981-72235-7

© 1991 Patmos Verlag Düsseldorf
Alle Rechte vorbehalten. 1. Auflage 1991
Umschlaggestaltung: Peter J. Kahrl, Neustadt/Wied
Umschlagabbildung:»Ohne Titel«
von Matthias Kunkler (1990), Acryl auf Papier,
70 × 100 cm; mit freundlicher Genehmigung des Künstlers
(Foto: Felix Kunkler)
Gesamtherstellung: Kösel GmbH, Kempten
ISBN 3-491-72235-7

Inhalt

ZUM GELEIT

Die liturgische Themenvielfalt im Ablauf eines »Kirchenjahres« darf nicht zu der Annahme verleiten, erstes Ziel des Christentums sei es, für jede Frage des täglichen Lebens eine passende Antwort bereitzuhalten. Zunächst suchen die Menschen nach einer *grundlegenden* Orientierung, von der aus sie ihr Leben gestalten können, sie suchen nach Wegen aus *Angst* und *Unfreiheit*. Sie haben erspürt, daß der Mensch jenes Wesen ist, das mit seinem Haupt an die Sterne rührt und mit seinen Füßen über die staubigen Straßen dieser Welt wandert. So ausgespannt zwischen »Oben« und »Unten«, zwischen der Größe seines Traums, seiner Sehnsucht, seiner Utopie und der Mühsal seiner Lebenswirklichkeit, durchmißt der Mensch die begrenzte Spanne irdischer Existenz. Viele leiden, bis hin zur Krankheit, unter der Anstrengung zu leben und unter der Vergeblichkeit ihres Tuns. Viele haben die Orientierung verloren, sind geängstigt und unfrei. Sehr viele suchen, wenn auch vielleicht unbewußt, nach dem, *»was droben ist«*.

In seinen Predigten ringt Eugen Drewermann darum, die Erfahrungen und Widerfahrnisse des Lebens und die Angefochtenheit menschlichen Daseins nachsinnend in der Auslegung des Wortes Gottes zu bewältigen und für seine Hörer fruchtbar zu machen. »Zwischen Staub und Sternen« – als sprachliches Symbol unserer Grundbefindlichkeit – umgreift das »Memento mori« ebenso wie die Zusage »Kinder Gottes seid ihr«.

Die Sensibilität Drewermanns für menschliches Leid gründet in der Dunkelheit und Orientierungslosigkeit inmitten des Krieges, die er als Kind erfuhr, in der Bedrohung seiner Heimat und ihrer Bewohner, in der psychischen Brutalität des Sirenengeheuls und im physischen Schlag der Bombardements auf Menschen, Dörfer und Städte: »Dumpfer Schrecken hatte die Gesichter der Menschen völlig entstellt, und selbst die Erde konnte zittern und beben.« Seine antwortlose Frage an den Himmel: Warum? »Es gab keinen Halt, um sich festzuhalten in den Zeiten, da man am meisten ein Geländer brauchen würde. Die Erde, auf der wir stehen, ist eine Brücke, deren Pfeiler morsch sind. Das ist das Leben, und so sind die Menschen.« Der Psalm 23 wird ihm zum »Bunkerlied«: »Und muß ich auch gehen durch Todschattenschlucht, so fürcht' ich kein Unheil, denn du bist bei mir.«

Drewermann tritt gegen Angst, Leiden und Tod ein für ein befreites Leben »ohne Fesseln und Fangnetze«, für ein unbedingtes Vertrauen in die voraussetzungslose Gnade Gottes. Den Schrifttexten des Kirchenjahres folgend, deutet er die Frohbotschaft des christlichen Glaubens existentiell. Wir Menschen sind nie am Ziel, sondern stets »Wanderer zwischen den Welten«. Ferne Gestalten der Bibel werden gegenwärtig, uns befremdend anmutende Gleichnisse verständlich, ungeahnte Zusammenhänge biblischer Texte fühlbar. In den Fragen Ijobs erkennen wir uns ebenso wieder wie in der Selbstgerechtigkeit des Pharisäers oder im »Abseits« des Zöllners.

Die Predigten in diesem Band erhellen die dunklen Wege menschlicher Pilgerschaft; sie vermitteln die untrügliche Hoffnung, »eines Tages das Licht leuchten zu sehen, ohne das wir sicherlich nie aufgebrochen wären« (Gabriel Marcel).

Ostern 1991   *Bernd Marz*

Zum zweiten Sonntag im Jahreskreis

S ie können mir glauben, daß ich heute gerne Lesung und Evangelium mit Ihnen durchgehen würde. Über den Propheten Jona
habe ich schon oft gesprochen und über Johannes den Täufer auch. Aber
nichts geht in diesen Tagen so weiter, wie es ging, *denn wir haben
Krieg*, und also haben wir kein Recht, mit Gott zu sprechen und von
Gott zu sprechen, wie wir's gewöhnt sind. Krieg, das ist der Sperriegel
zwischen Gott und den Menschen, zwischen Himmel und Erde. Solange wir ihn nicht entfernen, ist nichts in Ordnung. Es gibt nicht einmal
ein Recht, einen Bittgottesdienst um den Frieden abzuhalten. Gott wird
sagen, was wir jedem achtjährigen Kommunionkind beibringen:
»Wenn du kommst und deine Sünden gestehen willst und auf Vergebung hoffst, entwickle ein Konzept, dein Tun wiedergutzumachen.«
Die einzige Art, das wiedergutzumachen, was jetzt geschieht, ist, laut
zu schreien in allen Kirchen und von allen Kanzeln und an jeder Stra-
ßenecke: *Hört auf mit dem Krieg!* Es gibt kein Recht, so fortzufahren!
   Heute nacht hören wir, daß wir uns wochenlang auf das Spektakel
einrichten können. Bombardement über Bombardement, 24 Stunden
täglich, über Bagdad, über Mossul, über Basra, über Kuwait, mit einer
Gewalt, die doppelt so schlimm ist wie die Bombardierung Dresdens.
Was uns die Medien präsentieren, ist Videospiel. Da sieht man, wie die
Targets formuliert werden, wie die Raketen abgeschossen werden, wie
ein Blitz aufflammt, der den erfolgreichen Abschuß der Rakete bestä-
tigt. Was man uns nicht zeigt, sind die mit Sicherheit Tausenden von
Toten. Dies hat man aus dem Vietnam-Krieg gelernt: daß man der
eigenen Bevölkerung nicht zeigen darf, was für Opfer man anrichtet.
Wir aber müssen sagen: Die Leute, die jetzt aus den Tornado-Bombern,
aus den Mirages, aus den B-52 aussteigen, verrichten keinen Job wie
irgendeinen anderen; was sie verrichten, ist das befohlene Töten von
Menschen, tausendfach und immer wieder. Und wir wissen, daß die
Militärs, wenn sie Informationen herausgeben, Zwecklügen verbreiten.
Sie lügen schon in der Vorbereitung. Noch vor Wochen hat man uns
gesagt:»Das Ganze wird sich rasch erledigen, ein chirurgischer Schnitt,
wir können das.« Nicht nur, daß wir dies nie hätten können dürfen –
jetzt wissen wir, es wird lang dauern, es wird blutig werden, es werden
viele Särge kommen. Und dann wird es sogar einen wirksamen Protest

in den USA geben. Wir protestieren immer erst, wenn es uns trifft, nicht, wenn die andern getroffen werden. Bei ihnen mag die Hölle los sein, wir werden davor abgeschirmt, sie auch nur zu sehen. Und *daß* wir nicht sehen, was wir machen, ist die Bedingung dafür, daß wir es überhaupt machen können. In diesen Tagen hörte ich die Politiker sagen, sie seien erschüttert und betroffen. Ich bin nicht erschüttert und betroffen. Dies haben wir wochenlang kommen sehen. Ich bin entsetzt, empört, wütend und verzweifelt. Dies *hätte* nicht passieren dürfen, aber wir sahen es kommen und waren am Ende sogar einverstanden. Das, was hier geschieht, ist ein Schock auf mindestens drei Ebenen. Alles, was ich dazu sagen kann, sind Anregungen zur Diskussion, keine unfehlbaren Wahrheiten, aber vielleicht Hinweise, es zu ordnen.

Der erste Schock ereignet sich *politisch*, an der Oberfläche, in wichtigen Lebensbereichen und zentralen Ordnungssystemen des Zusammenlebens. Daß wir in unserer Welt uns eingerichtet haben in dem Bewußtsein, ein demokratisch geordnetes, rechtsstaatlich begründetes, zivilisiertes und humanisiertes Gemeinwesen vorzufinden, dies erweist sich in diesen Tagen als Lüge. Daß unsere Wirtschaft in vielen Teilen korrupt ist, konnten wir wissen, haben wir gewußt; aber jetzt ist es zu Ende mit der Duldsamkeit und mit der Toleranz, ein für allemal. Die Art, wie wir mit den Ländern der Dritten Welt umgehen, ist ein für allemal zu Ende. Wir verschrotten die Produkte unserer Rüstungsindustrie, indem wir sie diesen Leuten in einem großen Bilderbuchkatalog vorlegen. Wir erzählen ihnen:»Wenn ihr alles das kauft, die Raketen, die Panzer, die Feuerleitsysteme, seid ihr unschlagbar, seid ihr die Besten und die Größten; ihr müßt nur all das kaufen, was wir hergestellt haben.« Und wenn sie das getan haben und sich einbilden, was wir ihnen erzählten, dann erscheinen sie uns als frech und hochmütig, dann müssen wir sie bestrafen. Und plötzlich erklären wir ihnen, daß wir noch ganz andere Dinge haben, auf die sie nicht vorbereitet sind. Darauf setzen wir, das sind unsere Geheimwaffen, damit drohen wir. Wir geben ihnen aber nicht einmal eine Chance, die Drohung wirklich zu begreifen. Im Tierreich hat Drohen im Kommentkampf einen Sinn, da weiß jeder Hirsch, was er vor sich hat, er sieht die Muskeln seines Gegners, er sieht seinen Kopf, er sieht sein Geweih. Wir Menschen geben einander keine Chance. Es war Albert Einstein, der 1942 beim Bau der

Atombombe von Los Alamos sagte:»Wenn wir das Ding zünden, müssen wir die Generäle dazu einladen, damit sie *sehen*, was ihnen bevorsteht.« Man hat das *nicht* getan. Man hat den Japanern nicht die geringste Warnung gegeben, man ist von den Marianen aus gestartet und hat die Bombe abgeworfen. Und als jeder sehen konnte, was in Hiroshima passierte, hat man das gleiche, weil's so schön war, über Nagasaki noch einmal gemacht. Schnell hunderttausend Tote mehr, es kommt offenbar nicht darauf an. Dies hier ist genauso. Die Irakis mögen wahnsinnig und hochmütig gewesen sein, aber was der Westen parat hat an Rüstungsmitteln, das konnte Saddam Hussein vermutlich wirklich nicht wissen. Was ein Tarnkappenbomber ist, wußten nicht einmal die Sowjets. Oder was passierte, als am 16. November die Amerikaner ihren Aufklärungssatelliten starteten, fähig, am Boden Gegenstände von 30 cm Größe zu entdecken. Jede Ratte läßt sich da beobachten. Dies konnte man wirklich nicht wissen. Jetzt können es alle wissen, und jetzt wäre die Forderung, zu sagen:»Wir hören damit auf, wir machen eine Besinnungspause, wir schlagen nicht einfach zu, weil wir dran sind, immer weiter, fabrikmäßig, indem wir den Tod produzieren. Wir machen ein Moratorium, um zu überlegen, wohin wir gekommen sind.« Und plötzlich erklären uns die Militärs, daß es kein Halten mehr gibt, jetzt bestehen die Sachzwänge. Der Point of no return ist endgültig überschritten.

Wir haben in unserem gesamten politischen Konzept die Unschuld verloren. Dreißig Jahre lang hat man uns gepredigt, daß wir den Frieden sichern, wenn wir eine starke, schlagkräftige, wirkungsvolle Armee haben. Heute begreifen wir, daß dies vielleicht glücklicherweise zwischen Ost und West funktioniert hat; es funktioniert überhaupt nicht zwischen Nord und Süd. Was für eine politische Moral erwarten wir denn im Irak, wenn wir uns darüber beschweren, daß dort ein grausamer Diktator herrscht? Und unzweifelhaft herrscht dort ein grausamer Diktator. Im Irak hat noch nie etwas anderes geherrscht als ein grausamer Diktator. Der heutige Irak ist das Produkt von Jahrhunderten osmanischer Türkenherrschaft und anschließender englischer Kolonialpolitik. Bis 1961 war Kuwait ein Protektorat der Briten zur Förderung von Erdöl, nichts weiter, und dann hat man gesagt:»Wir richten eine Regierung ein, die da so weitermacht.« Und natürlich wollen wir, daß man da so weitermacht. Das Öl von Kuwait gehört nicht Saddam Hussein, aber auch *uns* gehört es nicht. Wenn das Öl im Wüstensand

Arabiens jemandem gehört, dann der arabischen Nation, wenn es sie je
geben sollte.

Die Probleme, die wir jetzt vor uns sehen, werden uns ins kommende Jahrtausend begleiten. Die Völker der Dritten Welt haben auf
dem Weltmarkt nur eine einzige Waffe: ihre Rohstoffe, und die werden
sie gegen uns einsetzen, indem sie die Preise erhöhen, wahrscheinlich
bis auf das Fünf- und Sechsfache. Sie haben ein Recht, das zu tun, denn
sie haben anders keine Chance, ob uns das paßt oder nicht. Werden wir
dann jedem an den Hals gehen, der uns die Dinge so verkauft, wie *er* sie
braucht, statt wie *wir* sie brauchen? Grade sind wir dabei, der Welt
beizubringen, daß wir alles können, weil wir die besten Waffen haben.
Aber übermorgen werden auch die Schwachen, die Habenichtse von
heute, starke Waffen und sogar eine Atombombe haben. Wollen wir
dann gegen jeden Krieg führen?

Es gibt in dieser Welt nur eine einzige Chance: daß wir uns
zusammensetzen und die entstandenen Probleme gemeinsam lösen statt
durch Verteilung von Gut und Böse und Recht und Unrecht nach
unserem Gutdünken.

Vor allem aber müssen sich all die Jungen, die heute achtzehn Jahre
alt sind, fragen, was sie tun, wenn man sie zum Wehrdienst ruft. Wir
haben geglaubt, unschuldig zu bleiben, indem wir das Töten lernen, um
es nur nie zu handhaben. Ein für allemal wissen wir, daß, wer das Töten
lernt, um damit zu drohen, seine Drohung ernst meinen muß, oder sie
gilt nicht. Was aber ist er, wenn er bereitsteht, auf Befehl zu töten,
massenweise zu töten? Und gibt es dazu irgendein Recht?

Das ist der wirkliche Schock dessen, was sich in diesen Tagen
begibt: Wir sind mit unserer politischen Philosophie aus der NATO-Ära
endgültig am Ende. Wir haben in jedem Betracht unsere Unschuld
verloren.

Und dieser Schock wirkt bis auf die zweite Ebene, die *moralische.*
Dieser Tage fragte mich eine Lehrerin:»Was soll ich meinen Kindern
sagen?«Ich konnte ihr nur sagen:»Das einzige ist, daß Sie den Kindern
erklären: Wir als Erwachsene schämen uns vor euch, weil nichts von
dem stimmt, was wir euch beigebracht haben. Wir halten uns selber
nicht daran.« Wenn irgendein Junge auf dem Pausenhof sich mit einem
anderen Jungen schlägt, gehen wir dazwischen und lösen den Pulk auf,
der da schreit:»Haut se, haut se immer auf die Schnauze!« Wir sagen:

»So handelt man nicht als Junge! Worum geht es? Redet miteinander!« Das halten wir für Pädagogik und Erziehung: nicht das Faustrecht des Stärkeren, sondern die Kultur der Sprache. Von Mädchen erwarten wir gar nicht erst, daß sie sich prügeln, kratzen und an den Haaren ziehen, das tut kein Mädchen! Die Hälfte der Menschheit führt überhaupt keinen Krieg, solange es irgend zivilisiert zugeht. Aber auch Jungen sollten ihn nicht führen. Vom Sandkasten bis zum Schulhof begreift man das. Aber wenn ein Junge achtzehn Jahre alt ist, soll das alles nicht mehr gelten? Dann dreht sich plötzlich die Logik, und er hat erwachsen zu sein, indem er begreift, daß Recht nur Recht bleibt, wenn dahinter der Cowboy mit der Pistole oder dem Repetiergewehr steht. Ist es das, was wir lernen müssen in dieser Welt?

Noch viel schlimmer. Ein Kind, das heranwächst, hat ein Recht, zu glauben, daß die Erwachsenen Vertrauen und Respekt verdienen. Es hat ein Recht, in eine Welt hineingeboren zu werden, in welcher der Krieg eine moralische Unmöglichkeit darstellt. Grade das ist nicht der Fall. Ich selber erinnere mich, wie es war, als ich mit zehn Jahren zu begreifen begann, daß das, was in den Zeitungen steht, etwas anderes ist als in einem Tier- oder Fabelbuch oder in Felix Dahns »Ein Kampf um Rom«, daß das buchstäblich so stimmt: 1950 Korea, Gemetzel in Pusan.

»Vater, was heißt ›Gemetzel‹?«

»Das erklär' ich dir später.«

Aber ich wußte mit zehn Jahren, was das heißt. Es heißt, daß man Menschen aufspießt wie Schweine, daß man von Flugzeugträgern aus über 30 km Entfernung in Menschenmengen hineinschießt, daß die Flüsse rot von Blut sind, daß da Treibjagd gemacht, ein Kessel um Menschen gebildet und hineingeschossen wird wie auf wilde Tiere. Das ist die Wirklichkeit. Welch ein Kind begreift denn, daß das die Wirklichkeit ist, die die Menschen anrichten?

Und sie hören nicht auf damit! Sie finden es alle zwanzig Jahre ganz normal, vernünftig und gerecht, so zu tun; sie haben am Ende sogar die *Pflicht*, so zu tun; sie haben ein völlig unschuldiges Gewissen. Ich könnte begreifen, daß ein amerikanischer Präsident den Krieg erklärt, indem er weint und heult und mit den Zähnen knirscht und verzweifelt ist, weil es keine andere Möglichkeit gibt, so wie beispielsweise die Polen 1939 sagen konnten: »Lieber krepieren wir, als daß wir uns den Faschisten unterwerfen.« So mag man, von mir aus, Krieg führen, aber nicht mit der Unschuld, mit der wir dasitzen und scheinbar reine Hände haben, die wir massenweise den Tod verhängen und nicht einmal ausprobiert haben, welche Verhandlungsspielräume wir hätten. Noch am Dienstag hatten wir Verhandlungsspielräume! Das Recht der Palästinenser auf Leben wäre ein Verhandlungsgegenstand gewesen. Ich höre augenblicklich sagen:»Wer so spricht, gerät in die Gefahr, als Antisemit zu gelten.« So verhält es sich nicht. Juden und Araber konnten und können miteinander leben in Frieden, das hat die Vergangenheit gezeigt. Aber wenn Israelis und Palästinenser einen Staat auf demselben Gebiet beanspruchen, können sie nicht miteinander leben. Sie haben aber beide ein Recht, in geordneten Grenzen zu leben. Es war Ben Gurion, der sagte:»Der Zionismus wird widerlegt durch das Leiden eines einzigen arabischen Kindes.« Es sind viele tausend arabische Kinder, die leiden, und diese Region in Nahost wird nur zum Frieden kommen, wenn das Palästinenserproblem endlich gelöst wird. Ein Freund des Staates Israel muß dies als erstes wünschen, um Israels willen.

Ich höre ferner sagen:»Saddam Hussein ist ein Aggressor.« Richtig. »Er hat Kuwait überfallen, um seinen Staatsbankrott zu verhindern.« Richtig. Aber wenn wir's begreifen – welche Spielräume hätten wir gehabt, finanzielle Probleme zu lösen! Allein der Aufmarsch am Golf verursacht Kosten, die so hoch sind wie die Staatsverschuldung des Irak, und das ist nur ein Teil von dem, was dieser Krieg kosten wird.

Und ist es denn moralisch gerechtfertigt, einen völlig zerstörten Irak übrigzubehalten, ein völlig zerstörtes Kuwait?»Wir *mußten* Kuwait zerstören, um es zu retten« – ist das die militärische Vernunft?

Alle Regeln, die seit zweitausend Jahren, vom römischen Staatsrecht ausgehend, über die Bedingungen eines sogenannten gerechten Krieges formuliert wurden, stehen in erklärtem Widerspruch zur politischen und militärischen Wirklichkeit am Ende des 20. Jahrhunderts. Also genügt es nicht, wenn der Papst an Saddam Hussein und an George Bush einen Brief schreibt und wenn die Bischöfe auffordern, um Frieden zu beten. Es genügt in *keiner* Form. Es genügt auch nicht, wenn Bischof Kruse einen Tag vor Ausbruch des Krieges erklärt, er könne dazu nichts sagen, er wisse ja heute noch nicht, was er morgen sagen könnte, und im Vaterunser stehe:»Erlöse uns von dem Bösen, denn dein ist das Reich und die Macht und die Herrlichkeit.« Theologische Floskeln beleidigen Gott, wenn Menschen einander töten. *Das* ist die

Wahrheit. Es hätte jede moralische Instanz, die sich auf Gott berufen will, heute die bittere Pflicht oder die selige Notwendigkeit, zu erklären, daß ein Krieg moralisch absolut unmöglich ist. Dieselbe Kirche, die erklärt, daß eine Frau, die nicht mehr weiterweiß, eine Mörderin ist, wenn sie ihre Leibesfrucht abtreibt, hat am Ende des 20. Jahrhunderts das Recht und die Pflicht, zu sagen:»Das befohlene Töten von Menschen ist gegen jedes Gottesrecht, und wer sich daran beteiligt, wird aus der Kirche ausgeschlossen.« Das wäre die *Pflicht* der Kirche, aus ihrer eigenen Denktradition heraus zu sagen: Einen gerechten Krieg gibt es nicht, es gibt nur verbrecherische Kriege, gleich für welche Ziele. Eine moralische Unmöglichkeit des Krieges bedeutet, daß wir überhaupt nicht erst mehr darüber nachdenken, ob ein Krieg sein kann oder nicht. Er löst nicht ein einziges Problem, er schafft unentwegt immer neue. Das wußten wir, aber wir haben den Krieg nie ausgeschlossen. Er war uns nie so unmöglich, wie wenn wir überhaupt keine Waffen hätten, wie wenn wir mit der Kuchenrolle und mit der Mistgabel aufeinander losgehen müßten. Immer noch haben wir Spielräume gelassen für die Mächtigen, am Ende doch noch zu tun, was sie wollten. Genau das geht moralisch *nicht* an!

Ich höre die »Lektion von 1938«: die Verhandlungen in München und die Lehre, die daraus zu ziehen wäre, daß Hitler mit Friedensbedingungen und Verhandlungen nicht an die Leine zu legen war. Winston Churchill wird zitiert:»In dieser Stunde der Wahl zwischen Krieg und Schande, wählte Chamberlain beides.« Wir sind stark und mutig, stolz und kräftig, wir wählen den Krieg und die Würde! – Ist es das, was wir aus 1938 gelernt haben? Wenn wir Hitler hätten bekämpfen wollen, wir, die Deutschen, hätte die katholische wie die protestantische Kirche in Großdeutschland eine ausgezeichnete Chance gehabt. Sie hätte die Bibel lesen müssen mit demselben Ernst, wie die Zeugen Jehovas das konnten. Sie sagten:»Keinen Kriegsdienst!« Sie gingen lieber in die KZ's, als ihn mitzumachen. *Das* wäre die Widerlegung Adolf Hitlers gewesen.

Nie wieder Krieg! Und das Verbrechen, einen Krieg mindestens der Drohung nach zu ermöglichen: Schluß mit der Rüstung! Schluß mit den Waffengeschäften! Schluß mit der Produktion eines Bewußtseins, daß wir stark sein müssen, um friedfertig zu werden! Stärke ist eine *seelische* Kraft, die von innen kommt. Sie ist nicht zu erreichen mit Kanonen, Panzern und Raketen. Die Moral des 20. Jahrhunderts ist

entweder eine pazifistische oder überhaupt keine. Aus all den Kriegen
der Vergangenheit müssen wir lernen, daß Mut vielleicht in den
Schlachthäusern der Historie gelernt wurde, aber ab sofort sich als eine
zivile Kraft gegen den Krieg richtet. Sich gegen den Krieg zu stellen
verlangt viel mehr Tapferkeit, Selbständigkeit, Widerspruch und Geradheit als die graue Anpassung, auf Befehl irgendeinen »Job« zu
verrichten.

Es ist aber der Schock, der von diesen Tagen ausgeht, am tiefsten
religiös. Wir stehen dabei, zweitausend Jahre nach Christus zu bemerken, daß wir mit allem Reden, mit Millionen von Gottesdiensten nichts
von dem tun, was Jesus wirklich wollte. Es ist der Offenbarungseid für
uns, und es gibt dafür nicht die geringste Entschuldigung. Die Phraseo-
logie muß den Abschied nehmen, es habe Jesus, als er sprach: »Wider-
steht dem Bösen *nicht!* Reagiert nicht auf das Böse! Laßt euch von dem
Bösen nicht die Handlungsanweisung für euer eigenes Tun vorschrei-
ben!«, lediglich den privaten Bereich gemeint, er habe womöglich nur
gemeint, daß Mann und Frau miteinander auskommen sollen, damit es
keine Ehescheidung gibt. Für Jesus war die Zweiteilung zwischen
Individuum und Kollektiv ganz unmöglich. Jesus hat *Menschen* gesehen. Er hätte überhaupt nicht verstanden, wieso wir beides auseinander-
nehmen: Einerseits ist jemand Politiker, und andererseits ist er Fami-
lienvater; hier ist er Soldat, und da ist er Staatsbürger, und das Zivile
und das Politische können sich unterscheiden, wann immer es sein muß.
Eben diese Aufspaltung geht bis an die Schizophrenie, sie macht uns zu
Wahnsinnigen. Das, was Jesus wollte, gilt entweder ganz oder gar
nicht.

Wir *hätten* Spielräume gehabt, das Böse durch das Gute zu überwinden. Allein in der Kostenrechnung läge die Chance auf der Hand. Wir
würden Saddam Hussein sagen: »Dies, was sich hier abspielt, ist für
dich und für uns genauso reiner Wahnsinn, der Zusammenbruch aller
Menschlichkeit, und wir hören damit auf. Wir als die Stärkeren, die wir
es uns scheinbar leisten könnten, hören freiwillig damit auf. Deine
Staatsschulden sind dir geschenkt. Aber wir brauchen das Öl, begreif
das auch; wir können nicht die ganze Welt zusammenbrechen lassen,
nur weil du denkst, alles bleibe bei dir. Laß uns verhandeln!« Es wäre
eine *christliche* Möglichkeit. Warum gilt sie immer noch als Utopie?
Warum traut sich kein Politiker, seinem Volk zuzumuten, daß es andere

Handlungsmotive gibt als den brutalen Egoismus? Warum ist es nicht möglich, einem Volk zu erklären, daß wir mitunter Opfer bringen müssen, damit wir am Ende uns selbst weniger schädigen, daß es zumindest eine Rationalität des Egoismus gibt, die den anderen miteinbeziehen muß, von Nächstenliebe ganz zu schweigen? Aber wie weit entfernt sind wir von dem, was wir gleich feiern wollen, dem Opfer der Versöhnung, der Mahlgemeinschaft der Liebe! Nichts von dem stimmt heute, das ist die bittere Erkenntnis. Wir hantieren mit Worten, wir spielen mit Zeichen, aber wir weigern uns, von Sonntag auf Montag zu kommen mit dem, woran wir glauben. Also woran glauben wir dann?

Es wäre möglich, zu sehen, daß sich gemeinsam viel aus den Überlieferungen der Völker lernen ließe. Es wäre möglich, mit dem Islam als einer Schwesterreligion zu rechnen. Was Mohammed im 7. Jahrhundert wollte, war keine neue Religion, sondern die Wiederherstellung der Religion Abrahams. Er hat uns viel zu sagen, dieser große Mann aus Mekka. Warum gibt es keine Weltbrüderschaft zwischen Christen, Juden und Muslimen? Und es wäre nur der Anfang von Humanität im Namen Gottes für ein Drittel dieser Welt. Jedes Sichberufen auf Gott zum Zwecke der eigenen Rechtfertigung beleidigt Gott, macht ihn zum Ideologenpopanz, zu dem lieben Gott der Theologen, der aber in Wirklichkeit zu einem Götzen für die Menschen, zu einem bluttriefenden Gott wird.

Und der Gott des Himmels wird nichts tun. Er wird sagen:»Lernt aus euern Fehlern, aber hört auf zu beten: Lieber Gott, mach, daß es keinen Krieg gibt.« Wir, die wir erwachsen sind, haben kein Recht, uns in die Winkel der Kirchen zu hocken und die kleinen Kinder zu spielen, die unschuldig sind und Angst haben und sehen möchten, wie ihr Obervater, der Papst in Rom, auch betet und wie sie gemeinsam sich trösten inmitten ihres Durcheinanders. Wir, die Erwachsenen, sind zuständig für unsere eigenen Kinder, und wir haben sie zu schützen in ihrem Vertrauen in uns, in die Menschlichkeit. Wir haben kein Recht zur Regression, wir haben stark zu sein, ebendeswegen hat es auch keinen Sinn, sich dauernd vorzubeten, was ein Krieg am Golf alles anrichten kann, wovor wir Angst haben müssen: Die Ölpreise werden steigen, eine Baisse an der Börse, Instabilität in Nahost, Wolken, die die Atmosphäre verseuchen können, wenn der Golf in Brand steht. Vor all dem kann man Angst haben, und sie ist mehr als berechtigt. Aber das wirkliche Problem ist das Grauen vor den Menschen, das wirkliche

Problem liegt darin, daß der Himmel sich längst verdüstert *hat*, wenn Menschen so fortfahren, über Menschen zu reden, zu denken und gegen sie zu handeln. Wieviel an Pesthauch verwesender Menschenkörper brauchen wir noch, ehe wir spüren, wie uns die Luft ausgeht? Wie tief müssen wir noch ins Blut hinein, bis wir an der eigenen Blindheit ersaufen? Die Zukunft ist eine pazifistische, oder sie ist gar keine.

Deshalb ist vielleicht der einzige Trost in diesen Tagen, daß eine ganze Jugend aufbricht gegen die Propaganda aller Medien in den letzten Monaten und sich weigert, zu glauben, daß es ein Recht auf einen gerechten Krieg gibt. Sie sagt nein. Sie kann dafür Motive haben, gleich wo sie herkommen. Diese Jugendlichen frieren sich die Beine krumm auf den Straßen, und sie kämpfen für den Frieden und wollen keinen Krieg mehr, um den Preis jeder Infragestellung. Dies ist womöglich die einzige Hoffnung in Deutschland: daß wir aus der Vergangenheit für die Zukunft lernen und sagen: *Nie wieder Krieg!* Es ist die einzige Botschaft, die wir als Deutsche, als die Schwerverbrecher des »Dritten Reiches«, der Welt von morgen zu sagen hätten.

Also Schluß damit, daß wir debattieren, ob der Jäger 90 in den Blaupausen hergestellt wird oder für 100 Milliarden Mark schon in die Fertigung kommt. Setzen wir das Geld doch da ein, wo es hingehört, und lamentieren nicht herum, was unsere Sicherheit wert ist. Es gibt sie nicht isoliert, diese Sicherheit. Politik macht man nicht wie ein Igel, indem man sich zusammenrollt und die Raketenstacheln ausfährt. Sicherheit gibt es nur in einer gemeinsamen Menschheit oder gar nicht.

Und dann werden wir, mit dem Blick auf diese Jugend, die sich weigert, hoffentlich sagen können, daß es Erinnerungen gibt, die wir nicht vergessen sollten. Auch Saddam Hussein wird uns nicht das Gesicht der Araber und ihrer Kultur vergessen machen. Von Mesopotamien haben wir alles gelernt, was Zivilisation ausmacht, das Lesen und das Schreiben, die Einteilung der Zeit in zwölf Stunden, die Monate des Jahres. Noch am Anfang des Mittelalters war die arabische Kultur der europäischen bei weitem überlegen. Damals gab es in Sevilla beleuchtete Straßen, Moscheen für Hunderte von Menschen, die Kunst, Seide zu weben, und die Mathematik und den Beginn der Naturwissenschaften. Wir verdanken den Arabern unendlich viel für unsere Welt. Gäbe es nicht eine Schuld zurückzuzahlen, heute, wo sie anscheinend die Schwächeren sind? Sie sind ein stolzes und ein großes Volk. Und ich begreife nicht, wie man in Verleugnung aller psychologischen Regeln der Menschheit will weismachen können, man wolle den Frieden, indem man als erstes den Gegner demütigt.»Gib auf, du Ratte, oder ich zerquetsche dich« – ist das die Sprache eines Verhandlungsangebotes? Jeder, der Arabien kennt, weiß, was die Reaktion sein wird.

Und schließlich sollten wir nicht vergessen, daß wir in einer Welt leben, die trotz allem ihre Schönheit bewahrt. Am Donnerstagmorgen, wissend, daß die 18000 Tonnen Bomben über Bagdad regnen würden, schaute ich aus dem Fenster auf die Kastanie drüben. Im Sonnenaufgang spielte ein Eichhörnchen darinnen, tanzte über die Zweige wie über eine Straße. Es gibt Augenblicke, in denen man sich schämt, ein Mensch zu sein. Tiere führen keine Kriege. Aber vielleicht lernen wir von der Unschuld der Tiere und unserer eigenen Kinder.

Ich wage nicht zu beten:»Gott, vergib uns unsere Schuld.« Es gibt Bedingungen: Denn wenn ihr nicht vergebt des andern Schuld, wird auch euer himmlischer Vater euch nicht vergeben. Machen Sie daraus Politik.

Tags darauf stand Johannes abermals da und zwei von seinen Jüngern. Und auf Jesus hinblickend, der des Wegs kam, sagt er: Siehe, das Lamm Gottes! Und es hörten die beiden Jünger ihn reden, und sie folgten Jesus. Als aber Jesus sich wandte und sie folgen sah, sagt er zu ihnen: Was sucht ihr? Sie sprachen zu ihm: Rabbi – was übersetzt: Lehrer bedeutet – wo ist deine Bleibe? Sagt er zu ihnen: Kommt, so seht ihr. Sie gingen also und sahen, wo seine Bleibe war. Und sie blieben jenen Tag bei ihm. Es war um die zehnte Stunde. Andreas, der Bruder des Simon Petrus, war einer von den beiden, die es von Johannes gehört hatten und ihm gefolgt waren. Der findet zuerst Simon, seinen eigenen Bruder, und sagt zu ihm: Den Gesalbten – was übersetzt: Messias bedeutet –, den haben wir gefunden. JOH 1,35–42

Gefragt nach den wesentlichen Augenblicken unseres Lebens, werden die meisten von uns sich an ein paar Momente erinnern können, die entscheidend waren für alles Weitere, das kam, und sie werden sich an diese Momente oft genug auf die Stunde genau zu erinnern vermögen, waren doch diese Begebenheiten wie Weichenstellungen, aus denen sich die späteren Jahre wie einfache Konsequenzen ableiteten. Fast immer sind solche Entscheidungsaugenblicke verbunden mit Begegnungen bestimmter Menschen, die in unser Leben traten wie gerufen, als wenn alles in uns seit langem grade darauf vorbereitet gewesen wäre. Was wir Berufung nennen, ist meistens solch eine Begegnung all dessen, was in unserem Leben angelegt ist, jetzt aber endlich sich Bahn bricht, so als hätte man einen Vogel, der geschaffen ist für das Licht und die Freiheit, wochen- und monatelang in einem viel zu engen Käfig im Dunkel gehalten und es fiele jetzt endlich das Licht auf ihn und es öffnete sich seine Gefangenschaft in die Weite. So setzt, was wir Berufung nennen, all unser Verlangen nach Licht und nach Freiheit ins Offene.

Die Begegnung mit Jesus muß diesen beiden Jüngern so erschienen sein wie ein Aufbruch und ein Finden, wie ein Suchen und Erhörtwerden. Sehr tief muß in ihrem Leben die Gestalt Johannes' des Täufers sich eingeprägt haben, aber das vierte Evangelium gibt sich alle Mühe, die Gestalt des Täufers am Jordan nicht als das Wesentliche hinzustellen, viel eher wie einen Übergang, wie einen Hinweis: er sei nicht das Wichtige; der nach ihm komme, bedeute alles. Und in der Tat. Die

Predigt des Johannes in ihrem ganzen Ernst endet an einem Punkt, wo es nicht mehr weitergeht. Soll darüber hinaus etwas folgen, müßte es buchstäblich auf der anderen Seite des Jordan beginnen. Was Johannes zu sagen vermag, ist, daß Gott ein Leben verlangt, das in den Grundvorstellungen von Gerechtigkeit, Solidarität und Menschlichkeit wenigstens einigermaßen so aussieht, wie es sollte. Und nähme man auch nur dieses Wenige ernst, wüßten wir, daß wir immer wieder wie hilflos uns selber gegenüberstehen und in den besten Dingen, die wir zu tun versuchen, oft und immer wieder das Gegenteil des Beabsichtigten erreichen. Wenn irgend wir zu uns selber kommen können, so müßte es geschehen durch eine andere Art der Begegnung mit uns selber, und sie müßte uns geschenkt werden, wie aus einer anderen Welt an uns herantretend.

Das ist es, was das vierte Evangelium Johannes dem Täufer als letztes in den Mund legt: »Seht das Lamm Gottes.« Jeder in Israel, der diesen Ausdruck hört, denkt unwillkürlich an die Worte aus dem 53. Kapitel des Propheten Jesaja von dem Knecht Gottes, der in die Hände der Sünder gegeben wird wie ein Lamm an der Schlachtbank, das verstummt vor dem Messer des Schlächters. Es ist paradox, daß grade diese Verheißung, je länger wir in der Schule Johannes' des Täufers zu Hause sind, sich als das einzig Bleibende und Wesentliche herausstellt: Wenn unser Leben in Ordnung kommen soll, dann brauchen wir jemanden, der so ist wie dieser Gottesknecht des Jesaja, ein Mann, der auf den Straßen nicht lärmt, der nicht lauthals angstverbreitend und furchterregend Forderungen erhebt, sondern jemand, der in die schon erlöschende Flamme einer Kerze mit mildem Atem bläst, um sie neu zu beleben, der das geknickte Rohr nicht zum Anlaß für das Ausreißen nimmt, sondern versucht, es aufzurichten. Einzig eine solche geduldige und milde Güte kann uns das Leben schenken. In der Welt, in der wir existieren, kann man vorhersehen, daß es wenig Raum gibt, dem Platz zu bieten. Eine sanfte und milde Güte ist etwas Gefährliches in dieser Welt. Aber wir brauchen sie, trotz aller Widerstände und aller Widersprüche, die sich dagegen anmelden. Wir vertragen am allerwenigsten das scheinbar so Einfache. Man hat uns grade im Umgang mit Gott allzumeist belehrt, daß zu ihm zu kommen eine anstrengende, ernste, schmerzvolle Strapaze sei, so daß sich in uns selber immer wieder der Argwohn regt, man vereinfachte unzulässig, man vermenschlichte zu sehr, man verharmloste womöglich die Bot-

schaft von Gott, man reduzierte sie auf das Nur-Menschliche, wenn
man sie begriffe als etwas ganz und gar menschlich Gütiges und uns
selber zum Leben Begleitendes. Aber so wollte Jesus sein, so und nicht
anders. Es muß die beiden Jünger des Johannes wie magisch hinter ihm
hergezogen haben.

Alles, was in solchen Berufungsgeschichten erzählt wird, verdichtet
in Minutenschnelle, was in unserem Leben Jahre in Anspruch nehmen
kann. Allein dieses Hinterherlaufen, dieses In-die-schon-gebahnten-
Wege-Treten, dieses Folgen auf einen fremden Anruf hin kann ganze
Spannen unserer Kindheit und Jugend übergreifen. Irgendwie folgen
wir dem Beispiel und dem Vorbild Jesu. Irgend etwas, was uns
wesentlich erscheint, haben wir von ihm gehört, und dennoch wissen
wir buchstäblich kaum, worum es uns selber dabei geht. Irgendwann
wird dieser Zeitpunkt kommen, daß Jesus sich umdreht, uns selber
fragt:»Du, in deinem Leben, was suchst du? Was meinst du wirklich?«
Und es kommt darauf an, daß wir uns ernstlich klarwerden, auf was
unser Leben sich ausrichten soll und worauf wir selber aus sind.
Merkwürdigerweise werden wir dann, ganz ähnlich wie die Jünger hier,
uns und dem Fragenden eingestehen müssen, daß wir gar nicht *etwas*
suchen, sondern immer einen Ort, an dem wir zu Hause sein können,
eine Wohnung und eine Stätte zum Bleiben. Alles menschliche Verlangen geht danach, an den Ort zu gelangen, wo der Himmel die Erde
berührt und diese heimatlose Erde beginnt, uns vertraut zu sein, wo wir
gewissermaßen bei uns selbst ankommen und wissen, wohin wir
gehören. Ein solcher Ort läßt sich nicht befehlen, nicht von außen
beschreiben, nicht diktieren. Das einzige, was Jesus sagen kann, ist:
»Kommt und seht selber.« Es ist eine Einladung, mit ihm dorthin zu
gehen, wo er selber sein Zuhause hat.

An dieser Stelle berichtet der Text von keinem Wort, das zwischen
Jesus und den Jüngern gesprochen worden wäre. Nur allzu gern wüßte
man, was sich ereignet hat, daß diese beiden später sagen können:»Wir
haben den Messias, den Christus, gefunden.« Aber geht es bei allem,
was uns wesentlich ist, nicht immer grade so, daß es sich wie wortlos
ereignet und wir kaum sagen könnten, was sich dort begibt? Ist es nicht
auch so, daß jede wahre und tiefe Begegnung von einem bestimmten
Punkt an sozusagen zu intim wird, als daß man sie noch nach außen
setzen könnte und schildern dürfte? Dennoch läßt sich in etwa der Inhalt
der Erfahrung wiedergeben, den diese beiden Jünger des Johannes,

diese beiden Christus-Berufenen nunmehr gemacht haben müssen. Es muß für sie so gewesen sein, daß sie ans Ende all ihrer Sehnsucht kamen, daß sie wußten, sich selbst in der Nähe Jesu gefunden zu haben. Es muß ihnen so ergangen sein, wie Jesus später selber sagen wird: sein Joch sei leicht und seine Bürde wohltuend, als würden von unseren Schultern alle Bedrückungen abgenommen. Sie müssen es so erfahren haben, wie das Johannesevangelium Jesus selber später sprechen läßt, als dringe Licht in die Dunkelheit. Hier ihnen gegenüber war jemand, von dem es heißen wird: Er wußte, was im Herzen der Menschen vorging. Und wieviel an Inhalt lag darin! Jesus, den Messias, wird das Johannesevangelium sagen lassen, er sei das Brot, das in Wahrheit vom Himmel auf die Erde gekommen sei, nicht wie das Manna der Wüste, er sei wie das Wasser des Lebens, das hinüberspringt in die Ewigkeit, er sei die Frucht des wahren Weinstocks. Und all dies, Nahrung und Erneuerung und Wiedergeburt und eine Freude bis zur Grenze des Rauschhaften, muß in der Nähe und Gegenwart Jesu sich diesen Jüngern mitgeteilt haben.

Wir haben noch eine gewisse Probe dessen, was sie erlebt haben, in der Gestalt des Simon. Als er zu Jesus kommt, schauen die Augen seines Meisters, seines Rabbi, ihn an, durchdringen ihn ganz und setzen sein Wesen frei, so daß sein Name sich ändert. Von ihm, der es nie von sich glaubte und der in seinem Leben manches tun wird, das anmutet wie das ausgemachte Gegenteil, wird doch gelten: »Du bist der Kephas, der Fels« – etwas Solides und Stabiles bei allem Auf und Ab der Stimmungen und allem Chaos von gutem Willen und Angst. Du bist die Grundlage einer ganzen Gemeinschaft von Menschen.

Das muß der zentrale Punkt der Begegnung mit Jesus gewesen sein: daß ein jeder verstand, was seine Aufgabe war in seinem Leben – vor Gott und den Menschen berufen.

ZUM DRITTEN SONNTAG

Als er am See von Galiläa umherging, sah er zwei Brüder: Simon, den Petrus genannten, und dessen Bruder Andreas, wie sie ein Rundnetz in den See warfen; sie waren ja Fischer. Und er sagte zu ihnen: Auf, mir nach! Und ich werde Menschenfischer aus euch machen. Sogleich ließen sie die Netze und folgten ihm. Und weiterziehend von dort, sah er zwei andere Brüder: Jakobus, den Sohn des Zebedäus, und dessen Bruder Johannes, wie sie im Boot mit ihrem Vater Zebedäus ihre Netze zurechtmachten. Und er rief sie. Sogleich ließen sie das Boot und ihren Vater und folgten ihm. MT 4,18–22

Welche Macht ist imstande, Menschen aus der ihnen vertrauten Umgebung herauszureißen und in ein völlig anderes Leben zu stellen? Was geht in Menschen vor, wenn sie alles stehen und liegen lassen, um das Risiko eines Lebens ungesicherter Zukunft, ungewissen Unterhalts und eines Schicksals, das nicht vorhersehbar ist, auf sich zu nehmen?

Die Macht, die das vermag, nennt das Matthäusevangelium die Botschaft vom Reich Gottes. Es ist die Schilderung eines Lebens, zu dem wir eigentlich berufen sind, das wir aber in dieser Klarheit selten wirklich vor Augen haben. Es ist die Meinung Jesu, daß ein jeder Mensch das Mitglied eines noch verborgenen und dennoch in einem jeden gegenwärtigen Königreiches sei. Wenn er nur beginne, sich auf seine eigene Würde zu besinnen und sich so wahrzunehmen, wie Gott ihn gemeint hat, falle es von ihm ab wie unsichtbare Stricke und Fesseln, er sei frei. Das Evangelium meint, daß diese Freiheit so sei, wie wenn Krankheiten und Leiden endgültig weichen könnten.

Wieviel an Not und Elend breitet sich in unserem Leben aus, nicht weil es schicksalhaft verhängt oder von außen wie ein böser Fluch verordnet wäre; es sind vielmehr ganze Zonen unseres Lebens aus Mangel an Mut zu uns selber und an mangelndem Vertrauen in unsere eigene Freiheit an andere abgegeben, allem Anschein nach bis zur Unverantwortlichkeit, bis zur Entfremdung – mit der Folge, daß wir nicht leichter und einfacher leben, sondern abhängiger, verschüchterter und gequälter.

Es gibt zwei große Formen, diesen Zustand der Abhängigkeit nahezu als eine sichere Tatsache theoretisch festzuschreiben und demgemäß dann praktisch zu leben. Die erste dieser Anschauungen lautet, daß wir grade das seien, was unsere soziale, wirtschaftliche Umwelt für uns bestimmt. Wenn Menschen leben wollen, müssen sie sich zunächst ihre Lebensgrundlagen schaffen. Sie müssen einen Beruf erlernen, ihr Einkommen erwirtschaften, ihr Auskommen sicherstellen. Da wir alle so leben, scheint daraus wie selbstverständlich hervorzugehen, daß die Kunst des Überlebens schon das ganze Leben und mehr eigentlich auch gar nicht zu erwarten sei. Wenn jemand weiß, welcher sozialen Schicht er angehört, dann ist sein Leben gewissermaßen vorgezeichnet. Alles sieht so aus, als ob er in einem Netz gefangen wäre und mit allem Zappeln und Strampeln sich nur immer enger festschnürte. Diese theoretische Vorstellung dient inzwischen zur Interpretation ganzer Geschichtsabläufe, ganzer Phasen der Gegenwart, dient auch dazu, über Menschen zu urteilen, sie einzuteilen, sie zuzuweisen, sie zu verurteilen, je nach dem Standpunkt.

Diese kleine Geschichte aus dem Matthäusevangelium zeigt, daß all diese Rechnungen mit Menschen das Allerwichtigste außer acht lassen: daß Menschen berufen sind zu ihrer Freiheit und daß, wenn sie nur eine gewisse Ahnung davon gewinnen, all die scheinbaren Fesseln nicht mehr gelten, in denen sie wie Gefangene lebten. Bis dahin waren Petrus und Andreas nichts weiter gewesen als Fischer am See Gennesaret, wie Hunderte ihresgleichen. Nichts war besonders in ihrem Leben, nichts ungewöhnlich in ihrem Alltag. Niemand, der sie von außen sah, hätte glauben mögen, daß grade diese beiden zu etwas Besonderem bestimmt seien. Mit welchen Augen muß Jesus begabt gewesen sein, um zu sehen, daß Menschen, die scheinbar nur dahinleben, in Wirklichkeit Wartende sind, daß Leute, die die alltäglichen Handgriffe in der Kunst des Überlebens pflegen, in Wirklichkeit sehnsüchtig Suchende sind, und daß man nur das Wort aussprechen muß, die Zeit sei reif, und sie machen sich auf, um etwas ganz anderes zu suchen, das dennoch ihnen selbst am allernächsten ist. Reich Gottes nennt das Matthäusevangelium dieses Geheimnis, das stärker ist als alle Bindungen, das größer ist und weiter als alle Einschnürungen, denn es läßt uns Menschen leben. Es macht uns zu Menschen, weil es uns sagt, daß wir Kinder Gottes sind, nicht Kreaturen dieser Erde, sondern Geschöpfe des Allmächtigen.

Eine zweite Lehre und Anschauung ist genauso verbreitet, privater, persönlicher zugeschnitten. Diese Ansicht findet sich nicht in den Lehrbüchern der Soziologie und der Wirtschaftskunde, mehr in den Lehrbüchern der Psychologie und der Psychotherapie. Sie lautet, daß wir Menschen bestimmt sind, als Kinder unserer Eltern zu leben. Wenn wir, das Erbgut einmal abgerechnet, vor allem den Weg unserer seelischen Prägung in den frühen Kindheitsjahren genau genug zurückverfolgen, werden wir beizeiten merken, daß das meiste Unglück im Leben von Erwachsenen darin liegt, daß sie irgendwann einmal Kinder waren und in einer ganz bestimmten Weise Kinder sein mußten. Wie quälen wir uns mit all den Einengungen und Ängsten, die man uns beigebracht hat, noch ehe wir fünf Jahre alt waren. Scheinbar muß das unabänderlich so weitergehen, weil die Macht der Trägheit, das Gesetz der Schwerkraft offenbar auch in der Seele mehr vermag als all die Sehnsucht nach Glück, als aller guter Wille, oft sogar mehr als die Energie der Liebe. Es ist ein Weg, die Not der Menschen sehr einfühlend zu verstehen, wenn man sie als Opfer betrachtet. Aber wenn es dabei bleibt, ist es eine hoffnungslose, schicksalsgläubige, völlig entmutigende Weltsicht. Will man von Leiden und Krankheiten befreien, so muß man mehr vom Menschen wissen, als daß man ihn zurückdressieren kann auf die Ebene von intelligenten Tieren.

Menschen vermögen für ihr Leben selber verantwortlich zu zeichnen, und sie sind imstande, die Hypothek des Elternhauses noch einmal zu durchdenken, sogar eines Tages zu verlassen, und es ist oft nur eine Frage des Zeitpunkts: wann wir Menschen begegnen, die imstande sind, uns dort herauszuführen. Grade das Wunder, wie Menschen frei werden von der Bindung an ihre Familie, von den Fesseln ihrer Vergangenheit und Kindheit, hat sich ereignet in der Berufung des Jakobus und Johannes. Noch sitzen sie im selben Boot bei ihrem Vater, und ihr Leben könnte noch drei oder fünf Jahrzehnte so weitergehen, es wäre ganz normal, es wäre in gewissem Sinne sogar ihre ganz einfache und selbstverständliche Pflicht, sie aber lassen alles stehen und liegen, vergessen ihre Verantwortung für ihre Angehörigen und machen sich auf in ein Leben der Freiheit. Jesus hat als Versprechen nur eine einzige Erwartung: daß wir alles wiederfinden könnten, Vater, Mutter, Schwestern, Brüder, Boote, Fangnetze, alles – hundertfach, innerlich. Wenn wir nur beginnen, wirklich zu leben, werden wir andere Menschen finden, genau so sehnsüchtig wartend nach der gleichen Weite und Größe ihres Lebens, und sie werden uns sehr nahe sein. Und wenn wir die vordergründige Angst: »Was werden wir heute essen und was werden wir morgen beißen?« abstreifen, werden wir merken, daß es jenseits der Angst so vieles gibt, wovon wir leben können. Was am Anfang wie ein Wagnis aussieht, ist in Wirklichkeit ein Aufblühen in einem Leben ohne Leid und Krankheit, unverbogen und gerade. Wir Menschen sind dazu berufen! So fing es an am See Gennesaret und hört nicht auf bis ans Ende der Tage.

ZUM VIERTEN SONNTAG

Einen Propheten wie mich wird dir der Herr, dein Gott, aus deiner Mitte, unter deinen Brüdern, erstehen lassen. Auf ihn sollt ihr hören. Der Herr wird ihn als Erfüllung von allem erstehen lassen, worum du am Horeb, am Tag der Versammlung, den Herrn, deinen Gott, gebeten hast, als du sagtest: Ich kann die donnernde Stimme des Herrn, meines Gottes, nicht noch einmal hören und dieses große Feuer nicht noch einmal sehen, ohne daß ich sterbe. Damals sagte der Herr zu mir: Was sie von dir verlangen, ist recht. Einen Propheten wie dich will ich ihnen mitten unter ihren Brüdern erstehen lassen. Ich will ihm meine Worte in den Mund legen, und er wird ihnen alles sagen, was ich ihm auftrage. Einen Mann aber, der nicht auf meine Worte hört, die der Prophet in meinem Namen verkünden wird, ziehe ich selbst zur Rechenschaft. Doch ein Prophet, der sich anmaßt, in meinem Namen ein Wort zu verkünden, dessen Verkündigung ich ihm nicht aufgetragen habe, oder der im Namen anderer Götter spricht, ein solcher Prophet soll sterben. DTN 18,15–20

So halten sie in Kafarnaum Einzug. Und gleich am Sabbat, die Synagoge betretend, nahm er die Lehre auf. Da waren sie außer sich aufgrund seiner Lehre. Er nämlich war als ihr Lehrer ein Vollmachtbesitzender, nicht wie die Schriftgelehrten.

Denn gleich war (da zum Beispiel) in ihrer Synagoge ein Mann in unreinem Geiste; aufschrie der, sprechend: Was haben wir mit dir zu schaffen, Jesus, Nazarener? Bist du gekommen, uns zu verderben? Ich weiß von dir, wer du bist: Der Heilige Gottes! Doch anherrschte ihn Jesus, sprechend: Schweig still, und: Hinaus fahre aus ihm. Da: ihn schüttelnd, der unreine Geist, aufschreiend mit lautem Geheul, fuhr er aus ihm heraus. Da erschauderten alle, daß sie sich fragten und überlegten: Was ist das! Eine neue Lehre in Vollmacht! Sogar den unreinen Geistern gebietet er, und sie gehorchen ihm! Und hinausging die Kunde von ihm sogleich, überallhin, in das ganze Umland von Galiläa. MK 1,21–28

Einen Propheten wie mich wird dir der Herr, dein Gott, erstehen lassen.

Diese Verheißung, die Mose aussprach in den Steppen Moabs, gewissermaßen als Testament seines Abschieds, sah das Neue Testament erfüllt in der Gestalt des Jesus von Nazaret. Mann kann darüber diskutieren, in welcher Weise man sich das Auftreten Jesu vorstellen muß; sicher ist, daß viele seiner Zeitgenossen ihn der ganzen Statur nach für einen Propheten gehalten haben, sogar seine Gegner. Noch beim Prozeß vor Pilatus bezeichnen sie ihn als Lügenpropheten. Sie glauben ihm nicht, aber die Art, wie er spricht, ist prophetisch. Das leugnen sie nicht. Die an ihn glauben, sehen in ihm einen zweiten Mose, den Propheten, der verheißen war. Wenn *Mose* sprach, hob sich die Angst auf, die das Volk ergriffen hatte, als es unter den Blitzen am Gottesberg die Worte des Gesetzes seines Gottes hörte. Es war ein Gott, der zwar bei seinem Volke war, aber gleichermaßen Furcht wie Ehrfurcht auf sich zog. Man war in seiner Nähe sicher, aber seiner selbst blieb man stets ungewiß. Konnte es nicht sein, daß die Völker recht hatten, die behaupteten, dieser Gott selber sei ein Dämon, seine Versprechen, in die Freiheit zu führen, führten ins Nichts? Immer, wenn Israel Hunger litt und Durst, schien ihm diese unheimliche Seite seines Gottes viel näher als die gütige und fürsorgliche.

Im Munde *Jesu* war zwischen dem Gesetz, das Gott spricht, und der Sehnsucht, die sich im Menschen ausspricht, kein Gegensatz. In seiner Nähe wurde Gott eindeutig ein Gott, der alle Ehrfurcht verdient, aber alle Angst aus dem Herzen des Menschen nimmt, ein vertrauenswürdiger Gott, der mit uns durch dick und dünn geht. Es ist im Grunde das, was in den Propheten lebte und was Jesus aufgriff: daß Gott nicht spricht aus den Büchern der Gottesgelehrten vergangener Zeiten, so daß man ihn studieren müßte, um ihn zu verstehen, und auswendig lernen müßte, um ihn auf den Lippen zu tragen. Gott spricht in unserem Herzen, wenn wir es nur hören. All die Propheten zitierten selten eine Autorität aus der Überlieferung. Sie wagten ganz im Gegenteil zu glauben, daß ihr kleines Ich Träger sein könnte von etwas so Übergroßem wie dem göttlichen Wort. Die Weise, wie die Propheten von sich selbst, von ihrer eigenen Person, ihrem Auftrag, ihrem eigenen Ich sprachen, war ganz und gar geprägt von dem Ich, das Gott sagt, wenn er mit dem Menschen redet. Und beide, Gott wie Mensch, König und Bote, hingen so eng zusammen wie Erregung und Schwingung, wie Antrieb und Impuls, untrennbar verbunden miteinander.

Nur Sprachrohr wollten sie sein, diese Männer Gottes, aber sie waren eine Erschütterung für alle Zeiten. Sie lehrten, daß es gelte, eine eigene Person zu gewinnen im Gegenüber Gottes, so frei, so mutig, so verantwortlich, so unableitbar eigenständig, wie es nie vorher gewagt worden war. Von außen betrachtet, mag manches in den Reden der Propheten sich anhören wie fanatisch gesprochen, wie ein zorniger Kampf gegen die Vielgötterei, aber diese Männer wußten, daß wir unser Leben nicht zerfallen lassen dürfen in ein Vielerlei einander widersprechender absoluter Bestimmungen, in alle möglichen Komplexe, die miteinander im Widerstreit liegen und keine Einheit zulassen – Mächte in der Welt, Inhalte unseres Lebens, an die wir uns alle klammern, wie wenn sie das Letztgültige bedeuteten, und immer bleiben wir Diener fremder Götter, finden nie zu uns selber und werden nie eine mit uns selber einige Person. Die Propheten lebten ihre eigene Freiheit so mutig, daß sie die Könige in die Schranken forderten, wenn sie sahen, daß am Hofe Unrecht geschah. Sie riskierten Kopf und Kragen, wenn sie der Macht gegenübertraten. Sie waren keine Volkstribunen, die sich vor den Königen geduckt hätten, um zu werden wie das Gras auf dem Feld, gleichförmig mit der Menge, in die sie sich hätten zurückziehen können. Sie wußten, daß auch die Meinung der Menge beweglich ist wie die Wellen auf dem Ozean. Sie standen zwischen allen Parteien, zwischen Oben und Unten, einfach weil sie Mittler sein wollten zwischen dem Himmel und der Erde. Und weil das nur in Freiheit ging, standen sie vielleicht im stärksten Kontrast zu den Priestern im Tempel, zu dem ritualisierten, formalisierten, beamteten Sprechen von Gott. Sie dachten, dieses beleidige Gott so sehr, wie es eine Frau beleidigen würde, die wirklich liebt, wenn sie hören müßte, daß sie beamtetermaßen geliebt werden soll. Das ist das Ende jeder persönlichen Beziehung. An etwas anderem als an Personen aber ist Gott durchaus nicht interessiert. Das lebten die Propheten, das verkörperte Jesus. Nur deshalb hatte er die Kraft, Dämonen auszutreiben in Kafarnaum, ein Ende der Fremdbestimmung, ein Ende der Menschenangst, ein Ende des von außen kommenden Geredes mitten im Herzen der Menschen.

Zum fünften Sonntag

Ist nicht Kriegsdienst des Menschen Leben auf der Erde?
Sind nicht seine Tage die eines Tagelöhners?
Wie ein Knecht ist er, der nach Schatten lechzt,
wie ein Tagelöhner, der auf den Lohn wartet.
So wurden Monde voll Enttäuschung mein Erbe,
und Nächte voller Mühsal teilte man mir zu.
Lege ich mich nieder, sage ich:
Wann darf ich aufstehn?
Wird es Abend, bin ich gesättigt mit Unrast, bis es dämmert . . .
Schneller als das Weberschiffchen eilen meine Tage,
der Faden geht aus, sie schwinden dahin.
Denk daran, daß mein Leben nur ein Hauch ist.
Nie mehr schaut mein Auge Glück.   IJOB 7,1–4.6–7

Kein Buch der Bibel und nur wenige Bücher der Menschheits-
literatur überhaupt wagen es, in solcher Radikalität zu fragen
wie das Buch Ijob, so daß es einem den Atem verschlägt, darüber zu
sprechen im Rahmen eines festlichen Gottesdienstes. Wir sind es
gewöhnt, daß die Religion fertige Antworten hat auf alle nur erdenk-
lichen Fragen, die für unser Leben wichtig sind. Das glaubten auch die
Freunde des Mannes Ijob; sie saßen an seiner Seite und berieten ihn in den
Weisungen der überlieferten Religion, zitierten die Schriften, kommen-
tierten das Gotteswort, aber sie erreichten nicht das Herz des leidenden,
sich quälenden und verzweifelten Ijob. Und wie könnten sie auch! Nur
das Leid stellt Fragen, die bis zum Abgrund gehen, denn jedes Leid kann
Wunden schlagen, die bis ins Zentrum reichen.

Es gab im Alten Testament eine überkommene Geschichte von einem
Mann, der begütert war und dem Gott, um ihn zu prüfen, durch die Hand
des Satans alles nimmt, was er besitzt, und er wird rein erfunden wie
geschmolzen Gold, denn nicht wendet er sein Herz ab von Gott, sondern
spricht: »Nackt kam ich aus dem Mutterschoß, nackt geh' ich dahin; der
Herr hat's genommen, der Herr hat's gegeben, der Name des Herrn sei
gebenedeit.« – Ein Heiliger, dieser Ijob, und er wird siebenfach belohnt
durch Gott, der die Treue zu erstatten weiß.

Eine schöne, beschauliche, fromme Legende. Aber in ihre Fugen, in ihre aufgebrochenen Risse gießt ein später Dichter alle Fragen der menschlichen Existenz, wie flüssiges Blei, so giftig atmend, so schwer, so verwundend. Es soll und darf kein Wort unausgesprochen bleiben, das im Herzen von Menschen wohnt – das ist der Gedanke dieses Dichters oder dieser Dichtergruppe. Was Menschen bewegt, hat ab sofort auch Gott zu bewegen, oder er hört auf, der Gott der Menschen zu sein, der Gott des Ijob zum Beispiel. Kein Verzweiflungsschrei, der nicht gewagt werden dürfte, und keine Frage sollte ungestellt bleiben, selbst wenn sie ohne Antwort von Menschen und von der gesamten Theologie, die man kennt, dastünde. Wenn Gott nicht hört, wer dann? Und Menschen mögen schwätzen, was sie wissen oder zu wissen glauben – ein Funken Ehrlichkeit ist besser als alles Gerede. Darum formt dieser Dichter des Buches Ijob Zeile um Zeile von Schmerz und Frage, von Aufschrei und Aufruhr und will den Himmel aufreißen, wie ihm die Erde aufgerissen ist. Am Ende schließlich – das vielleicht erstaunlichste Wort des ganzen Alten Testaments – bekennt sich Gott zu dieser Art der Fragestellung, einfach weil sie stimmt, echt ist und von innen kommt. Und abgefertigt werden die Abfertiger der guten Worte, Elifas, Bildad und Zofar und wie die Herren heißen, die Dauerwisser und Schriftenzitierer. Worum aber geht es im Buche Ijob?

Sechs Verse der heutigen Lesung genügen, um jedes aufgestrichene Farbenspiel von den Gläsern der Fenster zu entfernen und Durchblick zu schaffen auf einen Hintergrund, den auch nur zu sehen wir uns fast weigern: »Ist nicht Kriegsdienst des Menschen Leben auf der Erde?« Weiß Gott. Schauen wir genau hin und fragen, wie die Menschen wirklich fühlen, so werden sie so sagen: Wir schlagen uns herum und wissen kaum, wozu. Wir kennen nicht einmal den Auftraggeber, nur daß jeder Tag, der beginnt, anstrengend ist, Auseinandersetzungen fordert, ein Kampf ist, oft auf Leben und Tod, und man weiß überhaupt nicht, wozu, nicht einmal, wie man da hineingerät. »Und sind seine Tage nicht die eines Tagelöhners?« Mit einem Wort: Man ist in Dienst genommen auf Abruf, in der Herren Willkür steht man, unmächtig, über das eigene Schicksal zu verfügen, und darf froh sein, geduldet zu werden im Umkreis aller möglichen Schikanen. Wie ein Knecht sei der Mensch, meint das Buch Ijob, der nach Schatten lechzt. Und das versteht ein jeder. Wieviel an Sehnsucht nach Ausruhen und Niederlegen und Unterschlupffinden gibt es! Endlich wäre die Sonne nicht so grell, die Hitze nicht so drückend und all die Qual nicht derart anstrengend, Schatten zu suchen, der doch unerreichbar ist, denn man ist nichts als Fronsklave, nichts als Leibeigener, Abhängiger.

Nicht soziale Strukturen sind das, die dort angesprochen werden, Formen entfremdeter Arbeit, die sich religiös hochreflektieren. Nein, Schikane, Tyrannei und Ausbeutung sind hier das Grundgefühl des Lebens selber, als hielte die Natur uns in einem Schraubstock eingeschlossen und drehte das Gewinde immer enger gegen uns und wir stünden da und wüßten ihm nicht zu wehren. Selbst wenn wir ausruhen könnten, so beklagt sich dieser Mann Ijob, und legten uns nieder am Abend, schreckte es uns hoch vor innerer Unruhe, so daß wir am Beginn der Nacht schon wieder auf den Morgen warten und die Stunden sich dehnen und dehnen und die Zeit will nicht verrinnen, während unser ganzes Leben dahineilt, ohne daß wir auch nur Atem zu schöpfen wissen.

Was soll ein solches Leben, dahintaumelnd und -springend schneller als ein Weberschiffchen? Diese Lesung endet mit den fast bitteren Worten: »Denk, daß mein Leben nur Hauch ist, nie mehr schaut das Auge Glück.« Wenn es so ist mit unserem Leben, wer will dann messen und wer richten? Manchmal denke ich, wir folgten im Christentum und in unserer Gesellschaft einer fast erbarmungslosen Ideologie, die darin besteht, daß ein Menschenleben unter allen Umständen, egal was auch geschieht, als so gewollt, also durchhaltefähig, durchhaltepflichtig angesehen wird. Es hat keine Sinnlosigkeit zu geben, sie wäre ein Zeichen des Unglaubens; es hat keine Verzweiflung zu geben, sie wäre ein Mangel an Gottvertrauen; die Welt ist wohlgefügt in jeder Einzelheit, Gott meint unser Glück, und die ganze Welt ist wohlbestellt. Nicht so diese acht Zeilen aus dem Buche Ijob. Offenbar irrt sich, wer da denkt, es gebe eine Vorsehung speziell für ihn, es sei das Drehen der Fixsternsonnen und der Galaxien just auf seine Bedürfnisse nach Leben und Zufriedenheit berechnet. Es kann Gott im ganzen so den einzelnen nicht meinen, und wenn er es nicht kann, gibt es auf der Ebene der einzelnen Existenz unsäglich viel Leid, das *keinen* Sinn ergibt, unendlich viel an Zumutungen, für die es keine Lösung gibt. Wie lebt man damit? Sollten wir im Christentum nicht fähig sein, zuzugeben, daß die Abgründe viel größer sind, als wir mit dem Netzwerk der fertigen Auskünfte zu verharmlosen suchen? Könnte es nicht sein, daß Gott eines Tages sich grad zu den Verzweifelten von der Art des Ijob viel eher bekennt als zu der Auskunftei zünftiger Berater in Sachen Gottes? Und was machen wir dann für eine Ethik auf, die wieder Menschenleben in Kriegsdienst verwandelt und in Tapferkeit an der Front, auszuhalten gegen Schmerz, Verzweiflung, Not, Krankheit? Erst wenn es überhaupt nichts mehr gibt, was sich von außen an Forderung gegen Menschen richten könnte, kann man den schmalen Pfad der Lösung, den das Buch Ijob dann geht, für sich selber mitzuvollziehen suchen.

Es ist gegen Ende dieses großen Gedichtes, daß, nachdem jede Auskunft versagt, Ijob noch einmal beginnt, das Leben von vorn zu lernen. Er hat nichts mehr in seinen Händen, es ist ihm alles genommen, es gibt nichts, worauf er sich berufen könnte, selbst sein guter Name ist verschwunden. Gott ist ihm mehr als fragwürdig, wenn er denn überhaupt existiert, sein Körper eine einzige Wunde, die Liebe seiner Frau verloren, es ist, als wär' das ganze Leben eine fortschreitende Subtraktion. Aber jetzt beginnt Ijob mit einemmal, nicht nur die Welt, die Menschen und den Schöpfer in Frage zu stellen, er selber wird sich fragwürdig mit seinen Maßstäben und Erwartungen. Er, Ijob, beginnt mit einemmal zu begreifen, daß er von der ganzen Welt so gut wie nichts versteht, und es geht ihm auf, daß, wenn auch in all den Dingen und in ihren Ordnungen nichts liegt, das nur ihn meint, dennoch das Ganze wunderbar genannt zu werden vermag. Im 39. und 40. Kapitel des Buches Ijob beginnt Gott selber zu erscheinen, mit einer einzigen Kaskade von Infragestellungen des Ijob. »Sag mir, als die Himmel gemacht wurden, als das Meer aus seinen Tiefen brach, wer löste da die Riegel der Urflut? Sag's, Ijob, du warst ja dabei. Weißt du, wann die Hindinnen kreißen auf den Bergen? Knüpfst du das Band des Orion?« Und schließlich legt Ijob die Hand auf den Mund wie ein Knabe, dem man das Schwätzen verbietet.

Nichts bleibt von unseren Ansprüchen, aber die Frage gilt dann doch: Wie leben wir mit der Vergänglichkeit? Wie bewahren wir unsere Würde im Anblick des Todes? – Sehen wir einmal davon ab, daß das Buch Ijob die Antworten, die das Christentum zu geben sucht, noch gar nicht kennen kann; antworten wir mit dieser großen Dichtung auf die nächstliegende, einfache Weise. Sie sehen in irgendeinem Film in der Serengeti eine Herde Antilopen grasen. Im Gebüsch duckt sich ein Gepard oder eine Löwin, die auf der Jagd ist. Die Antilopen sehen die Gefahr nicht, wittern noch nicht die tödliche Bedrohung, sondern äsen weiter in Ruhe. Erst wenn der Beutegreifer zum Sprung ansetzt, beginnt die Jagd, und schon wenige Minuten, nachdem das Opfer gewählt und geschlagen ist, ist dieselbe Herde wieder in Gleichmut und Frieden. In der Natur gibt es den Schrecken des Todes nur momentan im Austausch des Lebens. Anders bei uns Menschen. Uns ist der Tod die ständige Bedrohung. Wir sehen den Geparden und die Löwin zu jeder Sekunde unserer bewußten Existenz im Grase kauern. Wir sind ständig auf der Flucht vor etwas, dem wir entlaufen möchten, und wissen doch genau, daß in der Fluchtrichtung wieder Gepard und Löwin auf uns warten.

Was also können wir tun gegen die ständige Angst des Kriegsdienstes des Lebens? Folgen wir dem Buche Ijob, gälte es, paradoxerweise, im Vertrauen auf die Ordnung des Ganzen wieder so etwas zu erlernen wie eine Dankbarkeit für die kurze Zeitspanne, da das Weberschiffchen seinen Faden schlägt, ohne das Muster zu kennen, zu dem es beiträgt. Es gälte, soweit es denn möglich ist, die Wärme der Sonne auf der Haut und die Kühle des Wassers und die Schöne des Mondscheins zu genießen. Es gälte ein Stück Dankbarkeit zu lernen für die Wärme der Sprache und des Atems eines Menschen an unserer Seite. Es gälte ein Stück Zufriedenheit zu üben mit dem, was unsere eigenen Hände in aller Bescheidenheit zu wirken vermochten. Es gälte den Austausch wahrer Gespräche miteinander zu pflegen. Und es wäre möglich, ein Vertrauen in ein wechselseitiges Verstehen zu üben. Könnten wir nicht aufhören, einer vor dem anderen zu stehen und zu sagen: »Ich weiß, wie das Leben ist, ich hab's gelernt, ich bin's, von dem man Weisheit erfahren kann?« Wenn wir sagen könnten: jedes Leid, das tief ist, stellt uns selber mit in Frage, und wir hätten womöglich am Ende kein Wissen, wie es geht, aber Tränen des Mitleids, die stimmen, wir hätten keine Worte, zu trösten, aber wir wären gemeinsam im Verstehen – wär' das nicht besser als alles Reden und Rätseln? Und könnten wir so nicht eine ideologiefreie Menschlichkeit üben? Dieses Buch Ijob, diese sechs Verse, die wir heute morgen daraus hören, denkt, daß es der rechte Weg wäre, Gott zu finden: nicht im Wissen von etwas, aber im Begegnen und Gemeinsamsein, möglichst bedingungslos, was immer sich ereignen mag. Erst wenn wir aufhören zu zensieren, wird unser Blick offen. Erst wenn wir niederlegen, was wir an Hypothek krummer Gedanken auf die Schulter gebürdet haben, können wir den Rest der Strecke aufrecht gehen, selbst durch das Leid, bis in die Zonen des Einverständnisses.

ZUM SECHSTEN SONNTAG

Da kommt zu ihm ein Aussätziger, ihn kniefällig bittend und zu ihm sagend: Wenn du willst, kannst du mich reinigen. Da ward er von Mitleid [von Zorn] ergriffen, und die Hand ausstreckend berührte er ihn und sagt ihm: Ich will, sei rein! Und gleich ist der Aussatz von ihm weggegangen, und er ward gereinigt. Doch mit Gewalt in ihn dringend trieb sogleich er ihn hinaus und sagt ihm: Hab acht! Zu niemandem! Gar nichts sagst du! Sondern verschwinde! Dich selber zeige dem Priester und bringe deiner Reinigung wegen, was Moses bestimmt hat, zum Zeugnis für sie. Der aber ging hinaus und begann es vielfältig zu verkünden und das Tatwort herumzureden, so daß er öffentlich in keine Stadt mehr hineingehen konnte, sondern draußen in der Einsamkeit blieb. Doch sie kamen zu ihm von überallher. MK 1,40–45

Für gewöhnlich, wenn ein Mensch in Not ist und Hilfe braucht, wendet er sich einem anderen zu und sucht seine Nähe. Nur eine Krankheit gibt es, die Menschen von der Gemeinschaft anderer ausschließt: die Krankheit des Aussatzes. Wer von ihr behaftet ist, muß von weitem her auf sich aufmerksam machen und den anderen warnen, daß er nicht zu nahe in sein Leben tritt. Er muß versuchen, den anderen zu fliehen, denn man hat ihn gelehrt, daß er sich als eine ansteckende Gefahr betrachten muß. Stets muß er fürchten, daß die schwärende Wunde seines Daseins den anderen unzumutbar ist.

Einen jeden von uns hat man in gewisser Weise gelehrt, sich so zu sehen, daß es ganze Zonen seines Daseins gibt, die für die Augen der anderen unzumutbar sind und die er selber wie etwas Unreines, Unanständiges zu betrachten hat, das, wenn's nach außen kommt, von den anderen empfunden wird wie etwas Stinkendes, Unansehnliches, Entsetzliches, Gefährliches; und er muß sich verbergen, sich verschweigen, sich verwahren. Denn er ist nicht rein, so hat man uns gelehrt.

Es gibt unter Menschen Spielregeln und Gesetze. Sie alle versuchen, die menschliche Not zu reglementieren und Umgangsformen festzusetzen, wie man miteinander auskommt, selbst als Leidender. Keine dieser Regeln vermag etwas anderes, als das Elend festzuschreiben und auf den Begriff zu bringen und in Wahrheit menschliche Nähe zu verhindern. – Es ist ungeheuer viel, daß in diesem Evangelium ein Aussätziger es wagt, die Bestimmungen des Mose, die Bestimmungen Gottes zu übertreten. Man hat ihm beigebracht, daß er die Pflicht hat, von weitem zu schreien »Unrein! Unrein!«, damit jeder Reißaus nimmt vor ihm. Aber diesmal tut er es nicht, sondern wagt sich in die Nähe Jesu. Freilich, er kommt mehr gekrochen als gegangen, kniefällig und bittend. Aber er weiß diesmal, daß es sein Leben gilt und daß er so tun muß und es eine höhere Verpflichtung gibt als die Bestimmungen des Gesetzes. Er traut sich, sich einem anderen zuzumuten, und er wagt es, um Hilfe zu flehen. Für diesen Moment vergißt er, was man ihm immer wieder vorgehalten hat: er könne eine ansteckende Gefahr für den andern sein, vor der man auf der Hut sein müsse. Diesmal weiß er, daß es eine Chance gibt, sein Leben zu verändern, und daß, wenn er's diesmal nicht wagt, es nie wieder sein wird.

Damit beginnt die Geschichte eines Wunders von einem Aussätzigen, der den Mut hat, die Gesetze zu vergessen, aber zu hoffen auf Mitleid, Barmherzigkeit und Verstehen.

Das andere Wunder begibt sich im Herzen Jesu. Er *hat* Mitleid und streckt seine Hand aus. Auch er sollte das nicht tun, er hätte zu meiden, was da vor seinen Füßen liegt, er hätte sich zurückzuziehen als ein Mann des Anstandes und des Gehorsams. Man mache sich einmal klar, daß niemand, der ein Wunder wirkt, schon wissen kann, ob es gelingt, sonst gäbe es Regeln, die jedes Wunder beseitigen. Es ist immer neu, das Risiko eines ganzen Lebens im Vertrauen auf den Beistand Gottes. Und manchmal gibt es die Möglichkeit zu scheitern. Was dann? Gesetzt, der Aussätzige wäre nicht geheilt worden, alle hätten dann gewußt, daß man so auch gar nicht hätte handeln dürfen. Der Aussätzige hätte zu Jesus gar nicht kommen dürfen, Jesus hätte den Kontakt mit ihm meiden müssen, wofür hat man schließlich die Gesetze? Steht es nicht geschrieben? – Jesus wagt es. Noch ehe das Wunder sich begibt, ist es eigentlich schon geschehen, daß in diesem Moment auf der einen Seite die Not, auf der anderen Seite das Verstehen alles, was Menschen trennt, beiseite schieben und daß Jesus den Mut hat, zu sagen: »Ich will, sei rein.« Was soll man auch von Gott her einem Menschen anderes sagen, als daß er ein Recht hat, sich von seinem Schöpfer her zu betrachten als von Grund auf rein statt unanständig, schön statt häßlich, menschlich statt vertiert, groß statt ein Wurm, und daß er ein Recht hat, Kontakt zu suchen und die Nähe zu wagen?

Es könnte auch noch just in dem Augenblick, da Jesus seine Hand ausstreckt, geschehen, daß den Aussätzigen Panik erfaßt und er begreift, was er tut: er könnte Jesus infizieren, er könnte sein Unheil ausbreiten, er könnte sich und den anderen gefährden; es könnte sein, daß er schreiend, »Unrein! Unrein!« rufend, das Weite sucht grad im Moment seiner Heilung. – Er wagt es, der Aussätzige, bei Jesus zu bleiben. Und sofort, sagt das Evangelium, wich der Aussatz von ihm. Dieses unglaubliche »sofort« ist mehr als problematisch. Denn wenn jemand will, daß ein anderer rein wird, braucht es für gewöhnlich Zeit, viel Zeit. »Ich will, sei rein« heißt zunächst: Ich möchte, daß du alles sagst, was man in dich hineingepumpt hat an Verleumdung, an Angst, an Lüge, an Verfälschung, an Minderwertigkeitsgefühlen, an Selbsthaß, an Zerstörungswillen. Sprich es aus, laß es heraus bis zum letzten Wort, vorher gibt es keine Reinheit. Und hör auf, davor Angst zu haben. Jede Quelle, die zu fließen beginnt, bricht sich Bahn mit viel Geröll, Schutt, Lehm und Schlamm. Wenn du dies vermeiden willst, wird es keine Reinheit geben. Laß deine Quellen fließen. Und laß dir Zeit. Wahrscheinlich gibt es niemals in unserem Leben ein Sofort, und die meisten Krankheiten haben schon darin ihren Grund, daß man stets verlangt: »Rein! Rein! Und auf der Stelle!« Dies ist, was Menschen zerstört: daß man ihnen beibringt, wie sie konform, nach der Norm, uniform zu sein haben, perfekt und auf der Stelle. Dann weiß kein Mensch mehr, wie er sich wagen, riskieren und leben soll. Er kann nur wieder unsichtbare Gettos um sich bauen. Aber wenn der Mut zu leben wächst, dann, in der Tat, verändert sich eine ganze Welt. Er war rein. Und etwas Wunderbares, wie als Kommentar dazu, schärft Jesus dem Geheilten ein: »Sag niemandem ein Wort.« Denn es geht ganz wörtlich darum, zu vergessen, was die anderen reden. Es kommt nicht darauf an, wie sie dies beurteilen, was sich da begeben hat. Ihr Kommentar ist überflüssig, ihr Gerede auf den Gassen nebensächlich. Das einzige, was der Mann tun soll und worauf es wirklich ankommt, ist, in den Raum des Heiligtums zu treten, in die Zone der Gnade, der er sich verdankt und die ihn leben läßt. Sich Gott zu zeigen, wie er von Gott geschaffen wurde, dies ist die Verwirklichung des Wunders.

Man mochte eben noch Angst haben vor der Anarchie, die zu drohen schien, wenn Gesetze gebrochen würden – die Wahrheit ist, sie stellen sich lebendig wieder her. Ganz nach der Ordnung trägt Jesus dem Geheilten auf, sich dem Priester zu zeigen nach der Vorschrift des Mose. Wenn Menschen ihre Reinheit wiederfinden, wird nie etwas zerstört, aber es wird lebensfähig, wird nie etwas zerbrochen, aber es kann wachsen, wird nie etwas aus der Ordnung geführt, sondern es kommt in Ordnung, für immer.

Paradoxerweise läßt sich das Wunder nie verheimlichen, es dringt doch nach außen, und merkwürdigerweise kehrt es sich plötzlich um. Jesus, der grade den Aussätzigen heilte, ist mit einemmal in gewissem Sinne selber ein Ausgesetzter. Auch der Ruhm kann eine Art von Aussatz werden. Er führt dazu, daß Jesus die Öffentlichkeit förmlich meidet. Die Öffentlichkeit, die Menge und all die Sammlung von Eitelkeiten und Hoffarten und erstickenden Erwartungen ist wirklich eine Gefahr. Jesus verläßt sie und zieht sich zurück an einsame Orte außerhalb der Städte. Wie um sich zu schützen, braucht er die Zone der Ruhe, der wahren Begegnung unter Menschen, abseits des Rummels. Sonst würde die Kraft zum Wunder verlöschen, und nur so bleibt sie erhalten. Grade deshalb aber kamen die Leute von überall her zu ihm, damals wie heute und zu allen Zeiten.

Und er hob seine Augen zu seinen Jüngern und sagte:
Selig, ihr Armen,
denn euer ist das Königtum Gottes.
Selig, die ihr jetzt hungert,
denn ihr werdet satt gemacht werden.
Selig, die ihr jetzt weint,
denn ihr werdet lachen.
Selig seid ihr, wenn die Menschen euch hassen,
und wenn sie euch ächten und fluchen
und euren Namen als bösen verwerfen
um des Menschensohns willen.
Freut euch an jenem Tag und hüpft. Denn da! Groß ist euer Lohn im
Himmel. Denn gerade so machten es ihre Väter den Propheten.
Jedoch: Weh euch, ihr Reichen,
denn weg habt ihr eure Ermutigung.
Weh euch, die ihr jetzt vollgestopft seid,
denn ihr werdet hungern.
Weh euch, die ihr jetzt lacht,
denn ihr werdet trauern und klagen.
Weh, wenn alle Menschen euch schöntun,
denn gerade so machten es ihre Väter den Trugpropheten.

LK 6,17–26

Fälschlich spricht man die Worte dieser Seligpreisungen der sogenannten Bergpredigt des Herrn zu. Im Matthäusevangelium werden vergleichbare Worte vom Berg herunter gesprochen als das Gesetz des neuen Gottesvolkes herab von einem neuen Sinai. Die Worte hier nennt man die Seligpreisungen aus der Feldpredigt des Lukas, und selbst dieses Wort ist unzutreffend. Es sind im Grunde Worte, gesprochen aus der Tiefe hin zum Abgrund. Nirgendwo sonst sieht man den Herrn sich so tief zum Elend aller Menschen neigen und sich in den Staub beugen, wie um nur ja niemanden zu zertreten mit der Last der Rede von Gott. Es ist, als ob der Herr einen jeden einladen wollte. Wollte man eine Einleitung für diese Worte bilden, so müßte man sie aus den Worten Jesu selber formen: »Kommt her zu mir, ihr alle, die ihr mühselig und beladen seid, euch will ich aufrichten.«

Es finden sich unter allen von Menschen überlieferten Reden keine Worte wie diese: »Selig seid ihr Armen; ihr einzig werdet wissen, welche Macht Gott in eurem Leben haben kann« (so wird man »euch gehört das Reich Gottes« wiedergeben müssen). Als wenn Christus uns förmlich beschwören wollte, alles Äußere, all die Maskeraden des scheinbaren Glücks abzutun, so fleht er uns an, uns zu der Wahrheit unseres Herzens zu bekennen, die da lautet, daß wir im Grunde allesamt abhängig sind von der Güte, dem Verständnis und der Barmherzigkeit. Jeder, der zu sich selber auch nur ein Stück weit hinfindet und ein wenig vertrauen lernt, wird sich in seinem Herzen die Armseligkeit, die Sehnsucht und die Traurigkeit eingestehen müssen. Sie erst sind es, die uns menschlich und sensibel für die Not der anderen machen. Warum darf es eigentlich auf dieser fluchbeladenen Erde nicht sein, daß man ein eigenes und wahres Gefühl äußert? Wieso muß man sich unbewußt nach wie vor an die Zwangsparole halten, die vor fünfzig Jahren ausgegeben wurde: »Ein deutscher Junge weint nicht!«? Grade diese furchtbare Ideologie hat mehr Tränen über unser Jahrhundert gebracht als jede andere.

Es ist einzig der nicht endende Krampf der seelischen Fitnessmacher, der ständigen Erfolgsstrategen, der Planer und Verwalter des Dauerglücks, die uns an den Abgrund und in den Ruin bringen. Ein Mensch, der offen zu sagen wagt, wie es um ihn steht, wie er fühlt, kann für sich und seinesgleichen auf der Stelle viel verständisvoller und viel gnädiger sein, als wenn er immer wieder seine eigene Armut wegdrükken, seine Tränen hinunterschlucken, seine Sehnsucht und seinen Hunger nach Verständnis und Liebe mit Zynismen überspielen muß. Gewiß, wenn man in dieser Welt auf äußere Anerkennung und Erfolg setzen will, muß man das vielleicht machen. Da wird man lernen müssen, über sich selber und über den anderen mit breiten Stiefeln hinwegzugehen; aber wenn man ein Stück Menschlichkeit leben will, wird man sehr bald so sprechen müssen wie der Herr: Selig seid ihr Armen. Euch zwingt die Not die Ehrlichkeit ab. Ihr könnt nicht mehr anders, als daß ihr eingesteht, wie ihr seid, und alle Verlogenheit ist von euch abgefallen. Ihr wißt, daß es sich so verhält, wie Christus es in einem Gleichnis einmal dargestellt hat, wo er einen Mann schildert, der mit über 40 Millionen Mark bei seinem König verschuldet ist. Er kann machen, was er will, der Gerechtigkeit nach gehört er in den Schuldturm. Und nur weil ihm sein Herr vergibt, vermag er zu leben. So sind wir in Wirklichkeit alle, will der Herr immer wieder sagen. Nur wenn wir uns sehr viel vormachen, wenn wir uns den Stolz wie einen Kamm aufs Haupt setzen und schwellen lassen, dann erst werden wir wähnen, anders zu sein. Und sogleich werden wir über unseren Nächsten herfallen und ihm abzutrotzen suchen, was er uns vermeintlich schuldet: unser Recht. Mit wie sensiblen Augen muß der Herr uns Menschen gesehen haben, wenn er uns alle nur sehen mochte wie kranke Kinder des Hauses Israel, zu denen er bestellt sei als ein Arzt, einzig berufen, zu heilen durch Verständnis und Güte. Diese Worte der Seligpreisungen sind ein einziges Plädoyer für all die Menschen, die an sich selber zu zerbrechen drohen; ihnen ist der Herr nahe, wie die Psalmen es immer wieder sagten. Den Geduckten und Gebeugten, den Seelenzerrissenen, denen steht Gott bei und ist er nahe. Daß dies gelten möge, davon wollte Christus sprechen, und dies versuchte er zu leben.

O ja, er gab sich keinen Illusionen hin, wie diese Sehweise und Lebensform auf seine Zeitgenossen und für alle Zeiten wirken mußte. Wer die Menschen so sieht, wird sich nicht nur Freunde machen, ganz im Gegenteil. Er wird auf einen ganzen Heerbann von Menschen in einer vereinigten Front treffen, die dastehen und auf das pochen, was sie sind und was sie haben. Sobald man ein wenig Verständnis und Güte in diese Welt bringen will, wird man auf den Zusammenschluß all der Tüchtigen, all der Lebensklugen, all der gewitzten Leute treffen, die dastehen mit erhobenem Zeigefinger und wissen, wie man leben muß, wie die tausend Gesetze Israels sind, die Bestimmungen der Moral, wann man ein richtiger Mensch wird, die Bestimmungen des Gesetzes, wie man Erfolg hat im bürgerlichen Leben. Und immer werden sie zu lachen haben. Bei jeder gottverdammten Party werden sie ihre Witze zu machen wissen über ihren Nächsten, es wird kein Ende nehmen bei den Reichen, bei den Satten, bei den Wänsten dieses Lebens. So kriegt man seine Titel, so kriegt man seinen Erfolg, so steigt man die Rangleiter empor, in der Kirche, im öffentlichen Leben, allerorten.

Soll man denken, daß der Mann, der als einziger in diese Welt Güte und Verständnis hineinzubringen versucht hat, am Ende keine anderen Worte hatte als: »Wehe euch! Was hat denn all dies schließlich mit Gott zu tun? Dies ganze Großgemache, diese bezahlte Theologie von Falschpropheten, diese Verlogenheit im Namen Gottes – verflucht seid ihr!« (so müßte man wohl »wehe euch!« übersetzen).

Daß Christus diesen Mob nicht lieben konnte, ist ganz sicher, denn er begegnete ihm an jeder Ecke und auf jeder Straße und konnte hundertmal sagen: »Geht ihr hin und lernt, was das heißt: Barmherzigkeit will ich und nicht Opfer.« Sie standen da mit Steinen in den Händen, um die Ehebrecherin zu töten, wie das Gesetz es befahl. Sie hatten keine Ahnung, daß ihr eigenes Herz nicht besser war, daß sie vielleicht mehr Glück gehabt hatten im Leben, aber deswegen keine besseren Menschen waren, daß sie, wenn sie sich nur selbst verstünden, wüßten, daß alle Tragödien des menschlichen Lebens auch in ihnen hausten und daß ihr vermeintliches Glück vermutlich nur daraus bestand, daß sie die eigenen Schwierigkeiten mit einem großen Bulldozer vor der eigenen Haustür wegfuhren, gleich in den Garten ihres Nachbarn hinein, daß sie sich die Seele reinhielten, indem sie die der anderen belasteten und quälten, stets fähig zu raschem Urteil. »Seht doch«, spricht Christus, »zunächst einmal den Balken im eigenen Auge, hört doch auf zu urteilen.«

All dies sind die Worte, die wir der Feldpredigt oder der Bergpredigt Jesu zuschreiben. Beschwörende Appelle sind dies, aus der eigenen Not Ehrlichkeit zu lernen und aus dem eigenen Leid gütig zu werden.

Die Satten und die Reichen, die Lachenden werden die Chance vertun. Sie werden niemals wissen, wie verzweifelt Menschen sein können, wie unfähig zum Guten. Sie werden nie das Verständnis aufbringen, wie durcheinander Menschen sein können, wie hilflos vor Angst, und also werden sie ständig auf ihre Tugenden, auf ihre Besitztümer, auf ihren Charme und ihre Erfolge und schließlich sogar auf Gott pochen.

Aber am Ende unseres Lebens wird Gott an uns nur eine einzige Frage zu richten haben, dessen ist sich Jesus sicher. Er wird nicht danach fragen, wie weit wir's gebracht haben im Leben. Das einzige, was Gott interessiert, ist zu wissen, wieviel Not anderer wir zu sehen und aufzugreifen fähig waren, wie oft wir's fertigbekommen haben, die Nacktheit der anderen nicht vorzuführen in einer Witzparade, sondern gnädig zu umhüllen und dem anderen seine Würde zurückzugeben, wieweit wir's vermocht haben, in einem versteinerten Herzen Tränen freizusetzen und durch Verständnis und Güte zu trocknen, wieweit wir imstande waren, die Armut eines Menschen durch Entgegenkommen und Liebe reich zu machen und ihm zu zeigen, wieviel Wert und Größe in ihm selber liegt.

Die Verzweifelten wissen, daß sie nur leben können durch Verständnis, Güte und Barmherzigkeit, sie wissen illusionslos und wahr, wie Gott zum Menschen steht und wie sehr ein jeder Gott braucht. Auf ihnen ruht der Segen Gottes. Sie werden die Sehnsucht nach dieser anderen, göttlichen Welt nie verleugnen, und in jedem Atemzug werden sie spüren, wie der Himmel ist und das Leben sein müßte. Dazu sind wir allesamt berufen, und das einzige, was uns hindern könnte, einzutreten ins Reich Gottes, wäre, wenn wir beharrlich, aus Angst, aus Stolz, schließlich aus erfolgreichem Hochmut die eigene Armut weiter verleugnen unter dem Maskeradenspiel, den eigenen Hunger verbeißen, indem wir erklären: »wir haben alles, was wir brauchen«, und schließlich sogar die Sensibilität des Leids, die Traurigkeit verlachen, ohne zu merken, wie wir aus unserem Leben eine Farce machen, wenn wir so tun. Es ist nicht schlimm, wenn Menschen wenig von uns halten, wenn wir selber nur festhalten an der Güte und am Verständnis; es ist nicht schlimm, wenn Menschen böse werden über die Schrankenlosigkeit und Anarchie des Mitleids Jesu. Denn eines Tages wird ein jeder wissen: Was ihn leben läßt, ist einzig und allein die Liebe und das Erbarmen Gottes und der Menschen.

ZUM SIEBTEN SONNTAG

Ihr habt gehört, daß gesagt ward: Auge um Auge und Zahn um Zahn!
Ich aber sage euch: Dem Bösen nicht widerstehen! Sondern: Wer dich
auf die rechte Backe schlägt – wende ihm auch die andere zu. Und wer
dich gerichtlich belangen und dir den Leibrock nehmen will – ihm laß
auch das Obergewand. Und wer dich zu einer Meile zwingt – mit dem
gehe zwei. Wer dich bittet – dem gib. Wer von dir borgen will – den
weise nicht ab.

Ihr habt gehört, daß gesagt ward: Liebe deinen Nächsten! Und:
Hasse deinen Feind! Ich aber sage euch: Liebt eure Feinde, und betet
für die, die hinter euch her sind. So werdet ihr Söhne eures Vaters – dem
in den Himmeln. Er läßt ja seine Sonne aufgehen über Bösen und Guten
und regnen auf Gerechte und Ungerechte. Denn: Liebt ihr die euch
Liebenden – welchen Lohn habt ihr? Tun nicht auch die Zöllner
dasselbe? Und bietet ihr den Friedensgruß euren Brüdern nur – was tut
ihr über Maß? Tun nicht auch die aus den Völkern dasselbe? Seid ihr
also vollkommen, wie euer himmlischer Vater vollkommen ist.

MT 5,38–48

Das Matthäusevangelium birgt die Worte der Bergpredigt als das
Gesetz des Neuen Bundes, verkündet von einem zweiten Sinai
für ein neues Volk Gottes. Aber es lassen sich unter den Menschen
kaum Worte denken, die ungeeigneter wären, zum Gesetz gemacht zu
werden, als diese Worte Jesu von der Feindesliebe. Als Gesetz genommen, können sie als ein Quell von Krampf und Krankheit wirken und
bessern nichts, sondern tragen eher zur Verhärtung bei.

Man soll Feindschaften austragen, indem man für den Gegner betet.
Manchmal versuchen Eltern dies, indem sie für und wider ihre scheinbar mißratenen Kinder beten, oder Nachbarn, indem sie über und gegen
ihren Nächsten beten. »Ich habe«, sagte vor Jahren eine Ordensschwe-
ster zu mir, »so oft für meine Oberin gebetet, und sie bessert sich nie.«
Man hatte sie gelehrt, so zu tun; Konflikte sollten nicht ausgesprochen
werden, denn das verstieß gegen die Regel des Ordens, aber man sollte
den anderen im Gebet in die Nächstenliebe einschließen, und das hatte
sie versucht, bis zum Zusammenbruch. Weil sich auf diese Art und

infolge solcher Haltung beim anderen nichts ändert, scheint festzuste-
hen: Das Recht liegt bei uns selber. Es kommt nur darauf an, statt mit
Feuer und Schwert einen heiligen Kreuzzug der Gedanken gegen den
anderen zu führen; und dabei muß uns, zumindest, wenn wir es gut
meinen, Gott helfen. Tut er das nicht, dann verstehen wir die Menschen, uns selber und Gott im Himmel nicht mehr. Es ist das Ende aller
Gesetze. In Wirklichkeit kann Jesus das, was er hier äußert, nicht als
Formulierung eines neuen Seelenzwangs und -terrors gemeint haben.
Was er wollte, war ganz im Gegenteil das Gesetz einer neuen Freiheit
und die Entdeckung einer neuen Unbedingtheit des Fühlens, des Denkens und des Handelns.

Wo ein Mensch uns mit seinen Forderungen, mit seinen Rechtsan-
sprüchen, manchmal sogar mit seiner ungerechtfertigten Aggression
bedroht, haben wir vor ihm Angst und möchten uns schützen durch
Ausweichen, durch Prozessieren vor Gericht, durch Flucht – wie auch
immer. Es zerbricht dabei der menschliche Kontakt, und wir selber sind
am Ende nicht reicher, sondern nur ärmer, isolierter und bedrohter. Das
ist der Punkt, an dem Jesus empfiehlt zu beten. Nie hat er das Gebet als
ein Hersagen von Bittformeln oder vorgedruckten Texten verstanden.
Für Jesus bedeutet zu beten, den Blick von der Erde weg zum Himmel
zu richten. Begegnet ein Mensch dem anderen auf dem Terrain der
Feindschaft und hat er keinen Himmel über sich, dann ist die Gegner-
schaft endgültig und absolut, und die Angst hat das letzte Wort. Jesus
möchte, daß wir über aller Menschenfurcht Gott nicht aus den Augen
verlieren. Er möchte, daß sich mit dem Blick zum Himmel unsere
Streitigkeiten relativieren. Zu beten heißt für ihn, sich festzumachen im
Raum Gottes. Und das geht nun freilich nie, ohne daß wir den anderen
in diesen Raum mit hineinnehmen. Vor Gott hören wir nicht auf,
Schwestern und Brüder zu sein.

Man muß es nur einmal erproben. Wir fühlen uns von den Worten
oder der Handlungsweise eines anderen schwer getroffen, buchstäblich
ins Gesicht geschlagen, und alles spricht dafür, mit der gleichen Waffe
zu antworten. Dies scheint ein archaisches Gesetz der Gerechtigkeit aus
den Tagen der Vorzeit zu sein. Würden Tiere nicht so handeln, verlören
sie augenblicklich ihren Rang; auch wir Menschen haben, wenn man
uns beleidigt, Sorge, es falle uns die Krone vom Haupte, antworteten
wir nicht in gleicher Weise.

Wie fest können wir Gott glauben, daß unsere Würde im Raum der

Menschlichkeit unantastbar ist? Wie unbedroht können wir uns fühlen in dem, was uns wesentlich ist? Nur wenn wir diese Freiheit gewinnen und erhalten, können wir grade dann, wenn uns etwas vielleicht am schmerzhaftesten, hinterhältigsten trifft, zunächst einmal sehen, aus welcher Not heraus der andere so handelte. Vermutlich meinte er gar nicht uns selber, sondern verwechselt unsere Person mit der Erinnerung an jemanden anderen, der ihm vor Jahren weh tat und Worte sprach, die ganz ähnlich klingen wie das, was wir jetzt grade sagten. Mit keinem Wort meinten wir dasselbe, aber in seinen Ohren *war* es dasselbe, und also fährt er mit der gleichen Aggression und Wut wie damals auf uns los, und wenn wir uns jetzt zu wehren beginnen, handeln wir genau so wie der andere damals. Nichts ändert sich.

Grade bei dem sogenannten ungerechtfertigten Angriff wäre es nötig, sich zu fragen, woher er kommt. Eben weil es ganz sicher nicht bei uns begonnen hat, muß es für den anderen Gründe geben, die aufgeklärt zu werden verdienen. Und diesen Freiraum haben wir: statt zurückzuschlagen, die Hände zu sehen, wie sie zittern, ehe sie zuschlagen. Es ist möglich, daß jemand als seinen Rechtsanspruch verkündet, er müsse und wolle uns das letzte Hemd vom Leibe rauben, und wir stünden dann als Habenichtse nackt und bloß da. So kommt es uns vor. Wir fühlen uns in der Ehre gekränkt, bloßgestellt und schlagen mit Gesetzesworten aufeinander ein. Es ist dieselbe Logik, wenn Jesus sagt: Wer so fordert, lebt gewiß in einer Welt, die bitterkalt ist. Vielleicht braucht er viel mehr als dein Hemd, nämlich für ein paar Stunden deinen Mantel. Er muß nur einmal spüren, daß es auf dieser Welt so etwas gibt wie Schutz, Geborgenheit und Wärme, und ihm vergeht die Lust zu streiten und zu rechten.

Fast immer, wenn wir den anderen sehr brauchen, schämen wir uns schon dafür und verwandeln unsere Wünsche in Forderungen. Die Sprache der Nötigung ersetzt dann die eigentlich gemeinte, viel ruhigere und freundlichere Sprache der Bitte. Grad in dem, was wir nötig hätten, nötigen wir einander am allerliebsten. Es gibt starke Gründe, zu fordern und zu verlangen statt zu bitten: Es erhält uns die Illusion der Stärke und der Überlegenheit, es vermeidet den Eindruck, abhängig zu sein, und schützt uns vor möglichen Enttäuschungen. Wenn jemand uns so zusetzt, liegt uns auf der Zunge, ihm zu erklären, daß er überhaupt nicht zu fordern und zu verlangen hat, und schon geht der Streit wieder los.

Wie wäre es, schlägt Jesus vor, wir würden grad bei fremden Nötigungen heraushören, daß der andere, selbst wenn er scheinbar frech wird, immer noch weit unterhalb dessen bleibt, was er wirklich braucht? Er spricht von einer Meile Wegs; richte dich, schlägt Jesus vor, getrost auf das Doppelte ein; dann kommt es ungefähr dem nahe, was der andere wirklich braucht. In Wahrheit möchte er nur, daß du ihn bis nach Hause begleitest, wenn er Angst hat und wenn es dunkel wird.

Geht es bei all dem denn um Lohn und Strafe und Gerechtigkeit und Ungerechtigkeit? Wenn Menschen ihren Blick auf Gott richten, so wie Jesus es meinte, wenn er von Beten sprach, ist dann nicht deutlich, wie gering die Unterschiede zwischen den sogenannten Guten und den vermeintlich Bösen sind, wie nichtig die Inhalte sind, um die wir lebenslänglich Krieg führen, und wie wir in Wahrheit allesamt zusammengehören? Denn vor Gott gibt es keine guten und keine bösen Menschen. Es gibt nur seine Kinder, die er geschaffen hat als Brüder und als Schwestern. Und jede Tat, jeder Gedanke, jede Regung des Herzens setzt sich fort wie ein Stein, den man ins Wasser wirft, der seine Ringe zieht und Wellen bildet, die sich mit anderen überlagern. Nichts bleibt ohne Folgen unter uns Menschen, und wir alle hängen zusammen in einer einzigen Geschichte, in einem einzigen Reich Gottes.

ZUM ACHTEN SONNTAG

Keiner kann zweier Herren Knecht sein. Denn: Entweder haßt er den einen und liebt den anderen. Oder: Er hängt am einen und mißachtet den anderen. Ihr könnt nicht Gottes und des Mammon Knechte sein.

Darum sage ich euch: Sorgt euch nicht um euer Leben, was ihr essen oder was ihr trinkt, noch um euren Leib, womit ihr euch kleiden sollt. Ist nicht das Leben mehr als die Zehr und der Leib mehr als das Kleid? Blickt auf die Vögel des Himmels: Sie säen nicht und ernten nicht und heimsen nicht in Speicher – und doch: Euer himmlischer Vater nährt sie. Geltet ihr nicht mehr als sie? Wer von euch aber kann – mag er sich noch so sorgen – seiner Lebenszeit nur eine Elle zulegen? Und was Kleidung betrifft – was sorgt ihr euch darum? Lernt von den Lilien des Feldes: wie sie wachsen. Sie mühen sich nicht ab; sie spinnen nicht. Ich sage euch aber: Nicht einmal Salomo in all seiner Herrlichkeit war gewandet wie eine von diesen hier. Wenn aber Gott das Gras des Feldes – heute da, morgen in den Backofen geworfen – so gewandet, wieviel mehr euch? Ihr Kleingläubigen! Sorgt euch also nicht und sagt: Was bekommen wir zu essen? Oder: Was bekommen wir zu trinken? Oder: Mit was gewanden wir uns? Denn: Nach all dem fragen die Völker. Es weiß ja euer himmlischer Vater, daß ihr all das braucht. Sucht doch zuerst nach seinem Königtum und dessen Gerechtheit, dann wird euch das alles hinzugelegt werden. Also sorgt euch nicht um das Morgen, denn das Morgen wird um sich selber sorgen. Genug dem Tag sein eigenes Übel! MT 6,24–34

Nicht nur, was wir in unserem Leben in der uns vergönnten Zeit beginnen und vollenden, sondern die ganze Art, wie wir mit Leben und Zeit umgehen, entscheidet sich an unserer Stellung zu Gott. Der Gedanke scheint zunächst merkwürdig. Daß die Biologie uns die Rhythmen und das Tempo des Lebens vorgibt, ist leicht zu begreifen. Eine jede Art hat ihre eigene Dynamik im Umgang mit der Zeit. Eine Stubenfliege erlebt alle Abläufe etwa zwanzigmal so schnell wie wir Menschen, und sie reagiert etwa zwanzigmal so schnell. Die rascheste Bewegung, die wir auszuführen vermögen, muß ihr noch vorkommen wie eine Zeitlupenaufnahme. Schon deswegen haben wir kaum eine Chance, sie mit unseren Händen zu erreichen. Selbst mitten in unserem eigenen Leben ist das Tempo sehr unterschiedlich. Man hört ältergewordene Leute oft klagen, daß sie so wenig Zeit hätten; früher, als sie jung gewesen seien, hätten sie viel mehr vermocht. Dieser Eindruck ist ganz richtig. Als wir noch fünf Jahre, zehn Jahre alt waren, vollzogen sich die Zellteilungen in unserem Körper viel rascher als mit sechzig oder siebzig Jahren, und wir lebten nicht nur von innen her schneller, wir erlebten infolgedessen alles, was uns umgab, mit viel größerer Geschwindigkeit. Langeweile war damals unser Problem; älter geworden, wird grade der rascher gewordene Fluß der Zeit rings um uns her für uns, die wir zurückbleiben, zu dem entscheidenden Problem.

Daß es sich zwischen den Arten und innerhalb eines Menschenlebens so verhält, läßt sich nicht leugnen. Daß aber unsere Stellung zu Gott das Grundgefühl der Zeit bestimmen soll, mag uns immer noch schwer einleuchten, obwohl es doch fast schon auf der Hand liegt. Je länger wir leben, desto mehr verschiebt sich das Zentrum, aus dem heraus wir die kurze Spanne unseres Daseins betrachten. Immer länger dehnt sich der Schatten der Vergangenheit, immer dichter rücken wir selbst an den Abgrund heran. Was Wunder also, daß Sorgen beim Blick auf all das, was war, und Angst und Vorsorge mit dem Blick auf das, was kommen wird, unser Leben zunehmend prägen. Und jetzt beginnt es, entscheidend zu werden. Wie gehen wir um mit der Hypothek all dessen, was wir getan haben? Da ist so vieles liegengeblieben. Manches haben wir niemals richtig leben können, und es meldet sich zu Wort mit einem unabweisbaren Anspruch. In vielem wurden wir schuldig, und längst nicht alles von dem vermögen wir auszugleichen durch besseres Tun. Wie leben wir mit der buchstäblich verlorenen oder vertanen Zeit, die nie mehr wiederkommen wird, und was fangen wir an mit der verrinnenden Zukunft, in immer kleineren, dichter trippelnden Schritten, mit denen wir auf das Ende zulaufen? Wie bekommen wir womöglich das Entscheidende, den wirklichen Abschluß noch getan? Wie finden wir den Sinn und das Thema von all dem, was wir sind?

Manches können wir begreifen mit dem Blick auf die Tiere. Auch sie kennen eine bestimmte Form der Vorsorge. Sie sammeln Nahrungsdepots, wenn der Winter einbricht, sie verändern die Körperfarbe und ihr Kleid, wenn es kälter oder wärmer wird, um an den Schutz der Landschaft besser angepaßt zu sein. Ihr Instinkt gibt ihnen vor, wie sie mit Kleidung und Nahrung verfahren sollen. Auch in uns Menschen liegt ein gewisses Begreifen der Zukunft. Aber weil wir Menschen sind, wird uns alles zum Problem, und es sprengt jede Sicherheit, welche die Tiere noch besitzen. Es ist die Erschütterung unseres eigenen Verstandes. Dieses Spiel mit den halbgewissen Möglichkeiten zeichnet uns als Menschen aus; es bietet sich uns ständig Anlaß zur Beunruhigung, zur Angstsicherung, zu planendem Handeln, womit wir den Spielraum des Möglichen einengen möchten. Aber das geht nur sehr schwer. Je mehr wir die Angst in uns spüren, desto mehr möchten wir Herr werden über die ganze kommende Zeit. Alles, was Zukunft ist, soll sich gestalten wie nach einem technischen Fahrplan; nichts darin soll dem Zufall überlassen bleiben. Und ebendamit berühren wir das Menschenunmögliche und verzehren und verschleißen uns aus Angst in Angst – eine Spirale ohne Ende.

Wie gehen wir mit den paar Jahrzehnten, die uns vergönnt sind, so um, daß es menschlich wird? Wir sind nicht einfach wie die Tiere vorhanden, daß wir uns vollziehen könnten und von innen her wüßten, was wir zu sein und zu tun haben; wir sind aber auch keine Götter, daß wir das Schicksal selber in Händen hielten. Dieser Zwischenzustand zwischen Tier und Gott ist unsere wirkliche Gefährdung. Ebendeswegen nimmt uns Jesus in diesen heiteren, ganz leicht gesprochenen, von Zuversicht und Vertrauen geprägten Worten bei der Hand und fordert uns auf, uns ganz tief an die Erde zu beugen, damit wir lernen von der Selbstverständlichkeit der Blumen und der Gräser. Er möchte, daß wir aufschauen und uns aufrichten zum Himmel und lernen von den Vögeln, die mit ihrem Gesang bekunden, wo sie sind, und sich aussingen in ihrer Freude, in ihrem Suchen nacheinander in der Liebe, in der Kraft, mit der sie streiten in der Konkurrenz um Rang und Platz und Weibchen und Nest, in der Schönheit ihres Gefieders und in der Sorglosigkeit, mit der sie in den Tag hineinleben.

Was die Tiere können, einfach weil sie so sind, ist für uns Menschen das größte aller Kunststücke. Zurückzukehren in den Frieden der Welt, als Menschen, bewußt, geleitet von Vertrauen – dies ist so schwer, weil alles, was auf uns zukommt, möglicherweise ängstigend wirkt. Wie gehen wir um mit den Gedanken an das, was sein könnte und was wir doch nicht wissen? Nur scheinbar sind wir die Herren der Zeit. Wir planen drauflos. Ein jeder von uns trägt am Handgelenk seine eigene Sklavenfessel in Gestalt der Uhr. Sie schreibt ihm vor, wann etwas an der Zeit ist, gemessen an der selbsteingerichteten Planung. Heute mittag um ein Uhr hat das Essen auf dem Tisch zu stehen, um drei Uhr ein bestimmter Besuch gemacht zu werden, im nächsten Jahr am 3. Oktober um 19.30 Uhr wird ein Vortrag zu halten sein. Wir sind scheinbar allwissend und allmächtig, die Herren der Zeit, und wissen doch nicht, ob es uns auch nur heute mittag um eins oder drei, geschweige im nächsten Jahr am 3. Oktober überhaupt noch geben wird.

Was uns so beunruhigend ankommt, könnte eigentlich, anders verstanden, unsere Beruhigung sein. In der Zeit Jesu lehrten die römischen Philosophen der Stoa eine Zweiteilung der Dinge. Entgegen dem Sorgen der Menschen schlugen sie vor, sich die Frage zu stellen, welche von all den Überlegungen, die wir anstellen, Dinge betrifft, die wirklich bei uns selber stehen, weil wir auf sie Einfluß haben, und welche Überlegungen, die wir anstellen, Dinge betreffen, auf die wir keinen Einfluß haben und die uns schon deswegen nichts angehen. Unser Kopf könnte sich sehr bald klären, und wir könnten frei werden und uns konzentrieren auf die Angelegenheiten, mit denen zu beschäftigen sich wirklich lohnt. Unser Denken könnte frei werden und sich konzentrieren auf das Wesentliche, was unser Leben, soweit wir es in der Hand haben, tatsächlich ausmacht. Wir würden sehr bald merken, daß die Ängste vor all dem Kommenden in aller Regel nicht ausgehen von der Wirklichkeit, sondern von fremden Gedanken, die man uns nahegelegt hat, als wir noch Kinder waren. Die meiste Angst vor der Zukunft ist im Grunde die Angst unserer eigenen Eltern, und zwar nicht ihre Angst vor der Wirklichkeit draußen, sondern um uns als Kinder, auf die sie aufpassen mußten und die sie schon deshalb mit viel mehr Sorge umgaben, als sie für uns als Erwachsene nötig ist. Wir haben aber die Kindergedanken unserer Eltern sehr selten abgelegt. »Geh nicht einfach auf die Straße! Was wirst du anziehen? Paß auf, ob die Autos kommen! Sei vorsichtig!« – ständige Mahnreden begleiten jeden Schritt. Und wie man essen, wie man sich setzen, wie man sprechen, was man denken muß, wann man etwas zu lernen hat, wie man tüchtig wird – es gibt nicht ein Detail des Lebens, das nicht vorweg schon von den Eltern mit in Auftrag gegeben wurde, und ihre Fürsorge ist heute unsere Sorge, lauter Zwangsgedanken, die rotieren und die wie die Visierschlitze einer mittelalterlichen Ritterrüstung als Sichtblenden für die Zukunft wirken. Wir gehen ständig wohlgeschützt in Harnisch, aber wir sehen nicht, wie leicht das Leben sein kann. Wir spüren nicht den

Hauch des Windes, wir blicken selten auf zum Gang der Wolken und der Sterne, und wir sind schwer, umhüllt mit dem, was wir Schutz nennen, so daß wir uns kaum bücken können, um die Lilien auf dem Felde und das Gras im Wehen des Windes wirklich zu sehen. Wir schauen starr geradeaus auf unseren Gegner und legen Schwert und Lanze ein und fuchteln um uns, immer im Wahn, uns sichern und schützen zu müssen.

Aber wann leben wir als Menschen? Der wunderbare Gedanke Jesu war es, daß wir sogar die Angst unserer Eltern um unser Leben fahren lassen könnten, indem wir Gott kennenlernen als unseren wirklichen Vater. Bei ihm steht das Morgen, und alles ängstliche Planen hat keinen Sinn. Gewiß, wir möchten schon mit zwanzig wissen, was wir mit fünfundsechzig tun. Man braucht eine Versicherung. Geld brauchen wir im Alter, aber wird es uns nützen? Wir können soviel Nahrungsmittel anlegen, als wir möchten; gegen eine einfache Krankheit im Magen-Darm-Trakt wird uns die beste Vorratslagerhaltung nicht bewahren können. Wir möchten so etwas wie ewige Jugend und können natürlich nachhelfen mit der Schönheit der Kleidung; aber den allmählichen Verfall unseres Körpers, die Furchen der Zeit in unserem Gesicht und unseren Händen werden wir nicht verhindern. König Salomo mag gut sein für die Phantasie eines Historienschinkens; er galt als der Pracht- und Machtkönig Altisraels; über tausend Pferde, über neunhundert Frauen – König Salomo mag begehrenswert gewesen sein für die Phantasie ewiger Kinder. Aber die herrliche Leichtigkeit des Seins verbindet sich nicht mit den Starken und Mächtigen auf den Thronen. Wir selber unter den Augen unseres himmlischen Vaters könnten leben wie Könige. Die Tugend der Könige wäre die Freiheit und das Glück, die Souveränität im Umgang mit allem. *Das* ist unsere Berufung und Auszeichnung und Größe. Und anfangen könnten wir, noch einmal, ein jeder für sich, zu lernen, wie Israel war, ehe es fähig wurde, das Land seiner Berufung, das gesegnete, das gelobte Terrain Palästinas zu betreten. Es begann den Weg zu seiner Bestimmung, indem es des Morgens im Osten des Roten Meeres, im Lande der Wüsten von Sin und den Steppen von Moab an jedem Morgen, nicht wissend, wovon es leben würde, sich niederbeugte und zwischen den Steinen auflas, was der Herr vom Himmel regnen ließ und was zwischen den Lippen süß war wie Honigkuchen. Dies, von der Hand in den Mund zu leben und Gott um nicht mehr zu bitten als um das tägliche Brot, das er uns heute geben möge, ist die ganze Freiheit der Kinder Gottes, die Art, sorglos zu sein, gelassen und heiter.

Wenn der Himmel die Erde berührt und die Schwingen der Ewigkeit die Zeit streifen, begibt sich der einzige Augenblick, in dem das Leben uns selber gehört. Was war, ist vorbei, was sein wird, wissen wir nicht, aber der Augenblick *jetzt* ist der einzige Zeitpunkt, in dem wir wirklich *sind*. Kaum gedacht, huscht er vorbei und wandelt sich schon in Vergangenheit, und ständig frißt der Augenblick den Augenblick auf, und wir werden dahingeschwemmt im Strom der Zeit. Aber wir können uns aufrichten und unser Leben wie einen Pfeiler im Strom bilden, wenn wir auf Gott schauen. Wir treten heraus aus der Flut und beginnen, selber zu sein. Der Augenblick, der Moment jetzt, das, was wir sind in der Stunde, da wir selber uns finden unter den Augen Gottes, ist das christliche Maß. Wir können es nutzen, wir können leben in Wirklichkeit.

Er sprach zu ihnen auch ein Gleichnis: Kann wohl ein Blinder einen Blinden führen? Werden nicht beide ins Loch fallen? Der Jünger ist nicht über dem Lehrer. Voll ins Rechte gebracht, wird er jedoch wie sein Lehrer sein. Was blickst du auf den Splitter im Auge deines Bruders, den Sparren aber im eigenen Auge beachtest du nicht. Wie kannst du zu deinem Bruder sagen: Bruder, laß, ich will den Splitter, der in deinem Auge ist, herausziehen – während du auf den Sparren in deinem Auge nicht blickst? Blender: Zieh erst den Sparren aus deinem Auge. Dann magst du hinblicken, um den Splitter im Auge deines Bruders herauszuziehen.

Ja, es gibt keinen guten Baum, der faule Frucht bringt; und abermals: keinen faulen Baum, der gute Frucht bringt. Ja, jeder Baum wird an seiner Frucht erkannt. Man sammelt ja von Dornen keine Feigen, und vom Dornbusch pflückt man keine Traube. Der gute Mensch holt aus dem guten Schatz des Herzens das Gute hervor, und der Böse holt aus dem bösen das Böse hervor. Denn: Aus des Herzens Überschwall redet sein Mund.   LK 6,39–45

Warum siehst du den Splitter im Auge deines Bruders, den Balken in deinem eigenen Auge aber siehst du nicht? Eine gute Frage.

Zwei Millionen Jahre nach Beginn der Menschwerdung scheint unser menschliches Wahrnehmungsvermögen fast immer noch so eingerichtet zu sein wie das der Tiere. All unser Wahrnehmungsvermögen ist zunächst nach außen gerichtet, um nach Wegen zu suchen, wie wir überleben können. Nur in Momenten des Schmerzes wendet sich unser Sensorium nach innen, um Störstellen dort, Feindliches selbst im eigenen Organismus aufzuspüren. Aber dies ist ein vorübergehender Notfall. Sobald es uns gutgeht, sind wir von uns selber förmlich wie entlastet, und alle Aufmerksamkeit verströmt nach draußen. Ein glücklicher Zustand, möchte man denken, wenn er nicht im Umgang mit uns Menschen zu vielerlei Irrtum Anlaß geben könnte. Bei den Tieren hat es Sinn und Zweck, äußerlich zu bleiben. Wenn sich eine Möwe ihre Federn in einer Öllache verklebt hat, wird der ganze Verband mit Gekreisch und Schnabelhieben über das Tier herfallen. Es ist unschuldig an seinem Zustand, aber es wird von den anderen ausgemerzt werden. Es ist im Einzelfall ungerecht, aber nach der Ordnung der

Natur, die in großen Zahlen rechnet, macht es im großen und ganzen doch einen günstigen Effekt. Wäre ein Tier wirklich krank, würde es endgültig an der Nachfolge und Fortpflanzung gehindert. – Wir Menschen können ähnlich handeln wie die Möwen. Je mehr wir uns gewissermaßen krachledern gesund und munter fühlen, desto mehr neigen wir zu Grausamkeiten, weil wir uns selber nicht kennen, mit dem Urteil rasch bei der Hand sind und an unserer Seite ausmerzen und erledigen, was uns nicht paßt, was uns stört, was unsere Augen beleidigt. Dann sind wir mit Gekreisch und spitzem Schnabel nicht viel »besser« als die Möwen.

Die Frage ist, wieviel ein Mensch mit sich erlebt haben muß, bis er für seine eigene Seele, für seine eigene Person Augen bekommen hat und wahrzunehmen vermag, warum bei einem anderen Menschen ihn etwas empfindlich zu stören beginnt.

Es sind fast immer zwei Gründe, die dazu beitragen. Der erste liegt fast auf der Hand, aber er ist schwierig zu bemerken. Wir ärgern uns über Menschen am meisten dann, wenn sie die Dinge tun und vor unseren Augen leben, die wir bei uns selber am allerwenigsten ausstehen können. Dinge, für die wir selber uns hassen, begegnen uns wieder in anderen, und das ertragen wir nicht. Da kehren wir den Ärger über uns selber, den wir oft viele Jahre mitgeschleppt haben, in voller Heftigkeit gegen den anderen. Alles, was wir bei uns selber unterdrükken, schafft Spannungszustände; und erleben wir dann, daß ein anderer genau so ist, wie wir es uns verbieten, so schießen wir gegen ihn los, wenn wir nicht aufpassen.

Der andere Grund: Wir fühlen uns in irgendeiner Weise selber zu kurz gekommen, wagen bestimmte Dinge im Leben nicht zu tun, der andere aber macht genau das, was wir eigentlich möchten. Das nehmen wir ihm übel, das möchten wir ihm verbieten. Wir haben beispielsweise eine Reihe von Wünschen, die wir vor anderen gar nicht zu äußern wagen – ein anderer spricht sie aus. Er erscheint uns unverschämt, zudringlich und frech. Wir selber wagen bestimmte Absagen, ein bestimmtes Nein nur mühsam auszusprechen – ein anderer tut es rasch und klar. Er erscheint uns egoistisch und rücksichtslos. Und an all diesen Spannungspunkten sind wir rasch dabei, moralisch zu bewerten.

Jesu Frage ist, was dabei herauskommt, wenn wir so überdeutlich die Fehler anderer sehen, schon weil wir zu schwach sind, uns selber richtig wahrzunehmen. Immer, wenn wir dem anderen in die Parade

fahren, haben wir natürlich vor uns selber einwandfreie, moralisch sehr
achtbare, Gründe. Wir *mußten* gewissermaßen so handeln, wir hatten
Werte und Wahrheiten zu verteidigen.

Je nachdem, wie das, was wir sagen, beim anderen ankommt,
verfügen wir über ein sicheres Kriterium, um festzustellen, wer wir
selber sind. Wenn ein anderer unter unseren Reden sich wie an den
Boden gedrückt, wie zur Schnecke gemacht vorkommt, können wir
sicher sein, daß wir nicht nur von lauteren Antrieben und hehren
Absichten geleitet waren. Ein guter Baum bringt gute Früchte – so
lapidar meint Jesus das. Wir sind zuständig für das, was wir bewirken;
und das hat sehr viel mit dem zu tun, was wir selber sind. Leiden wir an
uns, werden wir auch andere leiden machen. Nur wenn wir mit uns gut
auskommen und uns einigermaßen selber kennen, können wir das
Risiko wagen, andere Menschen belehren zu wollen, Meister sein zu
wollen über den anderen, wo wir doch selber häufig blind sind für das,
was dem anderen fehlt. Es ist eine schwierige Kunst, Kritik so zu üben,
daß sie dem anderen hilft, sich aufzurichten, und ihn nicht kleinmacht.
Immer, wenn wir uns sehr ärgern, sind wir geneigt, zu pauschalisieren
und zu generalisieren. Dann sagt ein Mann zu seiner Frau: »Du machst
aber auch immer...« oder: »Niemals denkst du daran...« oder: »Du
bist aber auch *nur* so...«. All diese Wendungen tun dem anderen weh,
sie schreiben ein bestimmtes Bild von ihm fest und teilen ihm Botschaf-
ten aus und mit, die wir am Ende so gar nicht meinen.

Es käme darauf an, die Konfliktstelle, um die es sich handelt, zu
begrenzen, und das einzige Mittel, durch welches das möglich scheint,
besteht darin, zunächst einmal zu sagen, was beim anderen im großen
und ganzen richtig ist. Grad wenn wir uns über ihn ärgern und Grund
haben, auf ihn wütend zu sein, sollten wir als erstes uns selbst und dem
anderen klarmachen, wie begrenzt der Schaden ist, um den es geht. Wir
sollten lokalisieren, eingrenzen und möglichst klar definieren, worum
der Streit gehen soll. Und dann ist es meist ein gutes Hilfsmittel, statt
mit Vorwürfen zu beginnen, sich einfach darauf zu beschränken, was
man mit dem anderen erlebt, wie man sich fühlt, wo man sich getroffen
sieht. Es ist oft einfach wichtig, dem anderen zu sagen, wie er auf uns
wirkt. Wir unterstellen so gern, daß er so auch wirken *möchte*, und das
ist keineswegs immer der Fall. Oft weiß er es überhaupt nicht, möchte
es ganz sicher nicht. Wir müssen ihm eine Chance geben, sich zu
erklären, wie er sich selber sieht, was er hat sagen, was er uns hat

mitteilen wollen. Selbst wenn wir glauben, klar zu sehen, daß der andere sich auf dem Irrweg befindet, und wir meinen ihm das sagen zu müssen, gibt es eigentlich nur *eine* Chance, damit erfolgreich zu sein: Wir müssen versuchen, grade dann die Welt mit den Augen des anderen zu sehen statt nur mit unseren eigenen. Wir müssen uns an den Punkt begeben, da er uns vertraut, gemeinschaftlich, brüderlich ist. Dann können wir versuchen, ihm zu sagen, daß er durch ein bestimmtes Verhalten, eine bestimmte Einstellung gegen seine eigenen Interessen handelt. Nur wenn deutlich ist, daß wir mit unserer Kritik dem anderen zu seinem Vorteil sein möchten, daß es nicht darum geht, sein Ich herunterzuputzen, sondern im Gegenteil klarer, erfolgreicher, glücklicher zum Leben zu bringen, sind wir mit unserer Kritik wie Bäume, die gute Früchte bringen.

Zwei Millionen Jahre nach dem Beginn der Menschwerdung wird es uns noch immer schwer, Konflikte so auszutragen, daß es Nutzen stiftet statt Schaden, daß es uns selber einbezieht, indem wir die eigenen Schwächen, die eigenen Fehler als Instrument des Verstehens handhaben. Das Schwierigste aber ist, Konflikte einzugehen im Interesse anderer. *Diese* Kunst steht noch ganz am Anfang. Mögen wir sie nicht zu spät erlernen.

ZUM NEUNTEN SONNTAG

Nachdem er all seine Worte dem Volk zu Ohren vollendet hatte, kam er nach Kafarnaum hinein. Eines Hauptmanns Knecht aber war übel dran, es ging zu Ende mit ihm – der war ihm teuer. Als er aber von Jesus hörte, sandte er zu ihm Älteste der Juden, ihn bittend, er möchte kommen und seinen Knecht hindurchretten. So fanden sie sich bei Jesus ein, ermutigten ihn dringend und sagten: Er ist es wert, daß du ihm das gewährst; denn er liebt unsere Volksgemeinschaft, und er hat uns die Synagoge gebaut. Jesus ging mit ihnen. Als er nicht mehr weit vom Haus weg war, schickte der Hauptmann Freunde und ließ ihm sagen: Herr, bemühe dich nicht. Ich bin ja nicht genug, daß du unter mein Dach kommst. Darum hielt ich mich auch nicht für wert, zu dir zu kommen. Aber sprich ein Wort, so wird mein Bursche geheilt. Denn: Auch ich bin ein Mensch unter Vollmacht gestellt, und ich habe Soldaten unter mir. Sage ich zu einem: »Geh!«, so geht er; und zu einem anderen: »Komm!«, so kommt er; und zu meinem Knecht: »Tu das!«, so tut er es. Als Jesus das hörte, staunte er über ihn, wandte sich um und sprach zu den Leuten, die ihm nachfolgten: Ich sage euch, nicht einmal in Israel habe ich so großen Glauben gefunden. Und zurückgekehrt ins Haus, fanden die Ausgeschickten den Knecht gesund. LK 7,1–10

Die Gestalt des Hauptmanns von Kafarnaum ist zum Vorbild und zum Typ des Glaubens überhaupt geworden. Uns imponiert die Schlichtheit und die Geradheit seines Vertrauens, mit dem er sich an Christus wendet. Uns beeindruckt die Demut seiner Haltung, mit der er es kaum wagt, Jesus zu bitten, und sich scheut, ihm auch nur unter die Augen zu treten. So sehr hat die Gestalt dieses Mannes das Christentum bestimmt, daß wir im Ritus der Messe unmittelbar vor dem Empfang der Kommunion die Worte dieses sonst unbekannten römischen Legionärs nachsprechen und uns ganz und gar mit ihm identifizieren. Einem jeden von uns, so geben wir damit zu verstehen, müßte Gott helfen wie aus todbringender Krankheit. Jeder von uns bringt zu Gott eine Vielzahl von Not und Leid, denen gegenüber wir selber nicht ein noch aus wissen, und wir können sie nur Gott in die Hände geben. Nie sind wir dabei wert, Gott in unseren Dingen zu bemühen, und wir können nur auf sein Erbarmen hoffen. Was bleibt uns anderes, als die Worte dieses Hauptmanns nachzusprechen?

Dennoch sind sie uns zunächst einmal merkwürdig fremd. Sie widersprechen unseren Erfahrungen und, mehr noch, im Grunde auch unseren Überzeugungen. Wie denn, wir leben in einer Welt, in der Gott tun kann, was er will, wenn er nur will? Es wäre nur nötig, daß Gott kommandiert und das Leiden verschwindet, einfach weil wir ihn darum anrufen; und wir sähen die Allmacht des Allmächtigen richtig, wenn wir ihm zutrauen, er bringe zum Verschwinden alles, was es an Krankheit, Plagen, Qual und Leiden auf der Erde gibt, einfach nur, weil er's befiehlt wie ein Hauptman seinen Leuten?

Dieses Weltbild quält bis zum Widerspruch, und es paßt nicht in die Geschichte, die wir kennen. Ein solches Bild paßt nicht zu Auschwitz und Dachau, paßt nicht zu den Kriegen, paßt nicht zu dem millionenfachen Elend. Offensichtlich will Gott nicht oder kann Gott nicht, daß das Leid auf der Erde mit einem Federstrich ausgeräumt wird. Und fast möchte man sagen, ja ganz sicher sogar muß man sagen: Es handelt sich so fast um eine Art Magie.

Wir müssen die Geschichte vom Hauptmann von Kafarnaum, wenn wir sie in unserer Zeit nachdenken, in ihrer ganzen Herausforderung lesen, noch einmal und ganz neu. Wir können von Gott nicht erwarten, daß er seine Welt zugunsten der Bedürfnisse jedes einzelnen einrichtet, und es wird dem Schöpfer nicht gerecht, daß er das Werk der Welt jederzeit korrigiert und ändert. Die Welt als ganze, wie sie ist, ist vollkommen. Zu ihr gehört auch das Leid, auch die Not, und sie wird nicht geändert, weil einzelne das möchten. Dies ist eine Wahrheit, wie wir sie so kaum in der Bibel finden, aber wie die ganze Neuzeit sie uns lehrt. Wir können nicht daraus entkommen. Wir können auch nicht im Namen des Glaubens verlangen, daß wir so nicht denken dürften. Diese Bitterkeit muß stehenbleiben.

Dann aber gibt es etwas anderes, und dies lebt offensichtlich in der Person Jesu: daß es möglich ist unter Menschen, jeden Schmerz und jedes Leid absolut ernst zu nehmen. Dies steht nicht im Widerspruch zur Gleichgültigkeit der Natur, es ist ein einfacher Ausdruck unserer Menschlichkeit. Wir selber fühlen oft so wie der Hauptmann von Kafarnaum. An unserer Seite sind Menschen, die uns anvertraut sind und mit denen wir aufs engste zusammenhängen. Wir leiden unter deren Leid und können es nicht im mindesten lindern, so daß wir eigentlich darüber in Verzweiflung geraten müßten. Wir sehen, daß es nach aller menschlichen Voraussicht sogar aussichtslos scheint, und jede Hoffnung möchten wir fahrenlassen.

Ist es dann nicht unendlich viel wert, wenn wir mindestens an der Möglichkeit festhalten, Menschen zu bleiben? Ist es dann nicht unendlich kostbar, wenn ein noch so paradoxes Vertrauen uns darin bestärkt, daß Gott auf unserer Seite ist, gleichgültig was geschieht, und wenn vor allem die Verbundenheit zwischen uns Menschen nicht nachläßt, durch keine noch so engen Grenzen unseres Handlungsspielraums? Es gibt so viele Dinge, bei denen wir uns jede Art von Magie verbeten müssen. Und dennoch bleibt dieser Vertrauensvorschuß, dieser Rest an nahezu irrationaler Hoffnung, mit der wir zueinanderstehen und gemeinsam vor Gott hintreten. Dann ist es wahr, daß viel Leid in der Tiefe überhaupt nur daher kommt, daß wir vor lauter Angst verstört sind. Dann hat die Bibel recht, wenn sie sagt: es gibt so viele Krankheiten, die nur darin bestehen, daß wir uns selber nicht ins Leben wagen. Zu all dem Leid, das zur Natur gehört, gibt es womöglich noch viel mehr an Elend, das durchaus nicht sein müßte und das wir Menschen uns besorgen durch viel zuviel an Sorgen.

In diesen Zonen unserer Angst, in diesen Bereichen unserer Hoffnungslosigkeit ist es unendlich wichtig, Menschen zu begegnen, die zu uns stehen. Unser Vertrauen kann sein, wie es will, es hat die Macht, zu wirken: auf uns selber, bis in den Organismus hinein, auf die Art, wie andere die Welt erleben. Es gibt Vertrauen, das Leben rettet. Dies ist eine wunderbare Wahrheit, oft der einzige Trost, ganz sicher oft das einzige, woran wir festhalten können, was sich nicht machen läßt, was aber als Geschenk sich begibt. Und es ist eine Wahrheit jenseits der Grenzen irgendeiner Religion. Ganz sicher soll man diesen Text vom Hauptmann aus Kafarnaum im Evangelium so lesen, daß auch die Heiden den Gott Israels anerkennen. Dort, wo man Jesus begegnet, ist es, wie wenn man eintritt in den Tempel Salomos; und wie damals, zur Zeit des größten Königs Israels, die Heiden von den Enden der Welt kamen, um ihm zu lauschen und Gott nahe zu sein, so sollen und werden jetzt, hofft der Evangelist, von den Enden der Welt her alle Völker im Bekenntnis zu Christus kommen.

Das Umgekehrte aber wird vielleicht auch gelten: daß nicht nur die Heiden zu Christus kommen, sondern daß Jesus anerkennt, was in dem Herzen eines in Sachen Gottes so gut wie unbelehrten Menschen vorgeht. Die Not, die Angst, die Hoffnungslosigkeit von Menschen kennt keine Grenzen, hört nicht auf an den Demarkationslinien irgendeines Landes oder an den dogmatischen Definitionen irgendeiner Religion. Und umgekehrt auch: Was Menschen von Gott erbitten, wie sie zu ihm rufen, wie sie versuchen, gegen alle Hoffnung Vertrauen zu setzen in das Unsichtbare, auch dies gehört zu allen Menschen, wo immer man ihnen begegnet. Wäre nicht zu erwarten, zu wünschen und zu hoffen, es möchte sich die Religion Jesu Christi eines Tages so begründen, daß sie aufruht auf der Unmittelbarkeit solchen Glaubens, daß sie jeden Menschen respektiert in seinem Leid, ihm den Segen Gottes zutraut in jedem Akt seines Vertrauens und daß es keine Grenzen mehr gibt zwischen Jerusalem und Rom oder zwischen Kafarnaum und Nazaret? Gott ist der Gott aller Menschen, und es gibt nichts, was sich seinen Händen entzöge. Die Natur wird sich bewegen, wie sie muß, aber unser menschliches Herz darf sein, wie es kann.

ZUM ZEHNTEN SONNTAG

Dann kommt er nach Hause, und abermals läuft das Volk zusammen, daß sie nichts konnten, nicht einmal Brot essen. Und als seine Angehörigen es hörten, zogen sie aus, um ihn zu packen; sie sagten nämlich: Er ist verrückt. Und die Schriftgelehrten, die (eigens) von Jerusalem herunter gekommen waren, sagten: Den Beelzebul hat er, und: Mit dem Obersten der Abergeister treibt er die Abergeister aus.

Da rief er sie herzu, und in Gleichnissen sagte er ihnen: Wie kann Satan Satan austreiben? Auch wenn ein Königreich gegen sich selber sich spaltet, kann keinen Bestand jenes Königreich haben. Auch wenn ein Haus gegen sich selber sich spaltet, wird jenes Haus keinen Bestand haben können. Wenn nun der Satan aufgestanden wäre gegen sich selbst und gespalten wäre, kann er keinen Bestand haben, sondern am Ende ist er. Nein, niemand kann in das Haus eines Starken eindringen, um seine Sachen auszurauben, wenn er nicht als erstes den Starken in Fesseln gelegt hat; dann mag er sein Haus ausrauben.

Wahrlich, sage ich euch: Alles wird (von Gott) den Menschensöhnen nachgelassen – die Sünden, die Gotteslästerungen, wieviel sie auch gotteslästerlich reden mögen; wer aber gotteslästerlich redet gegen den heiligen Geist, erhält keinen Nachlaß in Ewigkeit, sondern schuldverhaftet bleibt er ewiger Sünde. – Weil sie sagten: Einen unreinen Geist hat er!

So kommt auch seine Mutter und seine Brüder, und draußen sich hinstellend schickten sie zu ihm, ihn rufen lassend. Und um ihn herum saß Volk; da sagen sie ihm: Da! Deine Mutter und deine Brüder – und deine Schwestern – draußen suchen dich!

Da antwortet er ihnen und spricht: Wer ist meine Mutter und – meine – Brüder? Und ringsum schaut er die ihn im Kreis Umsitzenden an und spricht: Da! Meine Mutter, meine Brüder! Denn (nur) wer tut, was Gott will, der ist mir Bruder und Schwester und Mutter. MK 3,20–35

D ieser Bericht steht am Anfang des Markusevangeliums, und er ist zutiefst erschreckend. Unmittelbar vorausgegangen sind die ersten Wunderheilungen Jesu in der Synagoge von Kafarnaum. Menschen, die sich ihr Lebtag lang wie verkrümmt, in ihren Gliedmaßen

wie verdorrt empfunden hatten, wagten es unter dem Anspruch und
Anruf Jesu, sich aufzurichten und selber ihre Glieder zu gebrauchen.
Wie muß man sich selber und die Welt empfinden, in der einerseits
solche Wunder möglich und andererseits nötig sind? Die engsten
Angehörigen Jesu haben offensichtlich alles, was er sagte und tat, als
eine Bedrohung gegen sich selber empfunden, und sie wußten alsbald,
kaum daß die ersten Zeichen seiner Macht und die Beweise für seinen
Ernst offen zutage traten, eine fertige Erklärung für alles: »Er ist
verrückt.« Und: »Mit dem Obersten der Abergeister treibt er die
Abergeister aus.« Für die einen ist Jesus ein Verrückter, für die anderen
ein Schwarzkünstler.

Was in diesem Evangelium so überrascht, sind die Energie der
Feindschaft, die Wucht des Zusammenpralls und die Unverzüglichkeit,
mit der die Dinge auf der einen wie auf der anderen Seite klargestellt
werden.

Leben wir im Grunde nicht samt und sonders in einem fertigen
System der Unfreiheit und der Unmenschlichkeit, der erstickenden
verinnerlichten Gewalt? Es braucht nur jemand daherzukommen, der
erklärt, es sei mit der Freiheit wirklich so, wie es gesagt ist: wir
Menschen seien nicht gebunden, Sklaven der Angst und Abhängige von
fremder Leute Meinung, es komme auf uns, unsere Freiheit, unser
eigenes Leben an – wie wird man einen solchen Menschen erleben,
wenn nicht als einen im Grunde Verrückten, der die geheimen Spielregeln nicht wirklich verstanden hat, oder schlimmer, als einen Chaosma-
cher, einen Durcheinanderwerfer, einen anarchistischen Aufrüher?

Die Frage ist im Grunde, woran wir glauben. Es kann jemand
erklären, der Mensch sei nichts anderes als eine komplizierte Maschine.
Ein solcher kann ein guter Wissenschaftler sein und hohe Positionen
bekleiden. Sagt aber jemand: »Ich bin eine Maschine«, dann kommt er
ins Irrenhaus. Wenn jemand erklärt, daß das einzig Wichtige im Leben,
der wirkliche Klebestoff der menschlichen Beziehungen und der inter-
nationalen Zusammenarbeit das Geld sei, gilt er als ein weiser Mann.
Erklärt eine Frau ihrem Mann, sie sei eine Sklavin, sie fühle sich wie ein
Gebrauchsgegenstand, sie komme sich nicht als ein Mensch vor,
sondern wie eine Ware, dann droht ihr der Nervenarzt und die Psychia-
trie. Eigentümlich teilen wir die Welt spätestens dann ein, wenn jemand beginnt, an dem, was alle ringsum für normal halten, zu leiden.
So muß es jedenfalls Jesus erlebt haben: daß die so vertraute, ganz

normale, gewöhnliche Welt eine einzige Hexenküche ist. Das, was uns wirklich besetzt hält, woran wir wirklich glauben, sind nicht Mächte der Menschlichkeit, des reifenden, heilenden Wegs zu uns selber, sondern die Zersetzungsmacht der Angst, die wechselseitigen Versuche, einander zu kontrollieren, um sich Angst zu ersparen, indem man sie im anderen erzeugt, Mechanismen, Automatismen, Leerläufe. Und das Furchtbare ist: wir sind jederzeit bereit, diese Wahnsinnsordnung als unser eigentliches Leben zu verteidigen.

Jesus muß durch diese Wände des Zwangs und des Terrors wie selbstverständlich hindurchgegangen sein, indem er all die Fragen nicht hatte, auf die ansonsten ein so ungeheurer Wert gelegt wird.

Was sagen die anderen? Jesus war es gleichgültig. Was aber halten die Mächtigen davon, die Behörden von Staat und Gesellschaft? Jesus erwartete, daß man sich davon nicht einschüchtern lasse. Was aber soll aus dem eigenen Leben werden? Jesus predigte dies als die Freiheit: »Macht euch keine Sorgen.« Und unter all dem verstand er, man könne beginnen, an Gott zu glauben. Dieses Leben sei dafür gemacht, daß Menschen erhobenen Hauptes, gerade gewachsen, wie zu sein sie bestimmt sind, durchs Leben gingen und es hätte ein Ende damit, daß der eine über den anderen verfügt: »richtig – falsch, vernünftig – dumm, erfolgreich – blamabel, tüchtig – ein Versager«, und immer die Schablonen der Unterdrückung, der Herabminderung, der immer enger werdenden und einschnürenden Vergewaltigung uns in Schach zu halten, bereithält.

Wir können von Dämonie reden, wenn wir dabei einen Geisteszustand vor Augen haben, innerhalb dessen wir denken und bei dem wir doch gedacht werden, in dem keine einzige wirkliche Überzeugung darin waltet, nicht ein einziger wirklicher Gedanke auftaucht oder auch nur auftauchen dürfte, nichts an persönlicher, wirklicher Erfahrung eine Rolle spielt. Das Geheimnis der Dämonie ist, daß sie vor nichts mehr zittert, als wenn ein Mensch beginnt, »ich« zu sagen und selber ein Individuum zu sein. Die Herrschaft der Dämonen ist immer die Menge, die Vielzahl, das Kollektiv und wie man darin untertaucht, um sich selber zu entweichen, der eigenen Entscheidung zu entgehen, der Last eines selbstverantwortlichen Lebens zu entlaufen. Dies ist es, was man uns von klein auf bis zum Sarg beibringt. Am Ende wird man sogar sagen, daß selbst die Taten der Befreiung auf Widersprüchen beruhen, die nicht anzuerkennen sind, auf Zaubertricks, die man rückgängig

machen muß, vor denen man zu warnen hat in Gottes Namen. Es hat
nicht zu sein, daß Menschen frei, glücklich, selbständig sind, daß sie
sich entfalten und beschließen dürfen, Menschen zu sein – da sei Gott
vor und die ganze Hölle. Wer so spricht, muß im Grunde mit der
Unterwelt paktieren. Aber wer sind denn wir selber, wenn wir buchstäblich auf Teufel komm raus nur unsere Angst zelebrieren? Was sind
wir denn für Menschen, wenn uns nichts *mehr* ins Bockshorn jagt, als
der Freiheit zu begegnen, eben derjenigen, die wir ständig im Munde
führen?

Dies ist die Frage, die uns Jesus aufgibt: woran wir wirklich glauben.
Wir können sehen, was Menschen glücklich macht. Und wenn wir jetzt
hingehen und verfälschen es, nur im Namen unserer Angst, ist uns keine
Rettung. Wir werden uns selber verbarrikadieren gegen das mögliche
Heil und werden von jedem verlangen, daß er zum Komplizen unserer
Gefangenschaft wird. Oder wir wagen es, umzulernen, möglicherweise
alles in Frage zu stellen, was man uns bis dahin eingetrichtert und
eingepaukt hat, und lassen uns bekehren von der Evidenz der Menschlichkeit.

Hier in Paderborn gab es das berühmte, wunderbare Beispiel des
Friedrich von Spee, eines Jesuitenpaters. Jahrhunderte der Angst waren
durch das Land gegangen. Es hatten Päpste, Kardinäle und Bischöfe
allerorten, nicht nur irgendwo, im Namen der Kirche sich angemaßt, zu
erklären, welche Menschen von Dämonen besessen, als Hexen zu
verfolgen, welche Frauen vom Übel, welche zu verbrennen seien, und
der Spuk galt als selbstverständlich. Es war hier am Westerntor, daß ein
Mann eine Frau zum Richtplatz begleiten sollte und auf die Frage: »Was
ist deine Schuld?« nur eine Frau vor sich sah, die stammelnd und
weinend nur sagen konnte, das wisse sie nicht. Friedrich von Spee sah
nichts weiter als einen Menschen, der leidet. Das war ihm Grund genug,
Jahrhunderte des Terrors, der Verleumdung, der kollektiven Angst
abzuschütteln und ein Buch zu schreiben, das zu veröffentlichen ihn alle
warnten, es konnte seinen Kopf kosten. Aber anders als indem man's
wagt, wird Angst nie besiegt werden, und der Sieg über die Angst ist der
Beginn wirklicher Begegnung untereinander.

Es gibt viele Formen, Menschen zusammenzuschweißen, und fast
immer sind die terroristischen die scheinbar erfolgreichen. Man kann
den Terror predigen im Namen der Familie. Die Kinder haben zu sein,
wie die Eltern wollen, denn die Eltern verdienen das Geld und sie haben

die Macht und die bessere Lebenserfahrung, und nach ihrem Willen muß man sich richten. Oder es gibt einen ganzen Clan, der aufpaßt, wie man zu sein hat, selbst wenn man längst verheiratet ist, und diese Geister spuken weiter in den Köpfen; selbst wenn die ältere Generation längst abgetreten ist, geht das ganze Geheul, Gejammer, Vorwürfemachen weiter.

Jesus erträumte und verwirklichte eine Zusammengehörigkeit von Menschen, gegründet auf nichts weiter als auf die Evidenz der Liebe, auf die Freiheit des Denkens, des Gefühls, auf den Respekt vor dem Heiligen, auf die Gemeinschaft ewiger Überzeugungen und den Mut, ohne Kompromisse sich danach auszurichten. Denn dies steht fest: Jesus hat uns nicht die Faulheit gestattet, daß wir uns darum herummogeln, uns zu entscheiden für Gott oder das Gold, die Wahrheit oder die Starrheit, die Intuition des Herzens oder die Institution der Angst. Wir müssen wählen, wenn wir denn wählen können.

ZUM ELFTEN SONNTAG

Und nachdem er seine zwölf Jünger herbeigerufen, gab er ihnen Vollmacht, unreine Geister auszutreiben, und allart Gebrechen und Behinderung heil zu machen. Und das sind die Namen der zwölf Sendboten: Als erster Simon, der Petrus genannte, und dessen Bruder Andreas; dann Jakobus, der Sohn des Zebedäus, und dessen Bruder Johannes; Philippus und Bartholomäus; Thomas und Matthäus der Zöllner; Jakobus, der Sohn des Alphäus, und Thaddäus; Simon Kananäus, und Judas der Iskariot – derselbe, der ihn ausgeliefert hat. Diese Zwölf sandte Jesus aus und wies sie an: Geht nicht abseits zu den Völkern, und geht in keine Samariterstadt. Zieht lieber zu den verlorenen Schafen des Hauses Israel. Zieht hin, kündet und sagt: Genaht ist das Königtum der Himmel. Macht Kranke heil, weckt Tote auf, reinigt Aussätzige, treibt Abergeister aus. Umsonst ihr empfingt, umsonst gebt!

MT 9,36–10,8

Nur an wenigen Stellen des Neuen Testamentes berührt man so unmittelbar den Boden der heiligen Botschaft, nirgendwo sonst auch finden wir so konzentriert einen Schlüsseltext für das Verständnis der Kirche, die sich auf Jesus beruft, und kaum sonst im Neuen Testament wird uns die Spannung zwischen Ursprung und späterer Entwicklung so deutlich wie an dieser Stelle. Bis in die Details hinein vernehmen wir Worte vom Anfang der Verkündigung Jesu. So hat er gedacht, der Jude Jesus von Nazaret.

Alles konzentriert sich auf das Volk der Erwählung. Es gilt, nicht an den Rändern Kräfte zu vertun. *Israel* ist dazu bestimmt, ein Zeichen zu sein für die Völker der Welt. Am Ende der Tage, und das ist jetzt, werden die Völker berufen sein, zum Sion zu wallfahrten, und Israel wird dastehen als ein Licht über den Heiden. Das gilt es jetzt zu leben. Wenn es in dieser Stunde gelingt, Israel zu rufen, damit es seiner eigenen Verheißung und Bestimmung gemäß lebt, wird sich der ganze Rest der menschlichen Geschichte über alle Völker hin zum Guten wenden. Es ist daher nicht möglich und nicht nötig, sich nach Samaria und nach Rom zu wenden, sondern es gilt, Israel rein zu leben. Was je von den Propheten verheißen wurde – in den Augen Jesu ist es in dieser

Stunde zum Greifen nahe, und das ist die Botschaft an seine Jünger:
»Zieht hin, kündet und sagt: Genaht ist das Königtum, der Himmel.«
Dabei ist *ein* Makel an Israel, den Jesus zu reinigen unternimmt. Es
scheint das Volk der zwölf Stämme zerbrochen, politisch liegt es
darnieder. Das Reich ist zerfallen und der Rest besetzt von fremder
Macht. Nichts scheint wiederherstellbar im Äußeren; um so mehr setzt
Jesus den Kreis der zwölf Apostel als Sinnbild eines neuen gesammel-
ten geistigen Ausgangs. *Sie* sollen die zwölf Söhne Jakobs, die zerstreu-
ten Stämme verkörpern in einem Anfang, der noch einmal von innen her
alles erneuert. Es ist in dem Bild der Zwölfzahl, wie wenn die Sonne
durch die Tierkreiszeichen das gesamte Jahr durchläuft und zum Reifen
bringt, so daß es das Haupt der Menschen umhüllt mit dem Diadem der
Sterne und ihr Herz selber eins wird in Fülle und Ganzheit. So jeder
einzelne, so das ganze Volk.

Aber dann: Gibt es nicht mitten in Israel, grade dort, Menschen, die
zu den »Verlorenen« zählen? Man muß dieses Wort mit jüdischen
Ohren hören, denn es enthält im Kontrast das gesamte Programm des
Jesus von Nazaret. Es ist das Wort aus dem ersten Psalm, vom Anfang
des Gebetbuchs Israels: »Glücklich der Mann, der im Rat der Rechtschaffenen sitzt!« Und dann in schrillem Gegenton: »Nicht so die
Frevler; ihr Weg verliert sich.« – Ist es möglich, sich damit zu
beruhigen, daß da ein Teil in Israel im Rate der Rechtschaffenen sitzt
und sich angesichts des Schicksals seiner Schwestern und Brüder im
Elend die Hände in Unschuld wäscht? Verlorenheit ist für jüdische
Ohren ein Wort aus der Hirtensprache. Wenn ein einzelnes Tier sich
von der Herde entfernt hat, ist es ein vereinzeltes, und im Hebräischen
grade dadurch schon ein verlorenes. Ein Schaf, das so versprengt ist,
kann nichts anderes tun, als blökend um Hilfe zu rufen, und es wird
damit seinen Gegner, den Beutegreifer, noch rascher in die Nähe rufen
als die mögliche Rettung. Es ist auf das äußerste gefährdet und in
seinem ganzen Zustand aus eigenen Kräften unrettbar.

Ebendeshalb möchte Jesus selber hinübergehen zu diesen Menschen, die von sich aus die Kraft zurückzukommen nicht mehr besitzen,
und er möchte seine eigenen Jünger in der Zwölfzahl der Apostel
aufrufen, in die Dörfer und Städte Galiläas zu gehen und grade nach
jenen zu suchen. Es ist, wie wenn vom Himmel her ein Erbarmen über
die Menschen herabgerufen würde, ein Friede und ein Heil, das keine
Grenzen mehr kennt. Und so gilt es, bis in die physische Erscheinung

hinein all das zu beseitigen, was Menschen kultisch verachtenswert und
ausstoßenswürdig macht: den Aussatz, der bewirkt, daß Menschen von
weitem warnen müssen, daß niemand in ihre Nähe gerate; denn jeder,
der sie berührt, darf den Tempel nicht mehr betreten, ist ein zu
Meidender. Wenn bis in die Haut, bis in die äußere Erscheinung hinein
der Mensch nichts weiter mehr zu sein scheint als Schande und
Verachtung, wie berührt man ihn dann so, daß er sich zurückgegeben
fühlt der menschlichen Gemeinschaft, der Zärtlichkeit des Windes und
der Wärme des Lichtes? Wieviel Güte bedarf es, um das so Abgespal-
tene zurückzuführen in den Kreis der Menschen? »Macht Kranke heil,
weckt Tote auf, reinigt Aussätzige . . .« Wieviel an Verzweiflung liegt
im Herzen von Menschen, die den Tod schon deshalb brauchen, weil sie
das Leben noch mehr fürchten als das Sterben, und die nur daliegen, als
wäre ihr Dasein ein Grab. »Ruft ihnen zu, daß es eine Auferstehung gibt
längst vor dem Sterben! Heißt sie, sich aufzurichten mitten im Leben!
Ringt die Verzweiflung nieder durch die Kraft des Vertrauens! Heilt alle
Gebrechen, heilt alle Krankheiten, lebt einen Glauben, der Menschen
stark macht und Mut gibt zu sich selber! Und vertreibt die Dämonen, die
bösen Geister!« In wie vielen Köpfen zersetzt sich jedes gerade Denken, jedes Fühlen durch die Gegenkraft des von früher Kindheit her
Eingeprägten. Wie vieles wurde, noch als wir klein waren und
schwach, hilflos und außerstande, Widerstand zu leisten, in uns hinein-
gesenkt an fremden Stimmen, Redensarten der Unterdrückung, der
Versperrung jeden Glücks. Und wie kann es sein, Menschen zu lehren,
ihr eigenes Ich zu wagen, zu spüren und zu riskieren, indem in ihr
Denken so etwas zurückkehrt wie Konsequenz, Selbstbestimmung,
Eigenmächtigkeit im Umgang mit sich selbst und also Freiheit, Würde,
Verantwortung und Stärke? Wie kann es sein, daß Menschen beginnen,
ihren eigenen Gefühlen wieder zu trauen und die ständigen Stimmen der
Gegenrede endlich sich auflösen? »Menschen sind von Gott berufen,
sie sind Teil des Königreiches des Himmels, während sie noch über die
Erde gehen. Das sagt!« Und er gab ihnen Macht über alle Krankheit,
jedes Gebrechen und über die bösen Geister.

Bis in die Details ordnet Jesus das Verhalten seiner Jünger. Es ist
Prophetenstunde, und so lehrt er sie, in Eile zu gehen wie in den Tagen
des Elija, ohne alles, denn es ist nicht nötig, etwas mitzubringen und die
Menschen zu verführen oder zu korrumpieren mit Nebensächlichkei-
ten, die sich als das Wichtige ausgeben. Nicht Gold ist nötig, um von

Gott zu sprechen, nicht Geld, nicht Macht, nicht Herrschergewalt in Stab, Münze und Besitz. Je ärmer, je lieber. Denn man kommt den Menschen leichter nahe, wenn man nicht daherkommt in Größe und Pracht. Man versteht nur, woran sie wirklich leiden, wenn man selber ungeschützt ist. Je offener, je freier, je weniger belastet durch die Vehikel des Mitbringseltums, um so feinnerviger, heilsamer, verständisvoller berührt man die Menschen. Oft hören wir, daß das Christentum wesentlich darin bestehen müsse, in materiellem Sinne Güter für die Armen auszuteilen. Aber die Jünger Jesu bringen gar nichts mit, und die Armut, mit der sie zu tun haben, ist ganz und gar eine Armseligkeit des Herzens. Jesus beschwört seine Jünger, nur keine falschen Skrupel zu haben und sich selber für lästig zu halten, weil sie sich in den Fischerdörfern am Ufer des Sees von Gennesaret von Habenichtsen gleich ihnen selber aushalten lassen und das Recht der Gastfreundschaft in Anspruch nehmen. »Es ist gut so«, sagt Jesus, »es gilt das alte Sprichwort: Der Arbeiter ist dessen wert, wovon er lebt. Und ihr arbeitet! Ihr bringt den Menschen etwas, das es wert ist, daß ihr lebt. Ihr sollt euch nicht lästig vorkommen; Träger eines Segens seid ihr, und also schaut, welches Haus es wert ist, daß ihr es aufsucht, und bringt ihm den Frieden.« Nichts geht da magisch zu; es genügt nicht, im Namen Jesu zu reden, damit wundersame Wirkungen eintreten. Im Gegenteil. Es entscheidet sich an dem, der empfängt. Kraß und hart mutet es an, wenn Jesus das Ausmaß und die Tragweite der Entscheidung bestimmt: Wer jetzt nicht aufnimmt, verwirkt alles, und es wird aus Heil Fluch, schlimmer als die Zerstörung des Schwefelregens über Sodom und Gomorrha am Tage des Gerichtes. Es ist nicht, daß Gott etwas täte; es ist, daß eine bestimmte Art und Weisung selber sich das Gericht spricht und zum Gericht wird. Es ist eine Stunde äußerster Freiheit. »Umsonst ihr empfingt, umsonst gebt!« Es ist eine Stunde der reinen Gnade. Wer sie jetzt mit der alten Angst, dem Denken in alten Verfestigungen verwirkt, dem wird das Entscheidende genommen werden. Und selbst die Jünger sollen sich nicht aufhalten, lieber sollen sie den Staub von ihren Füßen schütteln und weitergehen. Das Reich Gottes kommt wie im Vorübergang. Es ist wie ein Wind, der durch die Zweige der Bäume geht und Fruchtbarkeit bringt, wohin er dringt, nur dort nicht, wo es sich verschließt. Alles entscheidet sich in dieser Stunde.

Selten im Neuen Testament sind wir der ursprünglichen Botschaft

des Jesus von Nazaret so nahe wie hier. Wenig später, als die Jünger
zurückkehren, wird Jesus in Jubel ausbrechen. »Ich sah«, wird er
sagen, »den Satan vom Himmel stürzen.« Und es scheint die Macht
aller Unmenschlichkeit, aller Zwangsherrschaft der Entfremdung ein
für allemal durchbrochen. Das müssen Worte vom Anfang des öffentlichen Wirkens Jesu sein. Wenig später schon hören wir denselben Mann
ganz anders sprechen. Hier sagt er noch: »Geht in keine Samariterstadt.« Kurz danach wird er in einer Rede gegen den Kult des Tempels,
gegen die heilige Tradition Israels einen Leviten und einen Priester
aufmarschieren lassen, unterwegs nach Jerusalem, am Rand einen
Niedergeschlagenen, von Räubern Überfallenen, und sie werden finden, daß die Pünktlichkeit am Tempel wichtiger ist als die Menschlichkeit. Da kommt ein Samariter. Er hat mit dem Tempel in Jerusalem
nichts im Sinn, und darum ist er frei, zu hören auf den Ruf der
menschlichen Not. Man findet Gott bei jedem, der uns braucht. Und
was er nicht braucht, ist Tempelkult, verfeierlichte Hierarchie und viel
Weihrauch und hohle Worte. Ein Tun, das dem Mitleid entspringt, ist
ganz dicht am Herzen Gottes. Ein Samariter könnte Vorbild sein für das
Volk der Erwählung. Das muß man nur sagen, um bei allen Rechtschaffenen zähneknirschende Wut zu erzeugen. Es kommt wenig danach
noch krasser. Wenn Jesus von einem römischen Hauptmann, einem
Heiden, erklärt:»Solchen Glauben wie bei dem Hauptmann von Kafarnaum fand ich noch nie in Israel«, sind die Heiden offeneren Ohres als
das Volk der jahrhundertealten Auserwählung Gottes. Es ist, als würde
Jesus, indem er sich an den Rand der Verlorenheit vorwagt, selbst
immer mehr an den Rand gedrängt und selber zum Verlorenen. Je mehr
er die Perspektive derer einnimmt, die grad an der Rechtschaffenheit
und Selbstsicherheit der anderen leiden, desto mehr wird er zum Gegner
der Selbstsicheren und Rechtschaffenen. Was er selber nicht wollte,
geschieht wie unausweichlich, und es driftet immer mehr auseinander,
was eine Klammer bilden sollte.

Im Rückblick aus einem Erbe von mehr als zweitausend Jahren stellt
sich die Frage, wie wir, diese Worte des Anfangs neu aufgreifend,
leben. Wir sind seit Kindertagen als katholische Christen belehrt, daß in
der Berufung der Zwölf die Kirche selber gegründet worden sei. Die
zwölf Apostel setzen sich fort im Amt der Bischöfe, an deren Spitze
Petrus, Simon, der Fels und Garant des Vermächtnisses Jesu, steht.
Aber sind die Dinge so einfach, und hat Jesus sie so gemeint? Anders,

müßte man denken. Es war und ist der Jude Jesus von Nazaret, der das Maß der Verlorenheit so sehr spürt, daß er am Ende die Grenzen Israels öffnete und nach dem Matthäusevangelium, wenn er vom Gericht und Richtmaß des Göttlichen spricht, nichts anderes mehr gelten lassen wird als die Menschlichkeit und das Erbarmen. Aus allen Stämmen der Völker werden sie kommen, und die Frage Gottes wird einzig sein, wo wir Nackte bekleidet, Hungernde gesättigt, Gefangene besucht, Kranke begleitet haben. Alles andere wird das Nebensächliche sein. Es ist diese bis ins Weltumspannende reichende Menschlichkeit Jesu, die uns, die wir aus den Heiden kommen, einbezieht in das Volk der Erwählung. Der Jude Jesus war es, der uns erlaubte, teilzuhaben an den Verheißungen Gottes. Geht daraus hervor, daß wir das wahre Israel sind, das Gegenisrael und eine neue Kirche abseits der Synagoge? Geht daraus eine neue Hierarchie hervor und ein neuer Tempeldienst in Protest *gegen* das alte Israel? Es geht daraus nur ein einziges hervor: daß alle Menschen rund um den Erdkreis zusammengehören und daß es gilt, das Verstreute und Verlorene zu sammeln, indem man ihm nachgeht, wo immer es sei, Menschen zu helfen, wo immer sie leiden. Das ist die einzige Kirche, die Jesus gewollt hat. Am Ende ist es unwichtig, ob wir Juden sind oder Heiden. Die Gesandten Jesu haben die Vollmacht, während sie gehen, zu verkünden, was in ihnen leben könnte. »Genaht ist das Königtum der Himmel, und es duldet keinen Aufschub.«

Vor 600 Jahren hat der Prager Theologe und Prediger Jan Hus, indem er sich um Kopf und Kragen redete, das Problem in einem einzigen Satz zusammengefaßt: »Die Päpste, Bischöfe und Kardinäle und Prälaten sind nicht die Nachfolger der Apostel, es sei denn, sie *lebten* wie diese.« Der Maßstab dessen, was wir als Kirche sind, liegt einzig darin, wieviel an Aussatz wir reinigen, an Totem erwecken, an Dämonen vertreiben. Eine *heil*same Gemeinde des Glaubens hat Jesus gewollt, die nicht ausschließt, sondern aufnimmt und keine Verlorenen mehr kennt. Diese Sammlung derer, die Gott unbedingt brauchen, war das ganze Bemühen des Jesus von Nazaret, sein Leben, sein Sterben und sein Auferstehen in uns, wenn wir's können. Er gab uns die Vollmacht.

Es bat ihn aber einer der Pharisäer, mit ihm zu essen. Und so ging er in das Haus des Pharisäers und lagerte sich zu Tisch. Und da! Eine Frau war in der Stadt, eine Sünderin. Als sie erfuhr, er habe sich im Hause des Pharisäers zu Tisch gelegt, brachte sie ein Alabasterfläschchen voll Salböl. Sie trat von hinten an seine Füße heran – weinend – und begann, mit den Tränen seine Füße zu netzen. Sie trocknete sie mit den Haaren ihres Kopfes und liebkoste seine Füße und salbte sie mit dem Salböl. Als der Pharisäer, der ihn geladen hatte, es sah, sprach er bei sich und sagte: Der – wenn er ein Prophet wäre, so müßte er merken, wer und was für eine die Frau ist, die sich an ihm festhält –, daß sie eine Sünderin ist. Und Jesus hob an und sprach zu ihm: Simon, ich habe mit dir etwas zu besprechen. Der sagt darauf: Lehrer, sprich! Ein Geldverleiher hatte zwei Schuldner. Der eine schuldete ihm fünfhundert Denare, der andere fünfzig. Da sie nichts hatten, um zurückzuzahlen, schenkte er es beiden. Welcher von ihnen wird ihn nun mehr lieben? Hob Simon an und sprach: Ich nehme an, der, dem er mehr geschenkt hat. Er aber sprach zu ihm: Zutreffend hast du gerichtet. Und zur Frau gewandt, sagte er zu Simon: Erblickst du diese Frau? Ich bin in dein Haus gekommen, Wasser auf die Füße hast du mir keins gegeben – die aber hat mit den Tränen meine Füße genetzt und mit ihren Haaren getrocknet. Keinen Kuß hast du mir gegeben – die aber, seit sie hereingekommen ist, ließ nicht ab, meine Füße zu liebkosen. Mit Öl hast du mir den Kopf nicht gesalbt – die aber hat mit Salböl meine Füße gesalbt. Deshalb – ich sage dir: Nachgelassen sind ihre Sünden, die vielen, denn sie hat viel geliebt. Dem wenig nachgelassen ist, der liebt wenig. Zu ihr aber sprach er: Nachgelassen sind deine Sünden. Und die Leute, die zu Tisch lagen, fingen an, unter sich zu sagen: Wer ist das, daß er sogar Sünden nachläßt? Er aber sprach zu der Frau: Dein Glaube hat dich gerettet. Geh in Frieden!   LK 7,36–50

E ines ist es, sich in den Text dieses Evangeliums hineinzudenken und hineinzufühlen, ein anderes, auch nur um wenige Zentimeter sich dieser Menschlichkeit und Größe anzunähern. Empfinden kann man, daß in der Begegnung Jesu mit der Sünderin auf eine hochgespannte Weise äußerste Gegensätze zu einer Einheit zusammentreten.

Die Rede ist von der Zärtlichkeit einer Berührung, die nicht befleckt, sondern reinigt, von einer Liebe und Dankbarkeit, die sich selber nicht erniedrigt und gemein macht, sondern wachsen läßt und Leben gibt. Die Rede ist von einer Frömmigkeit, die nicht verurteilt und zurückweist, sondern miteinbezieht und fähig ist, Vergebung zu bewirken. Und nicht zuletzt wird gesprochen von einem Schamgefühl, das seine Grenze findet an einem überragenden Vertrauen. Damit sind wir schon im Kern dieser Erzählung. Oft sagen wir selber, daß Jesus sich der Ausgestoßenen, der Zölllner und der Sünder angenommen habe. Das ist wahr. Aber sollte man denken, daß dieses Evangelium damit beginnt, daß Christus sich grade mit der Gegengruppe, den Pharisäern, an einen Tisch setzt und hausgemein mit ihnen wird? Eigentlich sind die Pharisäer seine erklärten Gegner und Feinde. Sie belauern ihn auf Schritt und Tritt, ständig verhängen sie über ihn ein inneres Kontrollverfahren, aber Christus scheut nicht die Gemeinschaft mit ihnen, ist sich weder zu gut noch zu schlecht in den Kreisen dieser Angesehenen, wissend, daß insgeheim auch sie, die so sehr im Recht, im Guten, in der Frömmigkeit zu Hause sind, ihn brauchen. Wie im Kontrast müssen sie ihr eigenes, ihr inneres Gegenteil sehen und kennenlernen.

»Eine Frau war in der Stadt, eine Sünderin.« Selbst das Evangelium scheut sich an dieser Stelle nicht, den üblichen Sprachgebrauch aufzunehmen. Wissen Sie, was das heißt, wenn man von einem Menschen nicht einmal mehr den Namen zu wissen braucht, sondern nur noch seinen Beruf im Munde führt? Schlimmer ist diese Berufsbezeichnung in das Flcisch gebrannt, als wenn man eine Kuh auf der Weide mit dem Stempel des Besitzers zeichnet. Wo immer von dieser Frau die Rede ist, weiß man in den wohlbehüteten, den guten und den frommen Kreisen, daß man ihr auf der Straße ausweichen muß, um nicht in schlechten Ruf zu kommen, daß man in ihrer Nähe ausspucken muß, mindestens seelisch, um sich nicht zu beschmutzen. Des Tags wenigstens, solange die Sonne scheint, muß man so tun; des Nachts wird keiner sehen, was geschieht. Tagsüber wird man den Staub von den Schuhen schütteln müssen, ihr ins Angesicht, des Nachts mag man die Füße zu ihr in Bewegung setzen. Ein guter Mensch ist verpflichtet, eine solche zu verachten, die Moral gebietet es, der Anstand verlangt es. Sie zu sehen, hat eine Beleidigung für die Augen zu sein, mit ihr zu reden ist untersagt, und man hat eine famose Ideologie: Die da, so lehren der Anstand und die Moral, ist eine Triebhafte, eine Ausgeuferte.

Hätte man nur für Sekunden menschliche Augen, würde man sehen, was die Wahrheit ist, das Flechtwerk im Untergrund des Unglücks würde man begreifen, und plötzlich hätte man Grund, sich zu fragen, ob es das, was wir Sünde nennen, im moralischen Sinn, als Übertretung von ein paar Geboten, überhaupt gibt. In der Tiefe des wirklichen Lebens gerät kein Mensch ins Unglück, es sei denn als jemand, der auf verzweifeltem Wege die letzten Pfade beschreitet, um zu sich selber zu kommen, und dabei sich immer mehr verliert. Nicht die Dirne ist triebhaft; was sie tun muß, reizt die Begierde derer an, die sie zum Opfer machen. So verhält es sich, und zum Alibi für die eigene Geilheit projiziert man in sie hinein, was man sehen möchte, um sich zu entschuldigen. Man kann sich an den eigenen Opfern nicht vergnügen, darum braucht man eine Ideologie, nach der man, doppelbödig, zu beidem das Recht hat: zur moralischen Verurteilung genauso wie zur Schadenfreude und zur Wollust. Unmenschlich trennt man in sich selber ab, was man nicht sehen will, und dann drängt man nach außen.

Aber nun gerät es ins Phantastische: daß diese Frau an einem Nachmittag, als sie davon hört, daß Jesus sich im Hause des Pharisäers aufhält, davon zu träumen beginnt, sie könne zu ihm gehen, ihn umarmen und ihm das Haupt salben wie einem König und ganz sicher wissen, er würde dies verstehen. Nichts Anzügliches, nichts Doppelbödiges würde er darin sehen oder vermuten; er würde wissen, daß sie ihm zutraut, *rein* und nicht hinterhältig zu denken.

Kaum daß diese Frau mit ihrem Alabastergefäß die Schwelle zum Haus des Pharisäers überschreitet, zerschellt ihr Traum an der Härte der Wirklichkeit. Gehofft hat sie, daß in der Nähe Jesu die Pharisäer keine Rolle spielen würden; dort, wo er wäre, muß sie geglaubt haben, wäre es wie in einem Tempel, in den sie eintreten könnte, umfangen, akzeptiert und aufgenommen, und die hohnvollen Grimassen derer, die sie sonst verurteilen, wären unsichtbar, die Augen voll Schärfe der Verachtung und Begierde wären nicht mehr zu sehen, einzig die Gestalt Jesu würde den gesamten Hintergrund überstrahlen. Jetzt, in diesem Moment, kaum daß sie das Haus betritt, scheinen auch hier die Pharisäer gegenwärtig, so daß sie sich haltlos zu Boden wirft und in Tränen ausbricht, sich selber vergießend wie das Gefäß mit Nardenöl. Alle müssen in diesem Moment denken: »So ist sie immer. Sie kann tun, was sie will, diese Frau kennt kein Maß, keinen Anstand, keine Würde, selbstvergessen, überspannt und exaltiert, eine Dirne eben; selbst wo sie Besserung gelobt, tut sie es auf Dirnenweise, unwürdig, zudringlich, gemein, selbst wo sie sich Jesus nähert, ist sie eine einzige

Blamage, eine Zumutung.« – Aber Christus empfindet so nicht. Sie müssen, wenn Sie sich die Szene heute vorstellen, die Herren alle da sitzen sehen, im Smoking, mit Fliege und Bügelfalten, vornehm, lauter distinguierte Gestalten, sorgfältig ihre Sprache wählend, ein Kreis von Professoren und sonstigen Erlesenen mit schönsten Gehältern und bestem Auskommen. Wer sich öffentlich von einer Dirne umarmen läßt, ist in diesen Kreisen nicht mehr gesellschaftsfähig, ein Ausgestoßener, ein Hanswurst, und wenn er noch Anspruch machen will, von Gott zu reden, soll ihn der Teufel holen, ein solcher wird sich unter Menschen nicht auskennen, ein Narr.

Soll man nun denken, daß die *Religion* als institutionalisierte Lebensform zu allen Zeiten und in allen Zonen ernsthaft verlangt, daß man von Gott nur spricht, um zu verurteilen, daß, wer »Gott« sagt, zugleich schon den Maßstab hat, nach dem er Menschen in den Staub drücken muß? »Eine Dirne – das müßte er wissen, wenn er ein Prophet wäre und Gott kennen würde!« Wenn wir von Jesus nur einen Funken gelernt haben, dann, daß diese Art, von Gott zu reden, ein für alle Mal beendet sein müßte, daß man von Gott nie anders sprechen dürfte als im Bemühen um ein grenzenloses Verständnis von aller Menschennot. »Richtet nicht, damit ihr nicht gerichtet werdet«, dies waren seine Worte. – Auf diesem blutigen Planeten gibt es keine Staatsform, keine Gesellschaftsform, in der man wagen würde, sich danach zu richten. Im christlichen Abendland schwört man bis heute auf die Bibel, ehe man zu Gericht sitzt über Menschen zum Zwecke der Aburteilung im Namen des Volkes, im Namen Gottes, im Namen der Kirche – es kann in der Bibel stehen, was da stehen mag.

Aber Christus hat erst sehr spät so aggressiv zu den Pharisäern geredet. In dieser Szene bemüht er sich, schon um der Frau willen, damit man nicht Rache an ihr übt, um Verständnis für beide Seiten und wirbt gewissermaßen um die Einsicht dieses Pharisäers. Nirgendwo sonst im Neuen Testament ist so tief die Rede von Liebe und von Glauben. Alle stehen wir vor Gott da als Verschuldete. Wer kann denn unterscheiden zwischen einem Sünder und einem Heiligen? Was sie vielleicht voneinander trennt, ist das Maß der Sehnsucht nach Reinheit, und die am meisten Leidenden, die sich am meisten Sehnenden sind Gott unendlich näher als die im bürgerlichen Durchschnitt, in der Panzerung ihrer Scheinrichtigkeit Beruhigten. Immer sind die Verzweifelten mutiger, die am eigenen Unglück Zerbrochenen gütiger, die des

Verständnisses zum Leben Bedürftigen selber verständisvoller, und niemals werden wir selber mehr lieben, als wenn wir spüren, wie in der Gegenwart des anderen unser eigenes Wesen sich formt und heranreift zu sich selber, sich läutert aus den Schlacken und unverstellt rein wird, indem die Gründe des Unglücks schwinden. In einer solchen Begegnung, wo es am Ende gar nicht mehr darum geht, was Schuld war und was vergeben ist, wo nur noch das Gefühl waltet, leben zu dürfen und ganz und gar bejaht zu sein, dasein zu dürfen und akzeptiert zu sein, ist die Liebe am größten.

Nun kann man sagen, Christus habe sich angemaßt, hier zu vergeben. Was er sagen wollte, ist grade umgekehrt: Er selbst hat gar nichts dazugetan, sondern die Frau hat den Mut besessen, zu ihm zu kommen. Diese Kraft ihres Vertrauens hat sie gerettet. Gegen ihr Schamgefühl und ihre Angst hat sie gewagt, sich dem Mann Gottes und damit Gott selber zuzumuten. Und so wird sie gehen in Frieden. Vielen Frauen im Umkreis Jesu ist dies so widerfahren – sieben Dämonen wurden aus Maria von Magdala vertrieben –, und sie lebten in seiner Nähe, weil sie spürten, dort genügend Halt, Verständnis und Güte zu erfahren, um leben zu können. Wenn irgend Dankbarkeit und Güte nicht demütigt, sondern wachsen läßt, Zärtlichkeit nicht beschmutzt, sondern reinigt, Frömmigkeit nicht mehr verurteilt, sondern einbezieht und leben läßt, sind wir Gott, wie Christus ihn uns leben wollte, ganz nahe.

Uns allen vergebe Gott, was uns trennt von ihm, und mache uns miteinander zu Schwestern und zu Brüdern.

Wir wissen, daß kein Mensch aufgrund von Gesetzeswerken gerecht wird, sondern nur durch Glauben an Jesus den Messias. Auch wir sind glaubend geworden an den Messias Jesus, um gerecht zu werden aufgrund von Glauben an den Messias und nicht aufgrund von Gesetzeswerken. Denn: Aufgrund von Gesetzeswerken wird kein fleischlich Wesen gerecht . . .

Denn ich: Durch das Gesetz starb ich dem Gesetz, damit ich für Gott lebendig würde. Mit dem Messias bin ich zusammengekreuzigt. Ich lebe – aber nicht mehr als ich; es lebt in Eins mit mir der Messias. Und was ich jetzt im Fleische lebe – ich lebe es im Glauben, und zwar an den Sohn Gottes, der mich geliebt und sich für mich hingegeben hat. Ich entmachte die Gnade Gottes nicht. Wenn es nämlich durch das Gesetz Gerechtheit gibt, so ist der Messias umsonst gestorben.

GAL 2,16.19–21

Der Brief des Apostels Paulus an die Gemeinden von Galatien ist nur etwa fünf Seiten lang, aber er enthält das ganze Testament dieses größten Verkünders des Evangeliums der frühen Kirche. Dieser Brief enthält all die Erfahrungen des Apostels mit sich selber und der Botschaft Christi. Er faßt sie zusammen in dem Gegensatz von Gesetz und Evangelium. Die Verdichtung seines ganzen Lebens konzentriert sich in diesem Kontrast.

Worum es dabei geht, versteht man, indem man die sehr reflektierte, theologische Sprache des Paulus zurückübersetzt auf seine unmittelbaren Eindrücke. Er war Pharisäer im besten Sinn des Wortes, ein Mann, der sein Leben dafür einsetzte, die etwas mehr als sechshundert Gesetze des Alten Testamentes mitsamt den unzähligen mündlichen Kommentaren und Auslegungen auf das getreueste zu erfüllen. Würden nur die Menschen einmal tun, was Gott gebietet, es gäbe zwischen der menschlichen Geschichte und dem Reich Gottes keine Differenz mehr. Und die Menschen *könnten* tun, was Gott will, wenn sie nur die vordergründigen Vorwände beiseite räumen und endlich den nötigen guten Willen aufbringen würden. Das Gesetz Gottes ist nicht schwer, es ist leicht. Es ist der Stolz eines Mannes aus Israel vor den Augen aller anderen Völker, seine Würde und seine Auszeichnung. Es ist vollkommen unverständlich, warum es in Israel immer noch eine Mehrheit gibt, die so dahinlebt, als wenn sie dies alles nicht beträfe, so daß die Pharisäer sind, was ihr Name bedeutet: »Abgesonderte«, eine Elite des Reiches Gottes in der Treue für das Gesetz.

So sieht man Saulus eines Tages bei der Hinrichtung eines Mannes, der sich zu dem Propheten aus Nazaret bekennnt. Zu Füßen des Saul aus Tarsus legt man die Kleider nieder, um zielgenauer und beweglicher die Steine des Todes auf den Mann Stephanus werfen zu können. Und Saulus muß denken: »Recht geschieht hier. Denn dies kann nicht sein und ist undenkbar, daß jemand im Namen des göttlichen Gesetzes von den dazu bestellten göttlichen Auslegern des Gesetzes, von den Ältesten und den Hohenpriestern, öffentlich hingerichtet wird, einer, von dem es in der Schrift heißt: Verflucht ist, was am Holze hängt – und man nun hingeht und die Wahrheit dahin umdreht, in diesem habe sich Gott offenbart und nicht im Gesetz, in der Überlieferung der Väter, in der heiligen Hoffnung Israels. Leute wie diese sind des Todes schuldig, sie versündigen sich am Heiligsten, sie müssen ausgerottet werden wie eine Pest, die man beizeiten eindämmen muß.«

Wenig später sieht man Saulus mit ausgefertigten Verhaftungsbefehlen nach Damaskus reisen, willens, einzukerkern und dem Richter zu übergeben, wen immer er findet im Bekenntnis zu dem verruchten Mann aus Nazaret, gleich, ob Frauen, Kinder, Männer, Greise – wo auch immer, wer auch immer, es gilt das Gesetz. Saulus muß alle Kräfte seiner Seele, seines Verstandes, seines Geistes bis zum Zusammenbruch angespannt haben, denn vor den Toren von Damaskus trifft es ihn wie ein epileptischer Schlag, daß er sich auf dem Boden wälzt und eine Stimme hört: »Saulus, Saulus, warum verfolgst du mich?« – Die Stimme aus dem Himmel hätte auch fragen können: »Wen verfolgst du, Saulus, wenn du den Mord herabrufst über Christus? Ist es nicht eigentlich so, daß du dich selber tödlich bedroht fühlst durch eine ganz einfache Wahrheit? Schau dich doch um, wie die Menschen wirklich sind. Sie leben nicht einfach an dem Gesetz vorbei, die meisten kennen es gar nicht, und wenn sie's kennen würden, könnten sie's nicht halten. Es liegt nicht daran, daß sie nicht guten Willens wären. Sie sind hilflos, ratlos, ohnmächtig, ausgeliefert. Und was sie brauchen, ist nicht, daß du daherkommst und ihnen mit Angst und Schrecken die Gottesfurcht eintreibst. Hast du nicht gelesen, auch in den Worten der Propheten, es würde mein Diener auf den Straßen nicht lärmen, wenn er denn kommt, und das geknickte Rohr nicht zerbrechen, den glimmenden Docht nicht auslöschen? Hast du nie gelesen, Saulus, daß geschrieben steht: Barmherzigkeit will ich und nicht Opfer?«

Kann es sein, daß uns die einfache Berührung mit der Vergebung, der Gnade und der Barmherzigkeit tödlich erscheint? Bei Saulus muß es so gewesen sein. Er ändert seinen Namen: nicht mehr Schaul, der Erfragte oder der Ersehnte, sondern Paulus, Parvulus, der ganz Kleine, nennt er sich fortan mit römischem Namen. Er schreibt im Römerbrief, wie verschlüsselt auch immer, fast das Intimste, daß er selber jahrelang im Bemühen um das Gesetz mit sich persönlich überhaupt nicht zurechtgekommen ist. »Ich«, schreibt er da rückblickend, »tat wie unter Zwang grad das, was ich nicht wollte. In meiner Seele gab es das Gesetz Gottes, aber in meiner Existenz ein ganz anderes. Und diese Zerrissenheit, dieser ständige Kampf gegen mich selber und der nicht endende Widerspruch hörten nie auf.« Ein Mann, der so erlebt, wird stets sich selbst die Schuld geben. Er wird aus allen Niederlagen im Umgang mit sich selber nur die Lehre ziehen können, nächstens härter gegen sich vorzugehen, und er wird immer mehr im Kampf gegen sich selber zum Mörder seines Lebens. Das ist die Entdeckung des Saulus, des Paulus: Man kann scheinbar in vollkommener Übereinstimmung mit dem Gesetz sein, und doch tötet man sich selber und Menschlichkeit ringsum. So schreibt er es jetzt in dem Brief an die Gemeinden von Galatien: Das Gesetz tötet, nicht weil seine Inhalte verkehrt wären, nicht weil es ein jüdisches Gesetz wäre, jedes Gesetz, ganz gleich, ob das staatliche, kirchliche, bürgerliche, jedes tötet, wenn es zum Prinzip des Lebens wird. Es engt ein, es schafft keine Freiheit, und vor allem, es macht die menschliche Selbstachtung, es macht die Würde des Menschen davon abhängig, daß er richtig handelt. Entsprechend dem Gesetz ist ein Mensch überhaupt nur berechtigt und richtig, insofern und insoweit seine Handlungen gesetzesgemäß sind. Und eben dies wird nie der Fall sein. Denn nie wird das Gesetz die Angst beruhigen, ob wir berechtigt sind. Wir mögen tun, was wir wollen – wir können das Allerwichtigste und das Allereinfachste im Leben nicht erwirken: das Wort der Gnade, das Wort der Liebe.

Für Paulus verdichtet sich das in der Gestalt Jesu auf ungeheuerliche Weise. Wenn es stimmt, daß wir selbst im Besten noch Mörder sind, war's dann nicht nötig, daß Christus sterben mußte? Waren sie nicht alle so, Hohepriester, Schriftgelehrte, wie er selber? War nicht ihr ganzes Denken ein unausgesetzter Kampf gegen den Menschen und also gegen

Gott? Und wenn wir Mörder sind, treu dem Gesetz, wer kann uns dann vergeben? Dies ist ein Entweder-Oder. Sollten auch die Gemeinden von Galatien wieder anfangen, das Gesetz für wichtiger zu nehmen als die Freiheit in Christus, wäre der Mann aus Nazaret umsonst gestorben. Dagegen erklärt Paulus im Galaterbrief: »Es könnte ein Engel vom Himmel kommen, würde er etwas anderes sagen, ich würde ihn verfluchen.« Denn dies weiß er: das Gesetz hat ihn getötet, aber daß er jetzt lebt, verdankt er Christus, so sehr, daß er sagen kann: Überhaupt nicht mehr ich lebe, was in mir lebt, ist Christus. Und ihr in Galatien – und man kann hinzufügen: fortan in allen Zeiten des Christentums – werdet wählen müssen, nicht mehr, was ihr wollt, sondern wovon ihr lebt. Und diese Wahl ist längst entschieden zwischen Getsemane, Golgota und dem Ostermorgen. Es gibt einzig die Gnade Gottes über unser Leben. Sie ist die Kraft, die uns zur Güte bestimmt. Sie macht unser Herz so weit, daß es Leben schenkt statt Tod. Dazwischen ist es wie ein Sterben, aber es geschieht wie eine Auferstehung zum Licht. Denn in allem, was wir sind, gehören wir Christus.

ZUM ZWÖLFTEN SONNTAG

Und es geschah: Als er allein im Gebet war, waren die Jünger bei ihm. Und da fragte er sie und sagte: Was sagen die Scharen, wer ich sei? Sie hoben an und sprachen: Johannes der Täufer; andere: Elija; wieder andere: Ein Prophet – von den alten einer – ist auferstanden. Da sprach er zu ihnen: Ihr aber – was sagt ihr, wer ich sei? Petrus hob an und sprach: Der Messias Gottes. Doch er herrschte sie an und gab Weisung, dies keinem zu sagen.

Er sprach, es müsse sein, daß der Menschensohn viel leide, verworfen werde von den Ältesten, Hohenpriestern und Schriftgelehrten, getötet – und am dritten Tag auferweckt werde. Zu allen aber sagte er: Wenn einer hinter mir hergehen will, der sage sich los von sich und nehme sein Kreuz auf, Tag um Tag – und so folge er mir. Denn: Wer sein Leben retten will, der wird es zugrunde richten. Wer aber sein Leben zugrunde richtet – um meinetwillen – der wird es retten.

LK 9,18–24

E s macht einen großen Unterschied, wie man nach Gott fragt, ob in der Weise der Erkundigung oder in der Weise persönlicher Betroffenheit. Es ist möglich, sich nach Gott zu erkundigen, und das beste Kennzeichen für diese Art der Frage ist die Information über die Meinung anderer. So kann man Religion in Religionskunde verwandeln; und bringt man es auf diese Weise weit genug, so hebt sich am Ende die Religiosität ganz von allein auf. Vielleicht ist kein Kunststück infamer, als einen ganzen Lehrbetrieb zu installieren nur zum Zwecke der Religionskunde und der ständigen Übung darin, sich nach Gott zu erkundigen. Es scheint, als wenn Jesus im heutigen Evangelium diese Art von Fragen selber herausfordern wollte, um sie ein für allemal abzuschaffen. Denn wer auf diese Weise mit Gott verfährt, hält sich selber aus dem Spiel. Es kostet ihn nichts, und eigentlich antwortet Gott gar nicht, sooft man ihn selber dabei auch im Munde führen mag. Jesus also, soeben noch im Gespräch mit Gott, im Gebet, fragt seine Jünger nach der Meinung anderer: »Für wen halten mich die Leute?«

Was sich da zusammentragen läßt, ist eine ganze Menge. Einige denken, Johannes der Täufer, vor kurzem von König Herodes umgebracht, sei auferstanden, habe noch einmal Gestalt gewonnen und mahne in ähnlicher Schärfe, in nicht zu beseitigender Eindringlichkeit, sich dem Gericht, dem drohenden Unheil, solange es noch geht, durch eine radikale Besserung des Lebenswandels zu entziehen. Noch einmal wartet man darauf, daß Jesus die Worte des Täufers nachsprechen werde. Schon ist die Axt an die Wurzel der Bäume gelegt, daß die Korrupten, Mächtigen und Reichen im Lande erzittern und die in den Palästen keine Ruhe mehr finden bis in die Nächte. Man hofft, daß ein solcher Mann ein zweites Mal aufsteht und das Wort ergreift. Dem Mann aus Nazaret wär's zuzutrauen.

Oder ein zweiter Elija, einer, der aufräumt mit der falschen Art der Götzendienerei, die nur wiederum den Königen und ihren Vasallen dient, die die Menschenfurcht vermehrt und die Abhängigkeit von der Tyrannei fördert. Auch einen zweiten Elija erwartet man und braucht man, um Gott näher zu sein. – In dieser Art kann man fortfahren und die ganze Schar der Propheten aufführen, die mit ihrer Existenz einstanden für die Sache Gottes. Und doch kommt man auf diese Art Jesus nicht näher.

Es gilt ein Bekenntnis abzulegen, das im eigenen Leben sich bewahrheitet und bewährt. Darum streicht Jesus die Menge der Antworten einfach durch und verändert die Fragestellung ins Wesentliche: »Ihr aber, ihr selber, für wen haltet ihr mich?«

Und nun gilt es. Ohne Ausweichen und ohne Sich-Verstecken in der Menge kommt es darauf an, hervorzutreten mit dem eigenen Dasein und geradezustehen für die eigene Entscheidung. Denn alles im Leben hängt davon ab, wie ich Antwort gebe in meiner Stellung zu Gott und zu dem, den er gesandt hat. Möglich, daß in unserem Leben diese Frage sich immer wieder und keineswegs nur ein einziges Mal stellt: »Für wen aber hältst du mich?« Wir mögen von Jahr zu Jahr älter werden, wir werden an dieser Frage immer neu dazulernen, und es wird kein Drumherum geben. Je tiefer wir wachsen, desto beharrlicher wird Gott uns die Frage vorlegen, was wir über Jesus von Nazaret denken, wie wir selber zu dieser Entscheidungsfrage eingestellt sind.

Es ist möglich, die Antwort des Petrus als stellvertretend gelten zu lassen: »der Messias Gottes« – und doch ist dies zur Zeit Jesu eine unerhört vieldeutige und mißverständliche Auskunft. Man erwartet unter dem Messias eine Königsgestalt voller Macht, angetan, den Menschen das Reich Gottes nahezubringen. Und all das, was in Jesus lebte, scheint wie gemacht, dieses Bekenntnis zu bestätigen. Aber auf welche Art gewinnt man Macht über Menschen, so daß Gott in ihnen wächst? – Es läßt sich nicht arrangieren mit lauten Beteuerungen und mit vielerlei Verkündigung. Deshalb stellt Jesus Messiasbekenntnisse, Christuserklärungen sogar unter Verbot. Statt dessen beschwört er etwas anderes, eine großartige Vision aus dem Buche Daniel von der Gestalt unserer Menschlichkeit. So ist es alte Verheißung: Am Thron Gottes stehe seit den Tagen der Urzeit einer in der Gestalt des Menschensohnes, und er werde herabsteigen in den Tagen der Endzeit, um uns selber zu zeigen, wer wir sind, unverdorben in den Möglichkeiten, menschlich zu sein. Deutlicher läßt es sich gar nicht ausdrücken, woran sich entscheidet, wie wir zu Jesus stehen: einzig daran, wieviel an Menschlichkeit wir in unser Herz aufnehmen.

Es gibt so viele Gründe, an der Menschlichkeit vorbeizuleben. Es gibt die Gründe, die die Ältesten haben, die Politiker, die Entscheidungsträger der offiziellen Macht. Sie werden bald schon wissen, daß es besser ist, einen einzelnen, eben Jesus von Nazaret, zu töten, als daß man die Menschlichkeit grassieren ließe, unbeaufsichtigt, unkontrolliert, freigesetzt in ihrer Phantasie, die diese Ältesten Phantasterei nennen werden, in ihrer Grenzenlosigkeit, die sie Anarchie nennen werden, in ihrem schöpferischen Freimut, den sie das Chaos heißen werden.

Es wird die Gründe der Hohenpriester und der Schriftgelehrten geben. Sie werden finden, daß man, entsprechend den Gesetzen Gottes, die Liebe Gottes so nicht leben darf, daß eine solche Entscheidungsmacht dem einzelnen anzuvertrauen zu vielerlei Paragraphen, Ordnungen, von Gott aufgetragenen Weisungen im Widerspruch steht.

Und so wird es rechtliche, religiöse, politisch verordnete, es wird tausend gute Gründe geben, die Menschlichkeit, kaum daß man sie ahnt, flachzuschleifen auf das alltäglich Gewohnte und nach und nach hinauszudrücken aus der Praxis der Menschen.

Und doch wird offenbar werden, wie tödlich wir selber leben, wenn wir auf das Leben selber immer nur mit Tod antworten können. Es wird an den Tag kommen, wie dunkel wir selber uns eingerichtet haben, wenn wir auf das Licht nur mit neuer Verfinsterung antworten können. Es wird deutlich werden, wie kaputtgemacht wir selber sind, wenn wir auf die lebendige Hoffnung nur mit dem organisierten Sadismus reagieren können, immer gerechtfertigt, abgesichert, mit Gutachten versehen, ausgestattet mit besten Privilegien, autoritativen Entscheidungen, mit den Argumenten der Tradition – nur keine Angst, es braucht alles nur so weiterzugehen. Aber es wird niemals so weitergehen, wenn der Menschensohn leidet bis zum Tod. Kein Mensch wird mehr leben können, wenn sich die Wahrheit über unser Un-Leben deutlich macht und unübersehbar wird. Denn Gott wird zu diesem Getöteten stehen. Er wird so leben, daß es in alle Ewigkeit gilt und einzig den Namen Menschlichkeit und menschliches Leben verdient. Da kommt es nun darauf an, ob wir uns weiter herausreden mit der immer alten Angst. Immer wollen wir am Leben bleiben, wollen überleben und werden deshalb Zug um Zug mehr vom Leben verleugnen, uns einrichten in den Kompromissen, bis wir uns selber nicht wiedererkennen. Deshalb diese Zuspitzung.

Wenn es uns nur darum geht, zu leben, weiterzuleben, werden wir in dieser Welt nie zu uns selber kommen. Wir werden weiter lügen, uns anpassen, die gesellschaftliche Mimikry üben und, kaum daß wir irgendeinem anderen begegnen, jedes Wort so filtern, daß es an ihm vorbeiredet. Oder es ist uns die Frage, wie lange wir existieren, gleichgültig. Die Bibelexegeten mögen sich streiten, ob Jesus nur ein Dreivierteljahr öffentlich wirken konnte oder vielleicht drei Jahre lang – länger geht es niemals gut, wenn man es ernst meint. Aber es ist nicht schwer, die Wahrheit zu tun. All die Menschen, die wir groß nennen, die wir als Genies der Menschlichkeit bezeichnen, sind und waren von uns in keinem Punkte unterschieden. Der einzige Unterschied besteht allenfalls darin, daß sie eine Wahrheit, die jeder kennt und die jedem evident ist, unverzüglich und ohne Ausrede geradewegs lebten und leben. Ein Mann wie Mahatma Gandhi zum Beispiel, den man die »große Seele«, den Mahatma, nannte – die Wahrheit, die er verkörperte, ist jedem deutlich: Beuge dich niemals irgendeinem Unrecht, gleichgültig, wem es zugefügt wird. Widerstehe sofort und auf der Stelle, wo du es bemerkst und soviel in deinen Kräften steht. Es hat sich eine ganze Welt verändert, weil dieser Mann anfing, ohne Umschweife dies, was ihm klar war, zu tun. Es konnte in englischen, in südafrikanischen, in was für Gesetzen auch immer geschrieben sein, was wollte, es gab ein Gesetz der Menschlichkeit, der Evidenz des Herzens; dieses galt es anzuwenden, bis daß die Richter, über ihre Bücher gebeugt, anfangen mußten, sich zu schämen und ihr eigenes Gesetz in Frage zu ziehen angesichts eines Menschen, der es wagte, Mensch zu sein.

So sind sie alle, die in den Spuren Christi gehen. Ihnen gilt nicht das Überleben, darum leben sie wirklich. Ihnen gilt nicht die Menschheitsmeinung, darum wagen sie es, eine Meinung zu haben und sie zu sagen und sie zu leben. Denn dies ist es, was Christus wollte: daß wir uns bekennen zu Gott und seinem Reich. Es kann so nahe sein, wenn wir auf das bißchen Wahrheit hören, das wir jederzeit, ein jeder an seinem Ort, fühlen, sehen, wissen können. Es wartet drauf, gelebt zu werden in alle Ewigkeit.

Zum dreizehnten Sonntag

Wer Vater oder Mutter mehr Freund ist als mir, ist meiner nicht wert. Und wer Sohn oder Tochter mehr Freund ist als mir, ist meiner nicht wert. Und wer sein Kreuz nicht nimmt und mir nachfolgt – hinter mir her – ist meiner nicht wert. Wer sein Leben finden will, wird es zugrunde richten; und wer sein Leben um meinetwillen zugrunde richtet, wird es finden.

Wer euch aufnimmt, nimmt mich auf; und wer mich aufnimmt, nimmt den auf, der mich gesandt hat. Wer einen Propheten – und zwar als Propheten – aufnimmt: Prophetenlohn wird er empfangen. Und wer einen Gerechten – und zwar als Gerechten – aufnimmt: Gerechtenlohn wird er empfangen. Und: Wer eines dieser Kleinen auch nur mit einem Becher kühlen Wassers tränkt – und zwar als Jünger – wahr ists, ich sage euch: Er wird seinen Lohn nicht zugrunde richten.   MT 10,37–42

Manchmal scheint es, daß man die Worte Jesu nicht deshalb abgelehnt und bekämpft hat, weil man sich gegen ihre Wahrheit sperren mußte, sondern wegen der Unerbittlichkeit, mit der sie vorgetragen wurden.

Schauen wir uns in der Welt um, so geben alle Tiere, alle Pflanzen ein und dieselbe Antwort auf die Frage, warum wir existieren: Der Sinn unseres Lebens, so versichert jedes Lebewesen, liege darin, sich selber zu erhalten und die Art voranzutragen. Wir sind ein Teil, Glied einer Kette, die im Strom des Lebens diese Erde überzieht, und haben die Pflicht, solange es geht, uns selber zu schützen gegen mögliche Gefahren und den Dienst an der Weitergabe des Lebens zu leisten in der Abfolge der Geschlechter. – Auch uns Menschen ist diese Lebensvorschrift zutiefst eingeprägt. Wir gestalten sie in unserer Kultur lediglich komplizierter aus, aber sinngemäß ist es dasselbe. Der größte Teil unserer Lebensanstrengungen dient der Beschaffung des Lebensunterhalts. Sozial, biologisch, medizinisch versuchen wir unsere Lebensspanne zu verlängern und unser Dasein abzusichern, und inhaltlich fügen wir uns ein in den großen Strom der Tradition, der bestimmt, wer wir zu sein haben, noch ehe wir zur Welt kommen, und der verfügt, was an Lehrinhalten wir an die kommenden Geschlechter weiterzugeben haben. Zwar funktioniert diese Weitergabe von Inhalten nie absolut, sie wandelt sich, begeht Fehler oder schöpferische Neuentdeckungen, aber im großen und ganzen genügt es anscheinend, daß wir sind, was unsere Vorfahren waren, und die Kinder nach uns lehren, so zu sein, wie wir sind.

Wäre das Leben so einfach, so gelangten wir nie zu einer eigenen Freiheit, aber wir wären auch niemals der Angst und der Ungesichertheit eines eigenen Lebens ausgesetzt. Diese Entdeckung beginnt im Alten Testament bei den Propheten, und sie verdichtet sich vor allem in der Art und Weise, wie Jesus spricht. Es ist die Entdeckung, daß Menschen unableitbar in ihrer eigenen Existenz Gott gegenüberstehen und ihnen niemand, kein Priester, kein Prophet, kein Vater, keine Mutter, kein Großonkel, die Entscheidung und Verantwortung für ihr eigenes Leben mit seiner eigenen Wahrheit abnehmen kann. Es ist eine Unruhe, die im Alten Testament beginnt und nie wieder aufhört: daß Menschen unableitbar vor Gott stehen. Im Grunde ist es das, was Jesus seinen Jüngern in diesem Evangelium sagen möchte. Für die Wahrheit, die in seiner Person lebt, ist ein Schritt in solche Formen von Unabhängigkeit nötig, daß es gilt, eine Zäsur zu machen gegenüber allem, was vorher war. Die normalen Gesetze von Gehorsam und Pietät finden ihr Ende bei der Entdeckung dieses Neuen. Sonst gilt, daß Eltern ihre Pflicht tun und ihre Liebe darin bewähren, wenn sie das Kostbarste, was sie besitzen, ihren Glauben, ihre Weisheit, die Erfahrung ihres Lebens, den Kindern weitergeben, und wiederum bestätigen die Kinder ihre Dankbarkeit und ihren Gehorsam darin, daß sie getreulich aufnehmen und tun, wozu sie von ihren Eltern auf solche Weise angeleitet werden.

Grade das gilt nicht, wenn es darauf ankommt, die Wahrheit des eigenen Lebens zu finden und auszuprägen, wie sie in der Gestalt Jesu gegenwärtig ist. Dann ist es möglicherweise nicht richtig, dem Vorbild der Eltern zu folgen; dann ist es möglicherweise falsch, nur entsprechend ihren Anweisungen sich einzurichten, und es gilt aus dem Elternhaus – buchstäblich räumlich wie innerlich – herauszutreten in eine größere, weitere, freiere Welt. Dann ist die Tradition wie eine erstickende Mitgift, die es abzuschütteln gilt, um tiefer und weiter zu atmen. Dann sind die Lehren der Vorfahren möglicherweise ein langanhaltender Irrtum, den es beiseite zu tun gilt für das jetzt neu Entdeckte. Könnte man sich denn wenigstens damit beruhigen, man werde eines Tages Kinder haben, die ganz sicher in die vorangegangenen Fußspuren eintreten würden? Wäre es wenigstens möglich, den Wert des eigenen Lebens darein zu setzen, daß man Kinder großgezogen habe, denen es gutgeht im Leben und die Aussichten haben, glücklich zu sein? Nicht einmal das. Im Angesicht dieser Forderung nach der Unableitbarkeit eigener Entfaltung, eigener Freiheit, eigener Persönlichkeit gilt es zu respektieren, daß auch die eigenen Kinder Wesen mit einem eigenen Willen, einer eigenen Berufung, einer nur ihnen zugänglichen Begabung sind. Und es ist notwendig, ihnen diese Freiheit zu gönnen, sie zu fördern, wo immer es geht, und sie eines Tages zu entlassen in die Ungewißheit ihres Lebens. Das muß es heißen, wenn Jesus sagt, es gelte Vater und Mutter, Tochter und Sohn aufzugeben um seinetwillen. Der Strom der Generationen reißt ab, in gewissem Sinne atomisiert er sich, und diese Zurückgeworfenheit auf das eigene Leben ist wie die Eintrittsbedingung ins Christentum. Erst wer durch dieses Nadelöhr der Individualität kommt, findet, später, eine Gemeinschaft von Glaubenden wieder.

Es ist, gemessen an diesem Ernst, fast grotesk, mit welcher Selbstverständlichkeit wir auch in der christlichen Religion den Glauben ohne Schaden naturalisieren zu können meinten. Man ist Christ, wenn man im christlichen Abendland von christlichen Eltern unter christlichen Umständen zur Welt kommt, und alles ist derart christlich, daß am Ende kein Mensch mehr weiß, was denn mit dem Christentum gemeint sein soll außer einem überkommenen Brauchtum, einer Menge Tradition und bürgerlicher Konventionen.

Wenn es so stünde, brauchte es die ganze Aufregung des Evangeliums nicht. Niemals ging es dann um Leben und Tod, um Kreuz und Auferstehung, wir wären aller Angst und Not ledig, nur: wir säßen um so tiefer im Schlamassel der Fremdbestimmung, der Abhängigkeit, der Außenlenkung, der infantilen Unselbständigkeit, des Verbotes, jemals als eigene Menschen zu leben. Insofern müssen wir wählen, und wir können dieser Entscheidung im ganzen Leben nicht ausweichen. Es ist eine Entscheidung, die sich jeden Tag wieder stellt: zwischen Menschenfurcht und Vertrauen zu Gott, zwischen der Übernahme, wie andere uns wollen, und der Wahrheit, die wir deutlich spüren. Es kommt, so betrachtet, nicht darauf an, das Leben zu retten oder fest zu umklammern wie einen sicheren Besitz. Was ist schon Leben in dieser äußeren Existenz? Es ist schon biologisch nichts, worauf es wirklich ankommt. Aber die Wahrheit zu leben, richtig zu leben, so energisch

und intensiv, wie es nur irgend möglich ist, das freilich ist unverzicht-
bar. Wie lange wir leben, ist in gewissem Sinne Nebensache, aber wie
entschieden und entschlossen wir unser Leben aufgreifen, davon hängt
alles ab. Dann wird sich zeigen, daß wir alles verlieren würden, wenn
wir voll Angst nur unsere Haut retten, und umgekehrt: daß wir reich
werden in jedem Moment, wo wir die Angst verlieren und die Wahrheit
wagen. Was wir dann finden werden, ist grade nicht die Einsamkeit, die
wir am Anfang fürchten mußten, grade nicht die Isolation, vor der uns
schaudern mochte. Wir werden in der Tiefe wieder Menschen begegnen, die genauso glauben, die genauso frei sind. Und diese Bruder-
schaft und Brüderlichkeit, stehend in der Offenheit und Wahrheit eines
Lebens, wie Jesus es wollte, wird uns miteinander verbinden, tiefer als
ein noch so starker Druck von außen. Es geht dann nicht darum, ob
Menschen unter den Blicken der Gesellschaft groß sind oder klein.
Jesus meint immer wieder, am besten verstünden ihn die Leute, die man
für die Kleinen hält, weil sie wenig zu sagen haben nach den Maßstäben
der Macht, weil sie wenig besitzen nach den Maßstäben des Geldes,
weil es auf sie wenig ankommt nach den Maßstäben äußeren Glücks – es
sind meistens Menschen, die gelitten haben, die wissen, wie ausgesetzt
und ohnmächtig man sein kann und wie oft der Tag darin besteht, von
der Hand in den Mund zu leben. Diese Leute verstehen am allerbesten,
was Jesus sagen wollte, wenn er von einer Liebe Gottes sprach, die
möchte, daß wir selber sind und leben. »Wer einem dieser Kleinen auch
nur einen Schluck Wasser gibt«, sagt Jesus, »wird seinen Lohn haben
bei Gott.« Es gibt ganz einfache Formen der Menschlichkeit. Aber das
Schönste, was man im Menschen entdecken kann, ist dieser noch nicht
zertretene Funke eines Vertrauens in die Berechtigung des eigenen
Lebens. Schüler Christi zu sein, des Mannes, der wollte, daß wir uns als
Kinder Gottes sähen, und den wir deshalb den Sohn Gottes auf Erden
nennen, ist das Wichtigste, Beglückendste und Reichste, was uns an
menschlicher Erfahrung auf dieser Erde möglich ist. Was sich so
verbindet, wird zu einem Feuer der Liebe, das nie verlöschen wird bis
ans Ende der Tage.

*Es geschah aber: Als sich die Tage seiner Hinaufnahme erfüllten,
hielt er das Angesicht fest auf den Weg nach Jerusalem gerichtet. Und
er sandte Boten vor seinem Angesicht her. Sie wanderten und kamen in
ein Samariterdorf, um für ihn vorzusorgen. Aber man nahm ihn nicht
auf, weil sein Angesicht auf den Weg nach Jerusalem gerichtet war. Als
die Jünger Jakobus und Johannes das sahen, sprachen sie: Herr, willst
du, so sprechen wir: Feuer fahre vom Himmel herab und verzehre sie.
Er aber wandte sich um und herrschte sie an. Und sie wanderten weiter
in ein anderes Dorf.*

*Und während sie des Weges wanderten, sprach einer zu ihm: Ich will
dir folgen, wohin du auch gehst. Jesus aber sprach zu ihm: Die Füchse
haben Höhlen und die Vögel des Himmels Nester, der Menschensohn
aber hat nichts, wo er den Kopf hinbetten könnte. Zu einem anderen
sprach er: Folge mir! Der aber sprach: Herr, erlaube mir, daß ich zuerst
weggehe, meinen Vater zu begraben. Doch er sprach zu ihm: Den Toten
überlaß es, ihre Toten zu begraben. Du aber geh weg – künde das Königtum Gottes an. Noch ein anderer sprach: Ich will dir folgen, Herr! Doch
erst erlaube mir, daß ich mich von denen zu Hause verabschiede. Jesus
aber sprach zu ihm: Keiner, der die Hand an den Pflug gelegt hat und
rückwärts blickt, ist tauglich für das Königtum Gottes.*   LK 9,51–62

Stünden diese Worte nicht im Neuen Testament, wir würden kaum
für möglich halten, daß sie aus der Nähe Jesu gesprochen und
gestaltet wurden. Da spielen zwei Leute aus dem engsten Jüngerkreis
ernsthaft mit dem Gedanken, Dörfer in Samaria mit göttlichem Feuer zu
verbrennen und ihre Bewohner tödlich zu bestrafen. Da kommt jemand
zu Jesus mit dem Wunsch, sich ihm anzuschließen, möchte aber zuvor
noch der Pflicht der Pietät genügen und seinen Vater zu Grabe tragen, und
es wird ihm in scheinbar unglaublicher Roheit zur Antwort: »Laß die
Toten die Toten begraben.« Da möchte jemand wenigstens Abschied
nehmen dürfen von seinen Familienangehörigen, und es wird ihm barsch
über den Mund gefahren.

All diese Szenen sind aus einem Energiezentrum heraus gesprochen,
das sich in merkwürdiger Weise bricht und fast bis zum Unmenschlichen provoziert und schmerzt. Worum es geht, erfaßt man wohl am
besten, wenn man dem Rahmen Rechnung trägt, den Lukas dieser
Kaskade von Worten und Ereignissen gegeben hat. Da begibt sich Jesus

hinüber zur Stätte seines Todes. Aber wo die Augen der Menschen
nichts sehen werden als Untergang und Zerstörung, begibt sich in
Wirklichkeit auf diesem Wallfahrtsweg nach Jerusalem ein zweites Mal
das Schicksal des Propheten Elija. Mit unseren äußeren Sinnen werden
wir am Karfreitag nichts sehen als Kreuzigung und Leid, aber mit den
Augen des Glaubens wird sich etwas ganz anderes zeigen. So wie der
Prophet Elija in der Stunde seines Todes am anderen Ufer des Jordans
auffuhr im Feuerwagen zum Himmel, so steht Jesus bereit, aufzufahren
zur Rechten Gottes, und jedes seiner Worte wird Gericht und Maßstab
sein für unser Leben. Dies läßt sich lernen und einüben auf dem Weg zur
heiligen Stadt, hinüber nach Jerusalem. Den einen wird sie der Ort des
Rechts und des tödlichen Rechtsspruchs sein, den anderen Anfang der
Auferstehung. Wie aber reagieren wir Menschen auf diesen zerreißen-
den Widerspruch?

Von der Person des Elija lebt im Grunde alles, was wir in diesem
Evangelium hören. Wer die Gestalt dieses Mannes vor Augen hat, sieht
ihn als Gottes Gesandten, der wirklich, wie die Jünger es hier fordern,
Feuer vom Himmel über Menschen herabwarf und am Altar Jahwes auf
dem Berge Karmel vierhundert Priester des Götzendienstes und des
Baalskultes schlachten ließ im Bekenntnis für seinen Gott. Wie denn
auch nicht! könnte man denken. Da gibt es absolute Offenbarung des
Göttlichen, heilige Gesetze, klare Weisungen, die es nur auszuführen
und auszuüben gilt. Soll da nicht in heiliger Leidenschaft ausgerottet
werden, was es an Schwachheit, an Herzensfaulheit, an Lüge und
Verrat unter uns Menschen gibt? Von der Gestalt des Elija machen wir
uns in unseren Tagen schwerlich ein Bild, wenn wir uns im europäischen Kulturraum umschauen. Am nächsten kommt einem solchen
Mann wohl die Gestalt des islamischen Religionsführers Khomeini.
Von ihm glaubten die Perser, daß er wahrlich ein Ajatollah sei, ein
Lichtglanz Gottes; sie nannten ihn Ruchollah, Geist Gottes; in ihm
glaubte man Wahrheit. Er war wie ein Richter des Alten Testaments,
nicht einfach eine Entartung des Islam, eher der Versuch, über dreiein-
halbtausend Jahre Religionsgeschichte zurückzugreifen, bis dahin, wo
ein Mann steht und mit heiligem Feueratem vernichtet, wenn es denn
sein muß. Nicht anders war Mohammed selber, nicht anders waren
Päpste im Mittelalter, Urban II., der zum heiligen Kreuzzug aufrief,
Innozenz III., der die katholischen Heerscharen nach Südfrankreich
lenkte, die Ketzer zu töten.

Wir stehen in dieser kleinen Szene im Neuen Testament an einer Wendemarke. Jesus erinnert seine Zeitgenossen an die Gestalt dieses großen Gottesverkündigers Elija, aber wozu er sie auffordert, ist, alles von außen nach innen zu ziehen. Es geht um Entscheidung, wie in den Tagen des Elija, ganz ohne Zweifel, aber sie findet nicht äußerlich statt. Wir haben keine Wahrheit von Gott außerhalb des Menschen oder über den Menschen, gegen den Menschen. Wenn wir etwas von Gott fühlen, sehen, ahnen, womöglich wissen können, dann stellt es sich her im Gespräch mit Menschen, in der Begegnung mit Menschen. Es ist möglich, daß die Rechthaberei die Religionen voneinander trennt. Da sind in den Tagen Jesu die Juden mit den Samaritern zerstritten. Es genügt zu wissen, daß einer sich nach Jerusalem begibt, und man verweigert dem Fremden das heilige Recht der Gastfreundschaft, für jeden Orientalen Kern aller Humanität und Sittlichkeit. Und wie kommen *wir* denn dazu, in Sachen Gottes einen festen Besitz zu vermuten? Das Alte Testament nennt Gott den Vater und fügt hinzu, daß alle Götzenanbeter sind, die in Gott eine mütterliche Macht und Größe anzubeten suchen. Wir lehren heute den dreifaltigen Gott und nennen daher die Hindus Heiden, die betonen, daß die Gottheit weder Vater noch Mutter, sondern die Einheit von Männlichem und Weiblichem sei; dies ist uns Mythos und Verrat. Wir glauben an die Trinität des Göttlichen und nennen daher nichtgläubig die Muslime, die die Einheit Gottes lehren. Aber sind nicht alles das nur Bilder? So versuchen denkende Säugetiere ein Stück von Gott zu erhaschen, indem sie Unterschiede der Geschlechter, aus denen sie selbst hervorgegangen sind, in das Göttliche hineintragen, das sie nicht kennen. Und die Dreifaltigkeit Gottes müssen wir uns abzählen an den Fingern einer Hand; Gott aber hat keine Hände, und es gibt keine quantitative Größe, mit der man sich ihn verdeutlichen könnte. All das sind Bilder, Chiffren, Symbole, und sie haben ihre Wahrheit einzig im Erfahrungsraum der Menschlichkeit, nichts weiter gilt. Wenn es einen Feuerbrand vom Himmel auf die Erde zu holen gilt, ist es der einer grenzenversöhnenden Liebe, nicht der Aus- und Abgrenzung, nicht der Einsperrung der Menschen in festen, starren Begriffen.

Auch die Religion ist unterwegs nach Jerusalem, auch sie der Versuch einer Wallfahrt. Sie hat keine festen Positionen, oder sie bliebe stehen und verriete ihre eigene Mission. Doch wenn man daran erinnert, daß selbst das Bekenntnis zu Gott ein Wagnis ist, ein Stück Ungewißheit enthalten *muß*, um wahr zu bleiben und sich zu schützen vor der Intoleranz, dann bricht im Untergrund sogleich die Angst auf, die wir als Menschen unausrottbar in unserem Herzen tragen. Jedes Tier auf dieser Welt hat ein Stück Heimat. Die Schwalben wissen um den Weg, den sie über zweitausend Kilometer fliegen müssen, um in wenigen Monaten nach Süden zurückzufinden, sie kennen die Sternbilder und den Stand der Sonne, an denen sie sich orientieren. Sie kennen die Zeiten ihrer Paarung, ihrer Brutpflege, der Unruhe ihrer großen Wanderungen, und so wie sie halten es alle Lebewesen an unserer Seite. Ein jedes erfaßt von der Wirklichkeit einen winzigen Ausschnitt, aber in dem ist es instinktgesichert und geborgen. Einzig wir Menschen sind aus der Heimat der Welt herausgefallen. Wir sind weder Füchse, die Baue anlegen, um im Inneren der Erde Zuflucht zu finden, noch Vögel, die Nester einrichten zwischen Himmel und Erde. Wir als Menschen wissen zu jedem Zeitpunkt, daß wir dem Paradies entlaufen sind, daß wir ungeborgen in dieser Welt stehen. Was, wenn selbst die Religion uns keine feste Zuflucht gibt, sondern nur Leuchtfeuer der Ewigkeit fern am Horizont, Markierungen einer ewigen Wanderung? Jesus muß dies verkörpert und es jedem, der sich ihm anschließen wollte, zugemutet haben: Einzig wenn wir auf Gott schauen, wird diese heimatlose Welt für uns begehbar, finden wir ein Stück Weges zurück zu dem Ort des Schöpfungsmorgens, wo die Welt ihr verborgenes Zentrum besitzt, sind wir zwischen der Erde und den Sternen aufgehoben, nie gesichert und doch beschützt, immer Flüchtlinge und doch nicht gänzlich heimatlos, ständig unterwegs und dennoch nie ganz ruhelos.

Es mag sein, daß wir uns in der Angst wie kleine Kinder an andere Menschen wie an Vater und Mutter zu klammern suchen. Sie waren und sind die ersten Garanten des Vertrauens. Im Schoß unserer Mutter war der einzige Ort vollständiger Obhut, Versorgung und Geborgenheit; zu ihm zurückzukehren ist unsere große Sehnsucht. So kann man den Mann verstehen, der darüber in Trauer ist, daß sein Vater starb, und ihn beisetzen möchte. Man darf denken, daß dies nicht nur einen Entschluß für einen Nachmittag bedeutet, sondern Ausdruck eines ganzen Lebens ist. Wir versuchen, bei Menschen Geborgenheit zu finden, und müssen entdecken, wie begrenzt das ist, was Menschen füreinander sein können. Spätestens gegen den Tod wächst uns kein Heilkraut; irgendwann holt uns die Schwäche ein; irgendwo haben wir Grenzen. Und wie leben wir Menschen an der Seite anderer sterblicher, begrenzter Menschen? – Es ist der Versuch Jesu, uns aus dem starren Nach-Rückwärts, dem Bedauern der Sterblichkeit, dem ständigen Kleben an Ereignissen, die nicht hätten eintreten dürfen, herauszulösen und unser Leben nach vorn zu wenden. In gewissem Sinne möchte er, daß wir unter den Augen Gottes aufhören, an der Seite von Menschen Kinder zu sein. Er möchte, daß wir uns zutrauen, erwachsen zu sein und unser eigenes Leben zu führen, geradeaus, auf den Horizont zu, nicht bedauernd nach rückwärts, sondern hoffend nach vorn. Und genauso der Schoß der Familie. Wie oft drängen wir danach, menschliche Gruppen zu finden, die uns Schutz und Geborgenheit und Heimat geben könnten. Das Geheimnis, das Jesus verkörpert, besteht darin, daß wir zu anderen Menschen erst finden werden, wenn es in uns selber eine Festigkeit des Vertrauens gibt. Anders bleiben wir Abhängige, suchen wir Zuflucht in einem Heer von Termiten und Ameisen und verkürzen wir unsere Menschlichkeit. Jedes Stück Freiheit, das wir erobern könnten, wird vertan durch ein dauerndes Abschiednehmen, und immer bleiben wir dabei, diesen und jenen um Entschuldigung zu bitten, diesen und jenen um Erlaubnis anzuflehen, und immer ist der Schmerz der Trennung größer als die Freude des Aufbruchs. Das ist kein Leben an der Seite Jesu. Er möchte, daß wir entschlossen zufassen. Man zieht auf dem steinigen Boden Palästinas keine Ackerfurchen, wenn man nicht nach vorn schaut; wer zurückblickt, verdirbt die Arbeit. Und Gott möchte Menschen entschlossen im Vertrauen. Dann bleibt es dabei, daß wir unterwegs sind nach Jerusalem, riskierte Wesen in Ungewißheit und Wagnis, ausgesetzte, heimatlose und dennoch im Vertrauen Gottes gefestigte, klarsehende, mutig nach vorn gehende, aufrecht stehende Menschen. Es ist möglich, viel an Bindungen zu verlieren, um im Ewigen gebunden zu sein, und wieder zurückzukehren vom Himmel auf die Erde und diese paar Jahrzehnte der irdischen Existenz ahnungs- weise zum Bild der ewigen Heimat zu formen. So ist unser Leben: als Vertriebene und Zurückkehrende unterwegs zum Himmel, miteinander in der Familie, die wir sind als Schwestern und Brüder an der Seite Jesu.

Zum vierzehnten Sonntag

In jener Zeit hob Jesus an und sprach: Hochpreise ich dich, Vater, Herr des Himmels und der Erde, daß du dies vor Weisen und Klugen verborgen, Unmündigen aber enthüllt hast. Ja, Vater du, so hat es Gefallen gefunden vor dir. Alles ist mir von meinem Vater übergeben. Und keiner erkennt den Sohn denn der Vater. Und den Vater erkennt keiner denn der Sohn, und je wem der Sohn es mag enthüllen.

Heran zu mir alle, ihr Mühenden und Überbürdeten: Ich werde euch aufatmen lassen. Mein Joch nehmt auf euch und lernt von mir. Denn: Sanft bin ich und von Herzen niedrig, und ihr werdet Aufatmen finden für euer Leben. Mein Joch ist ja gut, und meine Bürde ist leicht.

MT 11,25–30

Fast alle religiösen Worte haben an sich, daß sie sehr zwiespältig wirken. Sie sind den einen wie ein Erdbeben, den anderen wie ein Landregen auf ausgedörrte Erde, den einen sind sie wie ein Sturm, den anderen wie eine Besänftigung. Je nach dem Adressaten und dem Ort, wo man selber steht, vernichten sie oder bauen auf. Vielleicht muß man aus den religiösen Worten zunächst die Angst nehmen, um sie richtig zu verstehen. Deshalb möchte ich mit dem Aufbauenden beginnen.

Das Wort Jesu richtet sich tröstend und begütigend an die Menschen, die sich bis zum Hals mit ihrem Leben im Sumpf und von ihren Fehlern aufs äußerste bedrängt fühlen. Denen will es Mut und Zuversicht eröffnen. Und ich denke, wir reden dabei nicht von Menschen, die uns fremd wären, sondern von uns selber. Denn jeder wird sich auf seine Weise, sei es mit fünfundzwanzig, vierzig oder fünfundsechzig, einmal die Frage vorlegen, was er mit seinem Leben eigentlich angefangen habe. Bei einer gerechten Betrachtung wird sich kaum vermeiden lassen, daß er vieles in seinem Leben feststellen muß, bei dem er sich schuldig fühlt und Gründe weiß, sich anzuklagen. Ja, je genauer er sich selbst betrachtet, desto größer wird der Schuldenberg. Je mehr seine Ehrlichkeit im Umgang mit sich selber wächst, desto mehr wird er spüren, wie oft er sich betrogen hat. Je feinfühliger und genauer er selber für die eigene Wahrhaftigkeit und Redlichkeit im Umgang mit

sich selber reift, desto mehr wird er merken, wie oft er sich selbst
belogen hat, sich selber entlaufen wollte und mit seinem Leben sich und
anderen etwas vorgemacht hat. Und dies häuft sich auf, türmt sich zur
Schuld am eigenen Leben und an dem der anderen.

Was soll man tun, wenn man, rückblickend, nur feststellen kann,
wie viel verkehrt war, und wenn man eigentlich nicht weiß, wo man
beginnen soll, es wiedergutzumachen? Die Generation vor uns, die aus
einem wahnsinnigen Krieg zurückkam, hatte schon Grund, sich die
Frage zu stellen, was sie getan habe. Was soll man *davon* wiedergutma-
chen können? Oder im rein privaten Leben: Niemand von uns hat
irgendein Abonnement darauf, alles richtig zu machen. Vielleicht wird
er sich noch eine Weile lang sagen können, daß er es doch mindestens
gut gemeint hat. Wie aber, wenn Gott ihm sogar diesen Trost entzieht
und er sich bei noch mehr Ehrlichkeit sagen muß, nicht einmal die
Redlichkeit der eigenen Motive könne er sich glauben? Man hat nicht
nur geirrt, man hat nicht nur auf dem Weg zum Guten die falschen
Mittel gebraucht, man hat oft genug nicht einmal das Gute *gewollt*.
Oder nur mit halber Seele hat man es gewollt. Nur: daß man dann am
Ende das Richtige nicht erreichen konnte, lag an der Vergiftung des
eigenen Herzens. Von alldem *kann* man schließlich nichts mehr zurück-
nehmen; es steht da, man verfügt nicht einmal mehr über die Kraft, über
die Mittel, über die Möglichkeit, es wiedergutzumachen in dem Sinne,
daß man für alles Schlechte etwas Gutes in die Welt setzen würde. Was
dann?

Wenn wir uns am verzweifeltsten fragen, wofür unsere Fehler gut
sind, warum uns Gott nicht gewarnt, uns nicht mehr Einsicht geschenkt, uns nicht mehr Kraft und Stärke gegeben hat – vielleicht
hat dies alles nur den einen Sinn, daß wir inmitten des Falschen von
Gott am meisten lernen können, wie sehr wir selber Güte, Verständnis
und Vergebung brauchen, und daß wir dann mit allen anderen von
innen heraus am meisten fühlen können, wie wenn all unsere Fehler
nur zu dem einen Zweck gut wären, daß wir aus ihnen – ich drücke
mich jetzt ganz verzweifelt aus – nicht lernen, etwas richtig zu machen, etwas wiedergutzumachen, sondern nur Verständis dafür zu
haben, wie man in das Falsche hineingerät. Wie wenn all unsere
Sünden und Krankheiten nur den Zweck hätten, uns zu lehren, wie
sehr wir abhängig sind von der Vergebung. Zu all dem, was Jesus von
Gott sagen wollte, paßt dies am allermeisten: Man lernt Gott nicht,

indem man alles richtig macht. Man lernt Gott am tiefsten, wenn man ihn am meisten braucht zur Vergebung. Dann schmilzt der Stolz, die Eitelkeit am nachhaltigsten, und man lernt die Güte. Dann ist man Gott sehr nahe, nicht, weil man ein *richtiger* Mensch wäre, sondern weil man mitten in den Fehlern weiß, wovon man wirklich lebt. Dann wird das Herz weit, und es versteht, was Jesus in der Bergpredigt sagen wollte: daß Gott seine Sonne aufgehen läßt und seinen Regen regnen läßt über die Guten und die Bösen. Es gibt keine trennenden Grenzen mehr, es gibt nur noch Menschen, die allesamt der Vergebung bedürfen, damit ihr Herz gut wird.

Soll ich sagen, was viele sagen, die sich in keine Kirche mehr trauen? Soll ich sagen, mit welchem Fluch sie die Frommen bedenken, indem sie sagen: »Die alle sind keinen Deut besser als wir auch. Die da in die Kirche rennen, glauben, bessere Menschen zu sein, aber wo sind sie's denn?« Und sie legen in ihrem Zorn gerade den Maßstab Jesu an. Man kann sagen: »Ja, Herr«, und mit den Lippen alles bekennen und es in Wahrheit doch nicht tun, weil man die Güte und Barmherzigkeit vermissen läßt, die Gott als einziges will: nicht die Schaufelarbeit, nicht die Anstrengung, sondern die Geduld des Reifenlassens.

Ich möchte solche Anklagen nicht erheben, weil sie nichts bewirken, nur Angst schaffen und nur beschränken. Aber manchmal denke ich schon, daß etwas dran sein muß, wenn wir in unserem Jahrhundert oft von Menschen, die sich Atheisten nennen, mehr Güte und Menschlichkeit lernen können aus ihren Werken, ihren Gedanken, ihrer Art zu leben als von der offiziellen Kirche. Ich frage mich oft, was am Christentum eigentlich noch stimmt, wenn Menschen in ihrer höchsten Not oft genug grade nicht mehr zum Priester gehen, weil sie denken: »Der wird mich nicht verstehen. Er wird seine Maßstäbe haben, und danach wird er sagen: Schuldig. Erkenne. Bereue.« Man weiß gar nicht, wie das alles gehen soll. Eher wird man zum Arzt gehen, zum Psychiater und sich verzweifelt mit allem Möglichen vollstopfen lassen, immer noch eher, als in die Mitleidlosigeit zu fallen, die Gott im Munde führt und seinen Namen an die Portale schreibt.

Wenn man sehen will, was wirklich Gott meint, gibt es nur einen einzigen Maßstab, er ist international, er richtet sich nach keinen Konfessionen, er richtet sich nach keinen Institutionen, er hat nur einen einzigen Gradmesser: wie menschlich, gütig das ist, was wirk-

lich geschieht. Nur dies zählt eigentlich. Dann kann man das Evange-
lium daraufhin lesen, daß allem Mut Angst bleibt und daß unsere eigene
Schuld vielleicht am nötigsten dafür ist, daß wir dies von Gott hören: die
Güte, die Menschlichkeit.

Auch für das Übermaß der Offenbarungen – eben darum – wurde mir, damit ich mich nicht überhebe, ein Spieß ins Fleisch gegeben, ein Bote des Satans, der mich mit Fäusten schlagen soll, damit ich mich nicht überhebe. Seinetwegen – daß er abstehe von mir – habe ich den Herrn dreimal ermutigt. Und er hat mir gesagt: Du hast genug an meiner Gnade; denn die Kraft kommt in Schwachheit zum Ziel. Aufs Freudigste werde ich mich also meiner Schwachheit rühmen, damit die Kraft des Messias sich auf mir niederlasse. Deswegen habe ich Gefallen an Schwachheiten, Demütigungen, Nöten, Hetzjagden und Ängsten – um des Messias willen. Denn bin ich schwach: Gerade dann bin ich voll Kraft. 2 KOR 12,7–10

Höchst bemerkenswert an diesem erstaunlichen Mann Paul von Tarsus ist die Art, wie er von Gott und Jesus Christus spricht. Andere zu seiner Zeit überliefern die Reden und die Taten Jesu, aber von den Männern, denen wir die Evangelien verdanken, wissen wir selber so gut wie nichts. Wenn Paulus von Gott spricht, redet er unausweichlich zugleich von sich selber, und er kennt kein anderes Medium, um Gott oder Jesus Christus mitzuteilen, als den Ort der Erfahrungen seines eigenen Lebens. Man kann sagen, daß sich ein Mensch nur von den Höhepunkten seines Daseins her verstehen und beurteilen läßt. Das Zentrum des Paulus ist eine Erfahrung vor den Mauern der Stadt Damaskus. In dieser Stunde begibt sich alles, was der Apostel später in seinen Briefen den Gemeinden seiner Zeit und uns Heutigen mitzuteilen versucht. Äußerlich ereignet sich dies, daß ein Mann zu Boden geworfen wird und unter epileptischen Krämpfen im Staub liegt. Tage danach noch ist er körperlich mit Blindheit geschlagen. Innerlich aber, sagt er selber, wurde er zum Zeugen höchster Offenbarungen, formierte sich eine ganze Welt in seinen Augen neu, stürzte ein, was war, und erstand, wofür er später selber einstehen wird: eine Welt der Gnade, nicht des Gesetzes.

Die Erfahrung, die Paulus macht, ist so neu in der gesamten Religionsgeschichte, so unvordenklich, daß er nach Worten ringt und oft genug stottert, um sie mitzuteilen; und das, was er sagt, ist mißverständlich, widersprüchlich und paradox, ja geradewegs gefährlich für jede menschliche Gemeinschaft, politisch wie kirchlich, bis in unsere Zeit hinein. Was Paulus entdeckt, ist die aufregende, in der Tat zerstörerische, aber auch höchst konstruktive und lebendige Erkenntnis, daß es nicht genügen kann, im Sinne der Gesetze der göttlichen und bürgerlichen Ordnung mustergültig zu sein. Es mag vorkommen, daß ein Mensch im Sinne des Gesetzes alles getan hat, was er tun muß, und dennoch macht er alles falsch, weil in seinem eigenen Leben nichts stimmt. *Vor* Paulus mag es genügt haben, sich treu an die Weisungen der überlieferten Ordnung zu halten; Paulus ist gewissermaßen der erste in der Geschichte der Menschheit, der spürt, daß das nicht ausreicht, ja daß es sogar dazu führen kann, selber überhaupt nicht zu leben und am Ende zu einem Unmenschen und Ungeheuer zu entarten – aus Moral.

Wie das sein kann, erzählt sich in der Biographie des Paulus mit wenigen Worten, über einen Abgrund hinweg. Dieser Mann aus der Gruppe der Pharisäer hat sich mit der Energie der Verzweiflung an die über sechshundert Gesetze und zweitausend Ausführungsbestimmungen des jüdischen Gesetzes geklammert und hat versucht, danach zu leben, als er von der kleinen Gruppe derer, die sich auf den Nazarener berufen, erfährt. Es ist ein Kreis von Leuten, denen es offensichtlich nicht genügt, daß man ihren vermeintlichen Propheten im Namen des Gesetzes nach dem Urteil der höchsten religiösen Behörde mit Hilfe der politischen Besatzungsmacht liquidieren mußte, weil er mutwillig und mit Vorsatz das göttliche Gesetz an zig Stellen gebrochen hat. Diese Gruppe der Nazarenerjünger bildet sich ein, es gebe eine göttliche Gnade jenseits der Gesetzesverordnungen. Als wenn nicht alles darauf ankäme, zu tun, was Gottes Wille ist! Diese neue Lehre beunruhigt Paulus und fordert ihn heraus, ja, sie bedroht ihn tödlich. Also wird er selber tödlich vorgehen gegen die Sekte der Christen, läßt sich Vollmachten erteilen von der Synagoge, aufzustöbern und an den Galgen zu liefern, wer sich zum Nazarener bekennt.

So die Stunde vor Damaskus, als Paulus zusammenbricht und denjenigen, den er verfolgt, wie einen Spuk oder wie eine göttliche Berufung vor sich sieht und eine Stimme hört, die ihn fragt und in Frage stellt: »Warum, Paulus?« Es ist seitdem, daß dieser Mann begreift, es gebe in unserem Leben nichts, was uns schwerer fiele, als das Allereinfachste zu lernen: die einfache Güte und das Vertrauen in die Gnade. Wenn Paulus versucht, zu beschreiben, worum es dabei geht, sind seine Worte unzureichend. »Damit ich mich nicht rühme und überhebe«, ist sein stehendes Vokabular, und jeder, der das hört, wird denken: »Nun gut, Paulus, dann hör doch damit auf, laß das Dich-Rühmen und Dich--

Überheben, was soll's? Angeberei wird man doch meiden können.« Aber Paulus redet niemals von bloßen Verhaltensweisen, er spricht aus der Tiefe seiner Existenz. Vor Augen hat er die Not von Menschen, die zutiefst spüren, daß sie im Grunde unberechtigt existieren, in gewisser Weise überhaupt nicht wert sind, dazusein. Solche Menschen benutzen die Auskunft der Moral und der Religion ihrer Zeit. Sie versuchen, durch Korrektheit bis zum Weiter-geht-es-Nicht zu bestätigen und zu beweisen, daß es sie nicht nur geben *darf*, sondern in gewissem Sinne geben *muß*. Sie machen niemals etwas falsch, denn jeder Fehler wäre für sie tödlich. Sie müssen im Recht sein, denn das Unrecht wäre ihre Exekution.

In diesem ständigen Taumel von bodenlosen Minderwertigkeitsgefühlen und gußeisernen Überkompensationen gibt es keinen Mittelweg. Es ist ein Problem, das genauso psychologisch ist wie theologisch, weshalb man es auch nicht anders lösen kann, als indem man von Gott und Mensch stets gleichzeitig und immer vor dem Hintergrund der Frage spricht: Wer ist Gott *eigentlich?* Erläßt er wesentlich Gebote und Gesetze, kann er alles Richtige sagen und bringt doch die Menschen um? Mitten in ihrem guten Willen werden sie zu Mördern, können sich selber nicht aushalten und lassen auch die Menschen an ihrer Seite nicht leben. Wie wäre unser Leben bestellt, wäre die Voraussetzung unseres Daseins nicht das Gesetz, sondern, wie Paulus sagt, die Gnade? Wir dürften leben, nicht weil wir es verdient hätten durch eigene Leistung; vielmehr könnten wir glauben, dasein zu dürfen, einfach weil Gott es so wollte. Es würde alle Angst beruhigen, es würde uns zurückführen zu unserem Gleichmaß, und dann stimmte es aufs Wort: Unsere Stärke wäre unsere Schwachheit. Schauen wir uns nur um, wie ohnmächtig und hilflos wir sind, wenn wir uns zwingen zur Perfektion, zur fehlerlosen Richtigkeit, zur Stärke in dem Sinne, daß wir die Menschen sind, die keine Schwäche und keine Schwachheiten haben. Wie verlogen, verkrampft und ungütig vollzieht sich ein solches Leben! Und spüren nicht alle an unserer Seite, daß es so nicht stimmt, niemandem wirklich nützt und nichts weiter vermittelt als einen ständigen Terror? Wieviel gäben wir um Menschen, die das Vertrauen aufbringen, sich und anderen zuzugeben, daß sie dies und das nicht wissen, daß sie ehrlich fragen können! Man lobt ein Kind in der Schule, wenn es wagt, dem Lehrer zu sagen, dies und das habe es noch nicht verstanden, er möge es noch einmal erklären. Denn jeder gute Pädagoge begreift, daß der Mut, zu unterscheiden zwischen dem, was man weiß, und dem, was man nicht weiß, die einzige Quelle von Erkenntnis und Reifen ist. Nur: wo in unserem Leben gibt es Menschen, die dem anderen sagen: »Dies kann ich nicht; das versteh' ich noch nicht; da bin ich noch unvollständig; das geht über mein Format«, und ihre Grenzen reklamieren, innerhalb deren sie einzig wahrhaftig sein können? Dies aber ist unsere Stärke, bei dem zu bleiben, wo wir schwach sind. Es macht uns menschlich, ehrlich, gütig, sogar umgänglich und in jedem Fall vertrauensvoll. Wir sind viel zuverlässiger in den begrenzten, unvollkommenen Existenzformen als in der abgeriegelten Scheinperfektheit, zu der wir uns sonst nötigen. Paulus drückt es oft in Worten aus, die man mißverstehen kann: »Es liegt«, sagt er, »ein Gesetz in meinen Gliedern, das mich nötigt, zu tun, was ich nicht will, es streitet das Fleisch gegen den Geist.« Wer ihn so reden hört, denkt in unseren Tagen augenblicklich an ein zerrissenes Sexualleben. Aber das meint Paulus nicht. Er will sagen: Wenn wir diese Welt nur betrachten, wie sie ist, losgelöst von Gott, einfach nur als Kreatur, Fleisch in diesem Sinne, werden wir nichts anderes zu tun vermögen als zu kämpfen und zu ringen, wie wir einen bescheidenen Platz im Leben erwerben, und wir werden maßlos sein in den Ansprüchen unserer Angst. Selbst was Gott uns dann im Raum der Religion zu sagen hat, wird immer nur klingen nach »du mußt« und »du sollst«, wird ewig die Sprache des Gesetzes sein und also die Angst noch vermehren. Am Ende stehen wir viel ärmer da als früher.

Was Paulus vor Damaskus meinte lernen zu dürfen und worin er die Gestalt Jesu erkannte, war die voraussetzungslose Güte, mit der Gott uns begleitet. Mag sein, daß manche Menschen diese Erfahrung wie Paulus selber nur lernen können durch irgendein Gebrechen. »Ein Satan gab mir einen Pfahl ins Fleisch«, sagt er, und die Erklärer rätseln herum, was das wohl gewesen sein mag, ein körperliches Gebrechen, seine Epilepsie, ein verborgenes Laster? Es mag ein jeder aus seinem Erfahrungsraum da hineinprojizieren, was er will, es stimmt unter allen Umständen. Grade die Nullstellen unseres Vermögens, grade unsere vermeintlichen Fehler, unsere nicht abzuschüttelnden Mängel können uns am Ende viel tiefer lehren, was es heißt, menschlich zu sein. Gott macht aus uns nichts Perfektes, nichts Vollkommenes. Er möchte einfach, daß wir auf je *unsere* Weise Menschen sind. Das Vollkommene gibt es im Ideal nur ein einziges Mal, Menschen aber zu

Milliarden, auf daß jeder in der Begrenztheit seiner Form ein Spiegel des Göttlichen sei und lerne, *glücklich* zu sein, auch in dem, was ihm fehlt. Denn das läßt ihn hoffen auf die Ergänzung durch andere, das lehrt ihn ein bescheidenes Glück. Es macht möglich, einverstanden zu sein mit dieser Welt in Myriadenform. Es gibt einen Mittelweg zwischen dem Druck der Minderwertigkeit und der Verstiegenheit, dagegen anzukämpfen. Es gibt den einfachen Weg einer Wahrheit, die ermöglicht, aus Gnade gut zu sein. Alles, was wir von Jesus Christus als einer inneren Vision wissen können, ist diese Erfahrung des Paul von Tarsus: Es genügt dir meine Gnade.

ZUM FÜNFZEHNTEN SONNTAG

Und da! Ein Gesetzeslehrer stand auf. Er sagte, um ihn zu versuchen: Lehrer, was habe ich zu tun, um unendliches Leben zu erben? Er sprach zu ihm: Was ist im Gesetz geschrieben? Wie liest du da? Er antwortete und sprach: Liebe den Herrn, deinen Gott; aus deinem ganzen Herzen und mit deinem ganzen Leben und mit deiner ganzen Stärke und mit deinem ganzen Sinnen! Und: Deinen Nächsten wie dich selbst! Er sprach zu ihm: Richtig hast du geantwortet. Tu das! Dann wirst du leben. Der aber wollte sich rechtfertigen und sprach zu Jesus: Und nun – wer ist mein Nächster?

Jesus nahm das auf und sprach: Ein Mensch ging von Jerusalem nach Jericho hinunter und fiel unter eine Räuberbande. Die zogen ihn aus, schlugen ihn wund, machten sich davon und ließen ihn halbtot liegen. Zufällig ging ein Priester auf jenem Weg hinunter, sah ihn an und ging vorüber. Desgleichen auch ein Levit. Der kam an den Ort, auch er sah ihn an und ging vorüber. Ein Samariter, der unterwegs war, kam ebenda hin, sah ihn an, und es ward ihm weh ums Herz. Er trat hinzu, verband seine Wunden und goß Öl und Wein darauf. Dann setzte er ihn auf sein Reittier, brachte ihn zum Wirtshaus und versorgte ihn. Am anderen Morgen zog er zwei Denare heraus, gab sie dem Wirt und sprach: Versorg ihn, und was du etwa dazuhin aufwendest – ich gebe es dir zurück, wenn ich wieder herkomme.

Wer von diesen Dreien scheint dir der Nächste dessen geworden, der unter die Räuberbande gefallen ist? Er sprach: Der das Werk des Erbarmens an ihm getan hat. Und Jesus sprach zu ihm: Geh und tu auch du desgleichen LK 10,25–37

Wer aber ist denn mein Nächster?

So mag man sich fragen, und hört man den Zynismus der Straße, dann vernimmt man bald die Antwort: »Einem jeden ist das eigene Hemd am nächsten, will besagen: soll doch ein jeder vor seiner eigenen Haustür fegen und seinem eigenen Wohlergehen frönen, ein jeder ist sich selbst der Nächste, und seinen eigenen, von der Natur mitgegebenen Egoismus, den soll er leben.« Ganze Sozialtheorien, ganze biologische Entwicklungslehren beruhen auf diesem Prinzip des heiligen Egoismus. Die ganze Wirtschaftsordnung basiert auf dieser Grundsäule der ehernen Überzeugung: Wenn ein jeder seinen Vorteil wirtschaftlich bis zum Rand auskostet und wiederum ein jedes Volk seinen eigenen Egoismus möglichst zum Wohlergehen bis zum Rand zu befördern sucht, dann wird das Wohl aller auf das beste bestellt sein. Im Rahmen dieses ehernen Prinzips mag sich dann sogar die Religion ansiedeln. Sie wird den heiligen Egoismus segnen und nur die Frage aufwerfen, wie weit wohl, ohne dieses heilige Prinzip vor Gott anzutasten, der andere mir mein Nächster ist. Da gibt es die Pflichten der Familie. Dem eigenen Mann sind seine Frau und seine Kinder am nächsten, wie denn auch nicht? Dann gibt es die Pflichten der Verantwortung im Beruf; dem Chef sind sein Betrieb und seine Angestellten am nächsten. Und wieder gibt es die politischen Pflichten. Und so durch alle Instanzen. Jeder hat seine Nächsten. Wer also ist mein Nächster? – Eine ganz unabsehbare Frage ist dies, denn auf jeder Stufenleiter der Verantwortung muß und kann man sie anders definieren. Ganze Gesetzesbücher müssen geschrieben werden über diese Frage, wer, nach Maßgabe von Recht und Unrecht, Pflicht und Strafbarkeit, als mein Nächster zu verstehen und zu erklären ist.

Es gehört viel Mut dazu, wenn Jesus erklärt, daß man mit all diesem Denken Gott, so wie er uns gemeint hat, auch nicht einen Zentimeter näherkommt, im Gegenteil, daß man von seinem eigenen Herzen weit abgerückt sein muß, um sich auf den Boden dieser ehernen Überzeugung des heiligen Egoismus zu stellen und dann die Abstände zum anderen möglichst mit der Elle des Gesetzes auszumessen. Erlebt man eigentlich menschliche Not auf diese Weise? Kommt man jemals irgendeinem Menschen im Gefolge und in Konsequenz dieses Denkansatzes näher? Ich frage das ganz im Ernst, weil ich seit meinen Kindertagen darunter leide, daß in jedem Fall, in dem man helfen möchte und müßte, erklärt wird, daß das nicht geht. Es gibt Menschen in Kalkutta, in Bombay, São Paulo, die hungern, sterben, im Elend vegetieren, aber wieso sind das unsere Nächsten? Die Kirche kann ihnen erst helfen, wenn sie selber Geld hat, und der Staat wird ihnen erst helfen, wenn er selber genügend Geld hat. Und ob wir jetzt mit 0,35 Prozent des Bruttosozialprodukts helfen, was eine Zumutung ist, oder vielleicht nächstens mit 0,25 Prozent das Ganze vernünftiger bewerkstelligen, was wir da Hilfe nennen – wie wir im Verlauf von Jahrzehnten den anderen näherkommen, das ist ein ganz unabsehbares Problem. Ich denke, man wird die ganze Art, so zu überlegen, zum Teufel jagen müssen, oder man wird nie in Tuchfühlung mit einem Menschen kommen, der leidet. Das Prinzip des Egoismus wird man nur aufbrechen können durch ein anderes Vertrauen, daß in unserem Herzen noch etwas anderes lebt als der Wolfshunger der Angst und des eigenen Egoismus. Gott sei Dank gibt es in unserem Herzen eine Universalität des Mitleids. Schon im Tierreich findet sich die Regung, auf die Not des anderen mit Beißhemmungen und sogar in etwa mitleidig zu reagieren.

Du darfst nicht fragen, wie es das Gesetz tut: Wer ist mein Nächster? Anders. Stell dir diese Geschichte vor. Ein Mann ist überfallen worden und liegt irgendwo an der Straße. Was wird Gott dann wollen, daß man tue? So mußt du fragen. Begibst du dich in die Unmittelbarkeit deines eigenen Gefühls, dann, allerdings, riskierst du viel. Du wirst womöglich zum Aufrührer. Du rüttelst an der Lebensordnung, die so fest ist. Vielleicht wirst du zum Anarchisten. Du wirst auf der Stelle alles in Frage stellen.

Wie ist man auf dem Weg zu Gott? Folgt man dem Weg der Institutionen, ist man unterwegs zu Gott, wenn man als Priester seinem Amte folgt. Der Tempeldienst kennt korrekte Zeiten, einzuhaltende Verpflichtungen, rituelle Gebote, Reinheitsbestimmungen, wohl zu beachtende Vorbereitungen, und zu einem bestimmten Zeitpunkt, zu einer bestimmten Art des Dienstes wirst du im Tempel erwartet. Die Menge der Gläubigen erwartet dich. Wenn du ein Priester bist, bist du verantwortlich für die Sache Gottes in der Kirche. Also richte dich danach. Wenn du einen Kranken berührst, einen Sterbenden, macht dich das unrein für den kultischen Dienst, denn Gott liebt nur das Gesunde, das Starke, das Kräftige, nie das Besudelte, das Heimgesuchte, das Unglückliche. Um Gott zu dienen, mußt du ein gesunder, ein untadeliger, ein unangefochtener Mann sein, sonst will dich Gott im Tempel nicht sehen. Also richte dich nach deiner Pflicht. Du siehst ihn am Wege, aber laß ihn nur liegen, wenn du pünktlich zum Tempel kommen willst. Und als Levit genauso. Es gibt Pflichten auch der nationalen Ehre, der Grenzen zwischen den Völkern, zusammengesetzt aus Politik und Religion. Die Not, die Menschen leiden, kennt keine Grenzen, und Jesus ist kühn genug, einmal zu phantasieren, wie die Welt wäre, wenn wir die Enge der Gesetze, der Regeln, der Normen, der gußeisernen moralischen Begriffe aufsprengen. Wie oft fühlen Priester sich gehindert, auf Menschen zuzugehen, die ihre Liebe dringend brauchten, wähnen stets, Gott besser zu dienen, wenn sie vorübergehen. Wie oft fühlen die guten Menschen sich gezwungen, unbarmherzig zu bleiben, um den Normen der Gesellschaft treu zu sein. Wie oft hindert uns das Sprechen von Gott daran, dem Nächsten näherzukommen. Dabei verletzt man kein Gesetz, man befolgt es. Man dient dem Gehorsam, aber verweigert sich dem Herzen. Wie sähe unsere Welt aus, wenn sie diese Grenzen nicht kennen würde und nur hörte, was man sehen, fühlen und bemerken kann und was die Stimme des eigenen Herzens darauf sagt. Wo ein Mensch leidet, müßte man selber sich quälen, wollte man sich ihm verweigern. Dies kann jeder spüren. Er wird bis zum Lebensende seine Mühlsal haben, wenn er sich einer wirklichen Not einmal verweigert. Vielleicht, daß er sich noch in Jahrzehnten Mühe geben muß, sein Versagen zu rechfertigen. Warum machen wir es uns so schwer, statt der Unmittelbarkeit unseres Mitleids zu folgen? Die Frage ist gar nicht: »Wer ist mein Nächster?« Die Frage ist ganz simpel: »Wer braucht mich unmittelbar am meisten?« Das sieht man sofort, darüber braucht man nicht zu diskutieren, dafür gibt es überhaupt keine Gebrauchsanweisungen – entweder man spürt es oder läßt es bleiben, aber wer es merkt, ist daran gebunden vor Gott. So einfach stehen die Dinge.

Kaum fängt man damit an, verändert sich eine ganze Welt. Dieser Mann, der den Verwundeten, von Räubern Überfallenen verbunden und mit gesäuberten Wunden auf sein Reittier legt und in die nächste Herberge geleitet, zerbricht das Denken in den Kategorien des Fürsorgestaates, daß Polizei, Sanitätsdienst, Caritas sich um solche Unfallkranken kümmern müßten. Er selber fühlt sich aufgerufen. Aber kaum tut er dies, sind mit einemmal die ganzen Vorbehalte verschwunden, die sonst selbstverständlich sind. In dieser Herberge ist der Samariter kein Ausländer mehr, kein Volksfeind, kein abtrünniger Unorthodoxer, kein Gotteslästerer, nur einfach ein Mensch. Und der Wirt dieser Herberge denkt nicht daran, ob sein Konto überzogen wird, wenn er diesen Schwerverwundeten weiter beköstigt und verpflegt, ob ihn vielleicht dieser Samariter übers Ohr haut und nicht zurückkehrt, den vielleicht entstandenen Schaden später zu begleichen. Vertrauen greift Platz, wo sonst nur Angst wäre, Offenheit, wo sonst nur Enge wäre, und eine ganze Welt ändert sich für jeden, der zugibt: Der Mann aus Nazaret mit dieser Art, die Welt zu sehen, mag alles ins Wanken bringen, die Tragpfeiler von Religion und Staat umstürzen, dennoch hat er vollkommen recht, denn unser Herz fühlt es so.

Und sollte ich nun noch sagen, daß es von diesen Raubüberfällen an der Straße nach Jericho allerorten zu berichten gibt, daß jeder Mensch seine Geschichte hat, eine verletzte und verwundete Seele, die sich danach sehnt, mit Öl und Wein behandelt zu werden, auf daß sie ihre Unschuld, ihre Schönheit und ihren Glanz wiedergewinnt und gleichermaßen ihre Freudigkeit, ihre Beschwingtheit und ihren Willen zu leben? Soll ich erwähnen, daß jeder Mensch darauf wartet, daß in seinem Leben an der Seite eines Menschen, der gut ist, nachreifen möge, was in ihm seit Kindertagen verletzt wurde? Wer, wenn er offen sprechen könnte, hätte nicht zu berichten von Raubüberfall, von Dreinschlagen bis zum Mord, von Lieblosigkeit und Gleichgültigkeit? So kann die Welt immer weitergehen und darf es doch nicht und muß es doch nicht. Denn wo wir selbst verstehen, wie verwundet Menschen sein können, werden wir auch begreifen, wie sehr wir alle einander brauchen in der Liebe.

»Geh, handele genauso.« Nimm dein Mitleid als selbstverständlich. Rechtfertige dich vor niemandem und vor gar nichts mehr. Laß die Institutionen sein, wie sie wollen, das Lachen der Menge womöglich, wie es sein will, die öffentliche Meinung reden, wie sie will. Er, Jesus, der so sprach, fühlte sich immer wieder und einzig berufen für das hundertste Schaf, für die Kranken in Israel, für die, die ihn am meisten brauchten. Nur so kommt man menschlich einander und miteinander zusammen Gott nahe. So hat er uns gewollt, als er *sein* Gesetz uns ins Herz schrieb, die Liebe, das Erbarmen und das Mitleid. Und jeder Mensch an unserer Seite ist ein Tempel Gottes, würdig, darin niederzuknien und anzubeten und zu flehen um die Rückgabe seiner Würde, seiner Schönheit und seiner Heiligkeit.

E ine Sonntagspredigt sollte normalerweise, ausgehend von einem Bibeltext, ein Stück der Wirklichkeit erschließen und deuten. Manchmal aber gibt es Ereignisse, die in der Bibel so nicht vorgesehen sind, über die man aber sprechen muß, um den eigenen Abstand von der Wirklichkeit der Bibel zu begreifen. In jeder Messe beten wir unmittelbar vor dem Empfang der Kommunion gemeinsam zu Gott, er möge, unerachtet unserer Schuld, einzig auf den Glauben der Kirche blickend, ihr und uns Einheit und Frieden schenken. In diesen Tagen werden wir, bitter genug, Zeugen eines Austritts aus der Kirche und einer Spaltung in der Kirche. Alles, was ich dazu sagen kann, ist *eine* Meinung, meine Meinung, nichts weiter als eine Anregung, ein Vorschlag, so zu denken. Es muß dazu aber in irgendeiner Form Stellung genommen werden, solange der Eindruck besteht, daß man dabei ist, es sich auf allen Seiten, drinnen und draußen, nach oben wie nach unten, zu leicht zu machen.

Da schreiben die einen, daß sich der Papst, und das ist wahr, mit Marcel Lefebvre viel Mühe gegeben und über Jahre hin Geduld bewiesen habe, aber es sei mit einem eingefleischten Traditionalisten, einem fanatischen Rechthaber, einem letztlich Gesprächsunwilligen kein Gespräch mehr zu führen. Andere halten der Kirche vor, daß sie sich sehr geduldig zeige mit den ewig Rückständigen, aber Gewehr bei Fuß stehe gegenüber den Progressiven, in ihren Augen Vorschnellen und sehr rasch mit der Verurteilung bei der Hand sei. Dies sei nicht gerecht, finden sie, und auch daran mag etwas Wahres sein. Andere bekommen es fertig, zu erklären, das Problem Lefebvre liege in der Ungeduld derer, die zu brutal und zu rücksichtslos in der Kirche auf Veränderung gedrängt hätten, und im übrigen zeige es sich wieder einmal, daß einzig die Kirche berufen sei, authentisch das Wort Gottes auszulegen, niemand sonst; dieser Weisung müsse sich ein jeder fügen. Paradoxerweise würde wohl Lefebvre selbst ganz ähnlich sprechen. Was wir aus seinem Munde hören, ist das Echo von Stimmen, die vor Jahrzehnten in ihn selbst hineingesprochen wurden.

Und dies, finde ich, ist der Punkt, den wir mit dem Eingeständnis einer gewissen Schuld in der Kirche als erstes zugeben müßten. In Lefebvres jungen Jahren, ja noch vor zwei Jahrzehnten war es so: Wenn jemand Priester werden wollte, hatte er vor seiner Diakonatsweihe vor brennenden Kerzen auf die Bibel zu beeiden, daß er abschwöre dem Geist der Moderne, dem Soziologismus, dem Psychologismus, der historisch-kritischen Auslegung der Bibel, allem Zersetzenden in den Fragen der Moral. Das war ein heiliger Eid, auf das Buch gesprochen, in dem steht: Du sollst nicht schwören. Marcel Lefebvre gibt genau das wieder, was jahrzehntelang die Meinung der Kirche war. Er ist unzeitgemäß, ganz gewiß, aber kennen wir das nicht aus der eigenen Entwicklung genauso? Man zwingt uns in einer bestimmten Lebensphase mit viel Angst und Druck zu einer totalen Identifikation mit dem, was uns als Wahrheit eingeprägt wird, und später stehen wir uns dann selber im Wege, tun uns schwer, darüber hinauszureifen.

Zudem muß man wohl sehen, daß Lefebvre auf etwas antwortet, was eine Krise der Kirche bezeichnet, viel tiefer, als wir sie wahrhaben möchten. Als Johannes XXIII. symbolisch die Fenster des Vatikans öffnete, damit der frische Atemwind offener Luft in die Verliese dringen möge, ahnte man mit dem Programm der Öffnung nicht, was man dann sehen mußte: Es war so ähnlich, wie wenn man in einem hermetisch abgesperrten Raum etruskische Fresken aufbewahrt hätte, an die plötzlich der Strahl des Sauerstoffs herangeführt wird. In Sekundenschnelle sind sie zerfressen. Genau das passierte, als man im Zweiten Vaticanum nach Jahrhunderten der Erstarrung und der Absperrung Freiheit, Mündigkeit und Dialogbereitschaft wollte. Man mußte erleben, daß eine Vielzahl von Gewohnheiten wie ein Kartenhaus zusammenbrach. Die Älteren unter Ihnen werden das noch sehr deutlich vor Augen haben. Es verging kein Monat, in dem nicht besondere Andachtsübungen gepflegt wurden: Zu den Engeln Gottes, zur Mutter Gottes, zum Herzen Jesu, zum Rosenkranz, zum Kreuzweg. Das alles gibt es heute noch und ist doch ersichtlich wie tot. Niemand hat befohlen, es abzuschaffen, es ging einfach ein, kaum daß von Freiheit die Rede war. Dieses Problem reicht so tief, daß es sich in jeder katholischen Kirche und Gemeinschaft bis in die Familien hinein wiederholt. Mütter und Väter fragen sich: Wie eng an die Kandare können wir unseren Zehn- und Zwölfjährigen nehmen, wieviel Befehl darf überhaupt sein, wenn Gott nicht als oberster Despot und Zwingherr erscheinen soll. Die meisten entscheiden sich gutwillentlich und aus Gründen der Liebe und Zuneigung für die Freiheit ihrer Kinder, leiden dann aber sehr darunter, daß die wenigsten von diesen noch einen Grund finden, zur Kirche zu gehen. In den zwanzig Jahren, da ich Priester bin, sind mehr als fünfzig Prozent der Kirche ferngeblieben. Sie sind still und schweigend abgewandert, ohne einen Kommentar. Man fragt sich zu Recht: Warum machen wir um die hunderttausend Leute um Lefebvre soviel Aufhebes, während uns die erdrückende schweigende Abwanderung der Mehrheit der kirchentreuen Bevölkerung kaum Kummer zu bereiten scheint? In etwa kann man verstehen, daß ein Mann, der in den dreißiger Jahren, zur Zeit des Neokolonialismus, als Missionsbischof in Afrika arbeitete, auf diese Krise zu antworten versuchte, wie man ihn gelehrt hat. Es gilt, ist seine Meinung, auf die klare Anweisung der Lehre der Kirche zu hören, was sie sagt, hat für richtig zu gelten, es kommt nur darauf an, es zu tun; all diese modernen Anschauungen und Gedanken verwirren nur die Gemüter, fordern auf, Ideen zu denken, die möglicherweise in die Irre leiten, aber in jedem Fall erschüttern. Einen eisernen, festen Standpunkt brauchen wir, wenn wir Angst haben. Hatte deshalb nicht Pius X. vollkommen recht, als er befahl, aus der Kirche eine feste Burg gegen den Treibsand der Zeit zu errichten? Das war ein Papst nach dem Geschmack der fest Glaubenden oder der aus Angst den Glauben Verfestigenden.

Sollten wir nicht sagen, daß die Kirche seit Jahrhunderten an dieser Stelle unzeitgemäß bleibt, indem sie nicht begreifen will, daß grade der denkende Anteil der europäischen Bevölkerung mit der Kirche und ihrer Lehre immer weniger anzufangen weiß? Man hört heute, daß diejenigen, die der Kirche fernstehen, ihre Hauptgründe in dem Materialismus des Westens, in dem Konsumismus unserer Gesellschaft, in dem Sexismus, Immoralismus, Hedonismus haben, kurz, daß sie zwielichtige Charaktere sein müssen. Die Wahrheit ist: Die Kirche verliert seit Jahrhunderten eine Generation nach der anderen von Forschern im Raum der Natur- und Humanwissenschaften. Ihr scheint heute noch der Darwinismus eine Irrlehre und Sigmund Freud ein Verführer. Mit Mühe hat man begriffen, daß Galilei wohl recht hatte, wenn man durchs Fernrohr schaut; aber das hat mehr als vierhundert Jahre gebraucht. Wir müssen, das ist die einfache Wahrheit, in Jahrzehnten die Hypothek von Jahrhunderten abtragen, und solange wir uns diesen Zustand nicht offen eingestehen, werden wir den Menschen nicht gerecht, die im Gefälle der Angst, die wir selber geschaffen haben, schließlich päpstlicher werden als der Papst und kirchlicher als die Kirche. Was an Marcel Lefebvre so ärgerlich ist, liegt ja nicht darin, daß er etwas anderes sagen würde, als offiziell gewünscht wird; peinlich ist, daß er es so überdreht sagt, daß es zur Karikatur gerät und lächerlich zu machen droht, was im Grunde gewünscht wird.

Wie ernst ist es uns wirklich mit der Freiheit in der Kirche? Wieviel Angst die Freiheit macht, konnten wir alle sehen. Kaum waren die Beschlüsse des Zweiten Vaticanums zur Liturgiereform erschienen, als man sehen konnte, daß Priester, die dreißig Jahre lang vor dem Beginn der Meßfeier in der Sakristei auf und ab gehen mußten, murmelnd: »Ego volo celebrare – ich will jetzt zelebrieren« – denn ohne einen solchen Vorsatz drohte die ganze Meßfeier ungültig zu werden –, weinend dastanden, weil sie sich jetzt plötzlich der Gemeinde zuwenden sollten, symbolisch, rituell, womöglich auch in der lebendigen Wirklichkeit. Sie ertrugen diesen Umbruch nicht. Und dann alles in der Muttersprache! Ist es nicht denkbar, daß wir Geduld lernen müßten mit dem, was wir selber angerichtet haben? Es fingen damals viele an, aufgefordert durch die Worte von der Mündigkeit der Laien, sich zu sagen, der Gang zur Kommunionbank, die es damals noch gab, könne nicht darin bestehen, sich füttern zu lassen wie kleine Kinder, sie wollten die Sache Gottes selber in die Hand nehmen. Kaum geschehen, wurde es von Rom verboten, schließlich doch mehr toleriert als gewünscht. Es ist ein richtiges Symbol, nur wo läßt es sich leben in der Kirche, wo hätten Laien Mitspracherecht und dürften von der Sache Gottes irgend etwas selber behandeln oder abhandeln, Frauen zumal? Daß die Liturgiereform Zeichen setzt, die in der Kirchenwirklichkeit so wörtlich gar nicht stimmen dürfen, ist ein Widerspruch, an dem sich immer wieder Menschen reiben *müssen*, an dem sich Kräfte polarisieren *müssen*, weil eine ehrliche Rede nicht möglich ist.

Am allermeisten aber müssen wir eingestehen, daß es eine Verständigung in der Kirche außerordentlich erschwert, ja fast unmöglich macht, daß, sobald Theologen darangehen, irgend etwas zu beurteilen, von Menschen und deren Gefühlen aus Prinzip nicht mehr die Rede sein darf. Es werden alle lebendigen Erfahrungen in Theologenbegriffe gepreßt, und auf dieser rationalisierten Ebene stoßen sich dann hart im Raume die Gedanken und sind unversöhnbar. Es ist nicht möglich, Lefebvre zu sagen: »Du wirkst auf uns wie ein Fossil, aber du gehörst zu uns, denn so wie dich sehen wir viele, Menschen voller Angst oder aufrechter Treue, ernsthafter Bemühtheit, du bist Teil unserer gemeinsamen Geschichte, und wenn Leute an deiner Seite sich geborgen fühlen, sei's drum.« So zu sprechen ist nicht möglich. Es geht vielmehr darum, ob die richtige Auslegung der Texte des Zweiten Vaticanums so oder so lauten soll. Steht das Problem so, ist keine Lösung mehr. Es ist das aber nicht erst heute, sondern seit Jahrhunderten so. Dem Mann Martin Luther konnte man vor 450 Jahren nicht sagen: »Die Angst, die du in deinen Knochen hast, ist die von halb Europa, und du hast völlig recht: sie wird nicht beruhigt durch die Gesetzeswerke, sondern allein durch Gnade. Martin Luther, du hast recht; ab sofort wollen wir nicht mehr Geldkästen aufstellen, in die hinein man Münzen werfen kann, um seine Seele aus dem Fegefeuer zu retten; ab heute ist uns die Seele von Menschen mehr wert als der Bau des Petersdoms. Richtig, Martin Luther, deine Wahrheiten schmerzen, aber sie stimmen.« Nicht war die Rede von menschlicher und seelsorglicher Erfahrung, von Gefühlen, vom Aufeinanderprallen von Charakteren, nein, es ging um die Verwaltung der Gnadenschätze der Kirche, es ging um das Problem der Vorsehung Gottes und der Freiheit des Menschen, mit dem Ergebnis, daß wir in der katholischen Kirche bis heute nicht begriffen haben, was Angst ist und was sie vermag. Wir binden sie und frieren sie ein. Das ist die Weise, sie zu konservieren.

Ein ehrliches Gespräch, ein mitbrüderliches, würde voraussetzen, daß wir bereit sind, zu akzeptieren, daß Menschen ihre Religion nicht als eine Lehre leben, sondern nach Maßgabe dessen, was sich aus ihrer Erfahrung, ihrem eigenen Fühlen und Denken als nötig ergibt. Würden wir uns zweihundert Leute, die hier in der Kirche sind, von den exakten Theologen durchmustern lassen, ich bin mir sicher, wir fänden nicht fünf Rechtgläubige. Bewiesen würde den meisten, daß sie im Grunde gar nicht an *einen* Gott glauben, sondern Vielgötterei treiben, anderen wieder, daß sie eigentlich an gar keinen Gott glauben, oder wenn schon an einen, dann nicht den richtig dreifaltigen, und daß sie auch über Jesus Christus eigentümliche und ungehörige Vorstellungen haben. Manche würden überführt werden, daß sie zur Mutter Gottes ein fetischistisches Verhältnis haben, und weiß der Teufel, was noch alles. Könnte es nicht sein, daß Menschen ein Recht haben, Gott zu verehren, wie sie ihn brauchen? Und wer kann dann Richter und Zensor sein? Ein Mann wie Lefebvre ist unzeitgemäß in einer Kirche, die selber den Verdacht erregt, unzeitgemäß bleiben zu wollen. Es kommt aber einzig darauf an, zeitgleich zu werden mit Jesus Christus.

Manchmal bewundere ich die Hindus. Bei ihnen bleibt einfach offen, ob jemand Polytheist, Monotheist, Atheist ist. Wenn er nur ein Suchender ist auf dem Wege der Wahrheit, ist er ein Hindu; denn der Weg zum Reinigungsort des großen Stromes Ganges, sagen sie, hat viele Stufen, und keine läßt sich überspringen, und jeder muß sie gehen dürfen Schritt für Schritt in der Weise seiner Entwicklung.

Da erzählt eine alte islamische Legende, in den Tempel sei eines Tages ein einfacher Hirte gekommen und habe laut mit Gott geschimpft. »Du«, hat er gesagt, »hörst meine Gebete nicht, obwohl ich dir mein bestes Schaf geopfert habe. Bist du schwerhörig, Gott? Schläfst du grade, wo ich leide?« Diese Rede hört Mose und fuhr den Hirten bitter an, was ihm einfalle, mit dem Allmächtigen derart zu reden, und jagte ihn aus dem Tempel. Doch kaum geschehen, redete der Mund Gottes zu Moses und sprach: »Dieser Hirte hat zu mir gesprochen aus der Ehrlichkeit seines Herzens und so gut er es vermochte. Er ist mir nahe und lieb und wert. Mach dich auf, Mose, Erschaffer von sechshundert Gesetzen, und hole mir den Hirten wieder!«

Zum sechzehnten Sonntag

Als sie weiterwanderten, kam er in ein Dorf. Eine Frau namens Marta nahm ihn in ihrem Haus auf. Sie hatte eine Schwester, die Maria gerufen wurde. Die hatte sich dem Herrn zu Füßen gesetzt und hörte sein Wort. Marta aber mußte sich schinden mit vielen Diensten. Und sie trat auf und sprach: Herr, kümmert es dich nicht, daß meine Schwester mich allein dienen läßt? Sag ihr doch, daß sie mit mir zufaßt. Der Herr aber hob an und sprach zu ihr: Marta, Marta! Du sorgst dich und regst dich über vieles auf; aber man braucht nur eins. Maria hat sich also den guten Teil gewählt, der ihr nicht genommen werden soll. LK 10,38–42

Überall im Leben stoßen wir auf dieselbe merkwürdige Tatsache, daß der winzigste Baustein, die kleinste Zelle das gesamte Programm des Lebens auf das vollkommenste in sich trägt und ganz und gar widerspiegelt. Je intensiver ein Mensch lebt, um so mehr scheint dieses Gesetz des Lebens in seinem gesamten Dasein sich zu bestätigen.

Diese winzige Szene bei Maria und Martha in Bethanien bedeutet, äußerlich betrachtet, nur ein fast nebensächliches Detail. Dennoch spiegelt sich alles, was Jesus zu sagen hat und was er verkörpert, in dieser winzigen Szene wider. Schon die frühe Kirche hat deshalb in Maria und Marta nicht einfach nur zwei verschiedene Personen, sondern im Grunde Einstellungen unseres Lebens, Typen unseres Daseins zu erblicken gemeint.

Wie geht es zu, wenn wir in unserem Leben dem Wesentlichen begegnen und wenn wir deutlich spüren, daß sich in diesem Moment etwas Entscheidendes in uns und um uns her begibt? Von klein auf hat man uns gelehrt, wie man wichtige Besuche zu empfangen hat. Man hat ihnen die Aufwartung zu machen durch entsprechend sorgfältige Vorbereitung. Wie wir uns säubern, wie wir uns kleiden, wie wir uns benehmen, wie wir artig die Worte setzen – wir sind noch nicht fünf Jahre alt und doch beherrschen wir im großen und ganzen diese Kunst. Später dann, erwachsen geworden, werden wir mit großem Aufwand, ja mit großer Angst vor der Blamage dem Ritual bis zur Perfektion obliegen. Eine Frau muß wissen, wie sie das Haus säubert und dekoriert, wie sie den Tisch deckt und dekoriert, wie sie sich selber anzieht und dekoriert, welche Speisen sie auf den Tisch bringt und wie sie sie angenehm macht. Ein Mann muß wissen, wie er die Dinge vorzeigt, die er geschaffen und erworben hat, wie er sich selbst ins rechte Licht rückt, wie er sein Licht nicht unter den Scheffel stellt, wie er Eindruck macht durch Witz und Wort. Am Ende, kaum daß der Besuch gegangen ist, bricht schon die Angst aus, was sein wird, wenn er uns zu sich einlädt, ob er uns womöglich nicht dort, an der Stätte seines eigenen Lebens, übertrifft und sozusagen in die Flucht schlägt, indem er all das, was wir gekonnt haben, noch besser kann. Es ist eine Art, einander zu begegnen, die vor lauter Fleiß, Eile und Bemühen ständig am anderen vorbeiläuft. Ja, schaut man genau hin, meint sie den anderen überhaupt nicht. Sie meint allenfalls die Augen des anderen, den kritischen Blick des anderen, die Wertschätzung des anderen, also daß der ganze Aufwand nur sich selber dient. Wie man vor dem anderen dasteht, das ist die Frage; nicht, wie man ihm näherkommt.

Man mag sagen, das alles seien Gesellschaftsspiele, man dürfe sie nicht so ernst nehmen. Und sicher, wenn wir sie nur irgendwann einmal an einem Nachmittag trieben, wäre kaum etwas dagegen einzuwenden. Vor allem wenn wir selber wüßten, wie relativ dieses Rollentheater wirklich ist, möchte man es für ungefährlich halten. Aber nun gilt dieses Gesetz: Je intensiver wir leben, desto deutlicher wird in jedem einzelnen Detail, wer wir sind. Nichts ist nebensächlich in einem Leben, das wirklich existiert, und je wichtiger, desto klarer tritt zutage, wie wir zum Leben insgesamt und zu uns selber eingestellt sind.

In unserer Kultur lehrt man uns, daß wir nur das sind, was wir tun, als wenn wir die Pflicht hätten, unser ganzes Leben gleichsam in Lichtteilchen zu verwandeln, die überhaupt nur im Bewegungszustand Gewicht und Masse haben, im Ruhezustand aber vollkommen schwerelos sind. All unsere Bedeutung, all unsere Substanz scheinen wir aus dem Umherlaufen zu beziehen, aus dem Sich-Verstrahlen in die Umgebung. Man muß schon die Weisheit des alten China hören, wenn der alte Laotse ganz einfach sagt: »Wer selber leuchten will, kann selber nicht erleuchtet werden. Wer stets nur auf den Zehen geht, steht niemals fest. Durch das Nichthandeln ist alles gemacht.« – Uns scheint das Wort aus einer anderen Welt. Wir können jederzeit die Probe machen, was passiert, wenn wir wirklich einmal eine Viertelstunde, eine ganze Stunde, sogar zwei, drei Stunden einfach unbeschäftigt sein sollten. Es wird überhaupt nicht gehen. Normalerweise werden wir uns unruhig, bedrängt durch irgendein Etwas, das wir nicht definieren können, hin und her getrieben fühlen. Ganz bestimmt wird uns etwas einfallen, was wir *machen* müssen, und wir kommen nicht darauf, daß wir im Grunde ständig weiter vorangetrieben werden von unerschöpflichen Schuldgefühlen, so als stünden auch im Erwachsenenleben an unserer Seite immer noch Vater und Mutter, der Lehrer, der Pfarrer und sagten: »Sei fleißig! Halt dich gerade! Sitz nicht so herum! Was machst du eigentlich? Zeig, was du geschafft hast!«

Unter einer solchen Dressur füllt sich jeder Raum mit Arbeits- und Betriebsanweisungen. Wir kommen nicht zur Ruhe. Wir haben's nie gelernt, wir dürfen's überhaupt nicht. Das kann so dramatisch sein, daß am Ende im menschlichen Bereich alles auseinanderbricht. Eltern werden ihren Kindern sagen: »Haben wir nicht alles für euch getan? Waren wir nicht ständig um euch bemüht? Sind wir nicht immerzu verantwortlich für euch gewesen?« – Und die Kinder werden sagen müssen: »Ihr habt uns niemals zugehört. Ihr hattet nie wirklich Zeit für uns. Ihr habt nie ein Wort von uns verstanden.« – »Ja, aber wir haben doch alle Zeit für euch geopfert.« – Stimmt das wirklich? wird man dann fragen müssen. Wem hat man eigentlich was geopfert? Das ganze eigene Leben dem eigenen Ehrgeiz, das ganz sicher. Aber es ist nicht menschlich, sich auf diese Weise zu verschließen. »Habe ich nicht alles für dich getan?« wird ein Mann zu seiner Frau sagen oder sie zu ihm. »War nicht mein ganzer Alltag nur ein Dienst für dich? Hab' ich nicht all meine besten Kräfte eingesetzt?« – Das alles stimmt und ist tragischerweise dennoch gänzlich falsch. Durch das Nichtmachen ist alles gemacht. Der alte Laotse hat völlig recht: Die Augenblicke, in denen wir für den anderen gesammelt da sind, sind wie Diamanten mitten im Treibsand der Wüste. Die wenigen Momente, in denen die Seele des einen dem anderen begegnet, sich der Rede öffnet und ihm schweigend begegnet, zählen oft mehr als alle Taten im Verlauf von vielen Jahren. Es ist das ganze Problem: Wo begegnen wir Menschen, die Worten zuhören, statt Taten dazwischenzusetzen? Und noch mehr: Wo begegnen wir Menschen, die Worte vergessen können, die zwischen den Zeilen lesen und die oft so verschwiegene Sprache des Herzens vernehmen?

Dies, daß es genügt, einfach dazusein, muß eine der wichtigsten Erfahrungen gewesen sein für jeden, der Jesus begegnete. Er wollte nicht, daß man noch weiter überdreht, immer so weitermacht, am

Leben vorbei, bis daß man sich und andere kaputtmacht; daß man Augenblicke, die sein könnten wie ein Moment der Gnade, zuschüttet, indem man das eigene Wirken an die Stelle der Wirklichkeit, das eigene Handeln an die Stelle des eigenen Daseins rückt. Jesus wollte, daß es in unserem Leben zumindest in der Nähe des Göttlichen Augenblicke gibt, die etwas widerspiegeln von einem der wichtigsten Gesetze des alten Israel, von der Ruhe Gottes, als er die Welt geschaffen hatte und als letztes nur noch den Tag der Ruhe, den Sabbat, schuf, um sich auszuruhen und zu sehen, welch ein Wunderwerk die Wirklichkeit der Welt ist. Israel machte ein Gesetz daraus. Solche Tage, solche Zeiten müßte es geben in unserem Leben. Sonst existieren wir nicht wie Menschen, wir bleiben Tiere bei allem Fleiß, bei aller Anstrengung.

Man wird sogar eine Religion und eine ganze Gesellschaft danach bemessen, inwieweit sie fähig ist und zu kultivieren versteht, was es an der Kunst des Nichtmachens zu lernen gibt. Keine Gefahr scheint größer, tödlicher, als wenn auch im Raum der Religion immer wieder die Frage Vorrang zu haben scheint: »Was aber müssen wir machen?« Selbst im Kreis der sogenannten Seelsorge drängt sich diese Frage bis zum Lebensfeindlichen in den Vordergrund: »Was ist zu machen, was muß man machen?« Als ließe sich das Leben so praktisch ordnen, so leichthin verordnen, als wären die wirklichen Lebensfragen nicht überhaupt erst zugänglich, wenn Ruhe eintritt und ein inneres Wachsen beginnt. Eine Gesellschaft aber ist vom Tode bedroht, wenn auch die Religion nicht mehr vermag, Freiräume zu öffnen, in denen Menschen sein dürfen, wenn die erste Frage immer lautet: »Was müssen wir machen?« und im Hintergrund die Angst lauert, wir seien in den Augen der anderen nur das, was wir tun. Es ist der beste Teil unseres Lebens, daß wir Gott zutrauen, er wolle, daß wir sind, daß wir in seiner Nähe Ruhe finden. Daran muß es wohl liegen, daß die Nähe Jesu so ganz anders wirkte als die all der anderen Verkünder Gottes. »Kommt zu mir«, sprach er, »denn meine Bürde ist leicht.« Er wollte, daß die Lasten von den Schultern genommen würden. »Ich will euch ausruhen lassen, all die Mühseligen und die Beladenen.« Dies war der Gott Jesu Christi. Wo finden wir ihn, und wo gibt es Menschen, die ihn leben?

ZUM SIEBZEHNTEN SONNTAG

Und es geschah, während er irgendwo im Gebet war. Als er
aufgehört hatte, sprach einer seiner Jünger zu ihm: Herr, lehre uns
beten, wie auch Johannes seine Jünger gelehrt hat. Er sprach zu ihnen:
Wenn ihr betet, so sagt:
Vater!
Heilig sich weise dein Name.
Dein Königtum komme.
Unser Brot für morgen gib uns Tag um Tag.
Und laß uns nach unsere Sünden;
denn auch wir lassen jedem nach, der an uns schuldig ist.
Und führe uns nicht in Versuchung. LK 11,1–4

Wenn eine Lerche in die Höhe steigt und ihr Lied in den Himmel wirft, mag man wohl sagen: »Sie betet zu ihrem Schöpfer.« Wenn das Herz eines Menschen sich weitet im Glück und sein Dasein zu einem Lobgesang wird, mag man wohl sagen: »Er betet zu Gott.«

Das Gebet ist, wie wenn Liebende im Dunkel einander suchen und einander wärmen in der Nacht. Denn immer suchen wir im Gebet nicht etwas, sondern ein Gegenüber, bei dem wir uns angenommen, geborgen, berechtigt und gemeint wissen. Von Kindertagen an sind wir gewohnt, zu Gott zu beten, und im Grunde ist der lange Weg unserer Frömmigkeit eine ständig wachsende Verdichtung hin auf die Person Gottes und weg von den Gegenständen, um die wir ihn oft flehentlich anrufen. Als Kinder mochten wir vor einem Schulausflug beten, daß schönes Wetter werde, oder vor einer Klassenarbeit, daß sie für uns gut ausfallen möge, oder wenn die Mutter krank war, daß sie gesunden solle. Wir haben diese Art zu beten nicht ganz verlernt. Und doch erzieht uns das Sprechen mit Gott immer mehr dahin, von allen Inhalten im einzelnen wegzukommen zu einem absoluten und vollkommenen Vertrauen.

Im Grunde ändern Gebete nicht den Lauf der Welt. Der Gang der Natur ist zu wunderbar und zu weise, als daß Gott ihn mit Rücksichtnahme auf bestimmte private Interessen ändern wollte oder auch nur dürfte, und selbst der Lauf der Weltgeschichte wird sich durch unsere

Gebete nicht ändern. Ganze Völker können im Atemwind der Historie wie von einem Taifun in die Höhe geschleudert und in den Abgrund geworfen werden. Keine Krankheit, kein Tod, kein Krieg, keine Not ändert sich unmittelbar durch das Gebet auf dieser Welt. Aber unsere Einstellung zu unserm Leben und zur Welt im ganzen ändert sich, und diese Macht des Gebetes ist unschätzbar groß und stark.

Wenn wir zuwenig Vertrauen zu Gott haben, klammern wir uns an die Gegenstände, und gibt er uns nicht so, wie wir wünschen, dann geraten wir oft in die stärksten Glaubenskrisen. Aber wir verhalten uns dabei nicht sehr viel anders als manch ein Kind vor Weihnachten. Wenn es nicht sicher ist, ob sein Vater oder seine Mutter es wirklich liebhaben, schreibt es einen langen Wunschzettel und heftet dabei an jedes Detail die Beweislast für die ganze Liebe. Jeder Wunsch wird dann zur Probe, ob die Eltern es wirklich mögen, und schenken sie dann nicht genau so wie erwartet, brechen Tränen und Verzweiflungsstürme aus. – Anders ein Kind, das sich bei seiner Mutter oder bei seinem Vater ganz geborgen fühlt. Die Nähe der Mutter oder des Vaters zu spüren ist unendlich viel wichtiger als alle Dinge der Erde; ihre Liebe zu wissen und ihrer sicher zu sein ist unendlich wichtiger als alles ringsum. So erzieht uns das Gebet langsam und allmählich zu einem vollkommenen Vertrauen, daß es bei Gott gut ist. Und die wichtigste aller Bitten ist eben diese: »Dein Wille geschehe.« – Diese Bitte ändert nichts am Tod, und kein Schmerz der Welt wird dadurch leichter, aber alles wird sinnvoller, annehmbarer und menschlicher. Es ist dann so, wie die Juden von Mose sagten, als er starb, noch ehe er das Gelobte Land betrat. »Mose verschied hinauf zum Munde Gottes«, überliefert das letzte der fünf Bücher Moses, als hätte der Ewige dem Gerechten die Seele fortgeküßt und hinaufgenommen in den Himmel. Alle Angst vor dem Tod, sosehr sie unser Herz erschüttern mag, hebt sich auf in dieser Zuversicht.

Und die erste Bitte unserem Vater gegenüber, die der Herr uns in den Mund gegeben hat, geht in Erfüllung: »Dein Reich komme.« Das sind Worte, wie Christus sie vermutlich als Kind im Sabbatgottesdienst in der Synagoge von Nazaret gelernt hat, wenn man dort betete: »Sein erhabener und großer Name sei gepriesen in der Welt, die er schuf nach seinem Willen. Sein Reich bringe er über euch zu eurer Zeit und zur Zeit des ganzen Israel, bald, in naher Zukunft. Darauf sprecht: Amen. Er, der da Segen schafft in den Höhen, er schaffe Frieden über uns und über ganz Israel.«

Zur Zeit Jesu stellte man sich das Kommen des Reiches oft als etwas Äußeres, sehr Spektakuläres vor, und es hat vielleicht bei Jesus eine Weile gedauert, bis er seinen Jüngern sagen konnte: »Das Reich Gottes ist nicht etwas Fernes, das man herbeirufen müßte von den Enden der Erde, es ist nicht etwas Hohes, das man herunterflehen müßte von der Kuppel des Firmaments. Es kommt auch nicht unter dem Geschmetter von Posaunen und mit großem Pomp. Das Reich Gottes ist in euch selber.« Denn so geschieht es mit der Nähe Gottes, daß wir sie spüren wie die Nähe eines Menschen, den wir über alles lieben. Er kann durch Tausende von Kilometern räumlicher Entfernung von uns getrennt sein – er wohnt in unserem Herzen, und er ist uns deshalb ganz nahe. Er füllt uns aus und hat Macht über uns. Anders kann ein Mensch unendlich ferne sein, selbst wenn er bei uns ist, nämlich wenn wir ihn nicht verstehen oder wenn wir ihn gar nicht in unserer Nähe mögen.

So ist es mit Gott. Je mehr wir lernen, uns seinem Willen einzufügen, seiner Liebe uns ganz zu überlassen, desto mehr wird unser Herz sich weiten unter dem Glück des Glaubens, des Vergehens aller Angst, und unendlich nahe sind sein Reich und die Stärke seiner Macht. Es gibt dann nichts, worum wir im einzelnen flehen müßten. Dies zu spüren ist das ganze Leben. In allen anderen Bitten geht es darum, daß sich die Welt im ganzen und unsere Art, mit ihr und miteinander umzugehen, verwandelt.

»Unser tägliches Brot gib uns heute« ist eine solch andere Weise, mit den Dingen zu leben. Menschen, die Gott nicht kennen, müssen Vorräte hamstern, Sicherheitsdepots anlegen, ständig müssen sie sich schützen gegen eingebildete und vermeintliche Gefahren, und ihr Polster wird immer dicker und ihr Herz immer verfetteter. Man riegelt dann die Türen des Hauses wie der Seele zu. Es ist ein sehr freies Gebet, sehr unbelastet von der Drangsal der Angst und der Hypotheken ihrer Sicherheit: unser Brot, das wir heute brauchen, nicht mehr, nicht weniger. »Macht euch nicht Sorgen, was morgen sein wird, lebt unbelastet im Heute, denn Gott, der weiß, was ihr braucht, kennt euer Flehen, noch eh' ihr's aussprecht«, so kommentiert der Herr selber diesen Vorschlag zum Gebet.

Miteinander werden wir am besten gehen. Wir werden uns nicht mehr fremder Not gegenüber zu versperren brauchen, indem wir sagen: »Dies brauche ich aber für mich selber.« Offen werden unsere Augen für das, was der andere braucht und nötig hat.

Eigentümlich, daß wir erst im Vertrauen uns selber gegenüber ehrlich sein können und ein Gespür bekommen für die eigenen Motive. Schrecklich, wenn wir dann innewerden, wie viel an Angst, an Scheu, an Ablehnung, an Haß, an Gier, an Grausamkeit in uns toben mag. Und dennoch ist diese Einsicht unendlich wichtig; sie bewahrt uns davor, ständig den Splitter im Auge des anderen zu suchen, ständig die eigenen Unliebsamkeiten auf den anderen zu projizieren. Je mehr wir Vertrauen in die Grundlagen des Lebens gewinnen, desto mehr reifen wir an Ehrlichkeit, und schon spüren wir wieder um so mehr, daß wir in jedem Augenblick auf Vergebung verwiesen sind. Schon um uns selber auszuhalten, brauchen wir einen starken Willen, eine starke Güte im Hintergrund unseres Lebens, die uns immer wieder versichert: »Es ist gut, daß es dich gibt, und so, wie du bist, inklusive deiner Fehler, ist es etwas Großartiges. Unbedingt gehört die Fäulnis des Bodens zur Pracht der Blumen auf den Feldern, unbedingt der Schatten der Nacht zur Helle des Tages, und du mußt von dir kein völlig steriles, kein keimfreies Leben erwarten, ein Feld, in dem kein Unkraut wäre. Rotte dich nicht selber aus, überlaß es Gott. Er allein wird richten, und seine Augen ruhen gütig auf dir und sind bereit, voller Vergebung.« Augenblicklich stehen wir dann vor dem anderen nicht mehr im Vertrauen auf unsere Stärke. Wir werden nicht mehr wagen, uns vor dem anderen aufzubauen und zu sagen: »Mein und nicht dein« – und mag der andere verrecken. Wir werden's nicht wagen, wenn der Vorschlag zum Gebet so stimmt, sondern Brüder sind wir und Schwestern unter Gott, den wir unseren Vater nennen. Wir werden uns aber auch nicht im Vertrauen auf unsere Richtigkeit in die Brust werfen und sagen: »Hier bin ich als Vorbild, nach mir sollte man sich richten, und ich weiß, wie man zu leben hat, du aber tue Buße, du halte Einkehr.« Die ganze Säuernis der Moral entfernt sich durch ein bißchen Ehrlichkeit, Güte und Menschlichkeit.

»Wie wir einander vergeben haben, vergib du uns.« Nötig haben wir's. Denn überließe Gott uns der Dynamik des eigenen Herzens, ließe er uns allein in der Anfechtung, führte er uns wirklich in Versuchung, wir wären hilflos ausgeliefert. Das, was uns schützt gegenüber uns selber, gegen den Strudel der eigenen Angst, ist einzig das Gegenüber Gottes, das Vertrauen, das wir in seine Wege haben und setzen dürfen.

Beten verändert keinen Teil der Welt. Aber die Welt im ganzen ändert sich im Gebet, unsere Einstellung zu ihr und der gesamte Umgang miteinander. Diese Macht, das Herz zu ordnen unter den Augen Gottes, hat das Gebet.

Wenn eine Lerche an einem Sommernachmittag in die Höhe steigt und ihren Lobgesang zum Himmel wirft, betet sie. Und wenn das Herz eines Menschen sich weitet im Glück, daß er eins wird mit seinem Schöpfer, betet er. Und wenn Menschen einander suchen und finden in der Liebe, beten sie gemeinsam. Denn wo zwei oder drei versammelt sind in seinem Namen, ist er mitten unter uns.

ZUM ACHTZEHNTEN SONNTAG

*Einer von den Leuten aber sprach zu ihm: Lehrer, sag meinem
Bruder, er solle das Erbe mit mir teilen. Er sprach zu ihm: Mensch, wer
hat mich zum Richter oder Erbteiler über euch eingesetzt? Zu ihnen
aber sprach er: Seht zu und hütet euch vor aller Habsucht. Denn für
keinen – habe er auch im Überfluß – hängt sein Leben an seinem Hab
und Gut.*

*Er sprach ein Gleichnis zu ihnen und sagte: Eines reichen Mannes
Land hatte gut getragen. Und er dachte bei sich und sagte: Was soll ich
tun? Ich habe ja keinen Platz, um meine Früchte zu sammeln. Und er
sprach: Das werde ich tun. Ich will meine Speicher niederreißen und
größere bauen, und da werde ich all mein Korn und meine Güter
sammeln. Und ich werde zu meinem Leben sprechen: Du mein Leben,
du hast viele Güter für viele Jahre daliegen; gönne dir Ruhe, iß, trink,
sei fröhlich. Gott aber sprach zu ihm: Unverständiger! in dieser Nacht
fordert man dein Leben von dir. Was du aber bereitgelegt hast – wem
wird es gehören? So ist es mit dem, der für sich hortet und nicht reich ist
bei Gott.* LK 12,13–21

Es gibt Menschen, die in ihrem Leben niemals Gelegenheit hatten
zu lernen, daß es so etwas wie eigene Rechte und eigene
Wünsche geben darf. Für diese sind die Worte Jesu im heutigen
Evangelium nicht bestimmt. Mehr als die Hälfte der Menschen auf
dieser Erde müssen inmitten eines unbeschreiblichen Elends vegetieren. Die müßten sich fast verhöhnt vorkommen, wenn man sie vor der
Gefahr des Reichtums warnen würde. Aber die Art, wie *wir* leben,
scheint wie darauf abgestimmt, die zeitlose Gültigkeit der Worte Jesu
unter Beweis zu stellen.

»Sprich zu einem Weißen«, sagte um 1920 ein Häuptling auf
Samoa, »von Gott, da werden seine Augen stumpf bleiben, sein Gesicht
leer, sein ganzes Wesen gelangweilt. Aber sprich zu dem gleichen
Mann von Geld, da tritt Glanz in seine Augen, Speichel auf seine
Lippen, seine Hände zittern, seine ganze Existenz ist in Erregung, Geld
ist sein Gott. Der weiße Mann hat unendlich viel mehr Götter als wir,
die ihr die Wilden nennt.«

In der Tat, wir haben dem Geld im Verlauf unserer Kultur rücksichtslos alles, jeden Wert, jeden Gegenstand, jedes Leben, geopfert. Ganze Landstriche wurden geplündert und verwüstet und von Menschen entblößt, die man in die Sklaverei schickte. Wir haben uns daran gewöhnt, daß man für Geld alles kaufen kann: ganze Wälder, ganze Gebirge, ganze Seen. Nichts gibt es, wovon wir nicht wähnen würden, wir könnten es um Geld auslösen. Tatsächlich ist Geld ein universelles Tauschmittel. Aber das verführt uns ständig dazu, anzunehmen, daß jeder Wunsch erfüllbar sei durch irgendeinen Gegenstand, der mit Geld erreichbar ist. Keine öffentliche Frivolität, Gemeinheit, kein Verbrechen, bei dem nicht am Ende wie der Wurm in einem faulen Apfel das Geld als Motiv steht; Krieg, Korruption, Lüge, Verrat – das alles wird mit Geld motiviert. Dabei merken wir, daß wir immer ärmer werden, seelisch immer ausgehungerter, immer unmenschlicher. Es helfen keine Gesetze, die die Eigentumsverhältnisse regeln wollen. Christus hat ganz recht zu sagen:»Fangt bloß nicht an, mit den Worten der Gerechtigkeit zu schachern und die Habgier zu kaschieren mit Rechtsforderungen; hört mit dem Unfug auf, ich bin dazu jedenfalls nicht der richtige Mann. Aber das Herz könntet ihr ändern, wenn ihr überlegt, was euch wirklich glücklich macht.«

Es gibt im Grunde nur zwei Motive, weswegen wir ständig zur Habgier versuchbar sind. Das erste Motiv: das ständige Gefühl der Minderwertigkeit. Wir sind uns selber nicht genug, und deshalb können wir nicht genug bekommen an Besitz. Wir fürchten stets, daß man uns nicht lieben könnte, so wie wir sind, so daß wir uns ständig dafür interessieren, wie wir mit den Mitteln des Geldes künstliche Masken scheinbarer Liebenswürdigkeit errichten können. Auf dieses Motiv kommt Christus in diesem Evangelium nicht hauptsächlich zu sprechen.

Ein anderes hängt damit aufs engste zusammen: Geld scheint das Versprechen zu liefern, es gebe so etwas wie Sicherheit in diesem Leben. Nur wir Menschen sind in diesem Sinne versuchbar, weil wir kraft des Verstandes die ruhelosesten, die unruhigsten, die von Angst am meisten gepeinigten Lebewesen sind. Wir sind die einzigen auf diesem Globus, die mit der Angst vor dem Tod leben müssen. Ein Huhn sieht über sich den Schatten eines Raubvogels, und in dem Moment besteht sein ganzer Körper nur aus Angst, wird bewegungslos, duckt sich an die Erde, aber schon nach Sekunden, wenn der Schatten vorüberzieht, ist die Angst des Tieres beendet. Einzig wir Menschen wissen, daß der Schatten des Kondors eines Tages niederstoßen wird auf uns, nicht mehr vorbeifliegen, nicht mehr vorübergehen, sondern treffen wird. Wir wissen dies, möchten uns dagegen schützen, also daß wir das Geld benutzen wie einen Puffer gegen den Tod.

Wenn in zehn Wochen die Eichhörnchen beginnen, Haselnüsse und Bucheckern zu sammeln, tun sie's im Reflex; sie wissen nicht um den Kälteeinbruch des Winters. Aber sie legen Depots an gegen die Angst. Wir Menschen versuchen das auch. Wir glauben uns beruhigt und gesichert gegen die Gefahr des Verhungerns, der Krankheit, des Alters, des Todes durch die Beruhigungen des Bankkontos, eines Geldschatzes, den wir irgendwo hinterlegen, und wir betrügen uns dabei selber. Das einzige, was wirklich sicher ist auf dieser Welt, ist nicht der Schutz gegen den Tod, sondern der Tod selber. Er ist das einzig Sichere. Und nun haben wir lediglich die Möglichkeit, unser Leben aus Angst vor dem Tod zu vertun oder uns nicht ins Bockshorn jagen zu lassen und schon heute damit zu beginnen, auf menschenwürdige Weise glücklich zu werden. Denn das ist möglich. Alles, wovon wir wirklich leben, sind die Dinge, die man nicht im Geschäft einkaufen kann. Freunde kann man nicht kaufen, Freude nicht erwerben im Basar, Zufriedenheit mit sich selber nicht erschachern, die Güte eines anderen Menschen nicht bezahlen.

Alle die Dinge, aus denen wir wirklich leben, sind im wortwörtlichen Sinne unbezahlbar, und wir verwandeln unser ganzes Leben in eine Lüge, wenn wir denken, das Geld sei es, was wir erst einmal brauchten, um glücklich zu sein. Die Rechnung geht nie auf, sowenig wie bei diesem Großgrundbesitzer. Wir nehmen uns das vielleicht vor: Heute müssen wir arbeiten für das Geld, für den Erfolg und für die Macht, aber in zwanzig Jahren wird die Zeit kommen, nach der Pensionierung womöglich, da werden wir glücklich sein. Wir werden Geld genug haben, Zeit genug haben, dann werden wir's ausgeben. Setz dich hin, iß und trink, und laß dir's gut sein. Schon deshalb geht diese Rechnung niemals auf, weil wir dann in zwanzig Jahren merken werden, daß wir nicht gelernt haben, glücklich zu sein. Wir werden die Zeit fürchten, die wir nicht mit Arbeit zuschaufeln, wenn wir nicht *heute* beginnen, die Freiheit für uns selber einzuüben. Wir werden merken, daß wir im Alter noch viel habgieriger sein können als in der Jugend, wenn wir nicht *heute* damit beginnen, die Dinge des Äußeren großzügig zu behandeln und nacheinander abzugeben. Wir werden uns vielleicht trösten und uns noch ein letztes Mal belügen. Wir werden sagen, das Geld sei für unsere Kinder da. Die eigene Unfähigkeit, mit unserem Leben etwas anzufangen, werden wir an die nächste Generation delegieren. Aber wir werden erleben, daß unsere Kinder uns womöglich nicht lieben können, daß sie sich für vierzig Jahre verstrichenen Lebens nicht belohnt fühlen durch irgendein Konto, das sie eines Nachmittags um vier nach unserer Sterbestunde abholen sollen.

Es gibt nur einen Weg, richtig zu leben, und der ist, *heute* damit zu beginnen. Glücklich sein können wir heute; unsere Gespräche so gestalten, daß sie in die Tiefe führen, können wir heute. Es besteht überhaupt keine Notwendigkeit, über neunzig Prozent aller Gedanken, fast hundert Prozent aller Gespräche nur darum sich drehen zu lassen, was das Mittagessen kostet, was die Kleidung kostet, was die Schuhe kosten, was die Wohnung kostet, was der Urlaub kostet, die Krankheit kosten wird, und am Ende eine Summe zu unterzeichnen, die bedeutet, daß wir nie gelebt haben. Es wäre möglich, schon heute miteinander so zu reden, daß das Herz sich weitet, daß es sich öffnet für Werte, die wirklich gelten, für die Gefühle, die in uns und im anderen sich regen, für die Zärtlichkeit und Poesie der Welt, für die Güte des Daseins, die Schönheit aller Dinge, die uns umgeben und die wir malträtieren und vernichten, wenn wir sie berechnen wollen. An jeder dieser Stellen lebten wir menschlicher, kämpften wir an gegen den Mythos und den Götzendienst des Geldes und gewännen ein Stück vom menschlichen Dasein zurück.

Es ist ein Narr, wirklich ein Idiot, wer glaubt, sein Leben hänge ab von dem, was er in Händen hält. Er hört auf, ein Mensch zu sein. Und keines der Worte Jesu kann man wirklich teilen, sie alle kommentieren sich untereinander. Es gibt, meint Jesus an berühmter Stelle im Neuen Testament, nur einen einzigen vernünftigen Umgang, ein nichtidiotisches Verfahren, mit dem Geld umzugehen, das ist, sich Freunde zu machen mit dem ungerechten, mit dem gottlosen Mammon. Einzig, wem Geld etwas nützt, wieviel Freude es in die Welt bringt, wäre ein Maßstab, ob wir richtig damit verfahren.

Vielleicht muß man das sogar noch schärfer sagen; man kann's nicht immer nur nach innen ziehen. Es hat im vierten Jahrhundert nach Christus Männer gegeben, die von der Armut so sprachen, wie es im Neuen Testament steht, als etwas Innerem, das man im Herzen lernen kann; und das ist wahr. Aber es gibt Strukturen, die so sind, daß wir kaum wissen, wie wir zum Christentum noch fähig werden, solange wir sie bestehen lassen. Wir nennen unsere Art, mit Geld umzugehen, gerecht und billig, wir nennen unser Geld wohlerworben durch Fleiß und Sachverstand. Uns ist das so selbstverständlich. Aber wir sollten einmal darüber nachdenken, wie die Preise am Weltmarkt aussähen, würden wir irgendeinen Teepflücker auf Ceylon so bezahlen, wie wir einen Arbeitslosen in Deutschland bezahlen, oder einen Mann auf der Kaffeeplantage in Nigeria oder einen Kautschukpflücker im Amazonas. Die ganze Welt stünde noch heute still, würden wir einen Funken Gerechtigkeit im Umgang mit Geld zünden lassen. Wer hat uns denn erlaubt zu sagen: »Dies ist meins, ich hab's erworben, und neben mir soll doch die Welt krepieren, ich schwimme wie ein Eisberg oben auf dem Wasser, hartherzig und versteinert und kalt.« Es sei die schlimmste, die erste aller Sünden, meinen manche Völker, die wir »primitiv« nennen, wenn jemand sagt: »Dies ist meins, und ich verweigere es dir, selbst wenn du's brauchst.«

Man verdirbt nicht nur das eigene Leben, man zerstört auch das der anderen, wenn man gegen den Tod sich sichern zu können glaubt. Man hört auf zu leben. Aber die Güte, die Menschlichkeit, das Verständnis und die Zärtlichkeit des Lebens brauchen den Tod nicht zu fürchten. Sie eröffnen die Terrains, in denen die Sehnsucht nach der Ewigkeit wächst. Sie öffnen Fenster, durch die schon heute das Licht Gottes hereinstrahlt, und aus ihm leben wir wirklich. Nur im Licht blühen die Blumen des Feldes, und unser Herz reift nur in der Güte. Sie hängt nicht ab vom Geld, sie wird prostituiert, wenn man sie kaufen will. Freunde gewinnt man nicht im Basar. Und unbezahlbar ist das Glück, von dem wir Menschen wirklich existieren.

Zum neunzehnten Sonntag

Ängste dich nicht, kleine Herde! Denn eurem Vater hat es gefallen, euch das Königtum zu geben.

Verkauft euer Hab und Gut und gebt es als Almosen. Schafft euch Beutel, die nicht verschleißen – einen unerschöpflichen Schatz in den Himmeln, wo kein Dieb sich heranmacht und keine Motte Verderben bringt. Denn: Wo euer Schatz, dort ist auch euer Herz.

Eure Lenden seien gegürtet und die Leuchten brennend.

Dann gleicht ihr Menschen, die darauf warten, wann ihr Herr von der Hochzeitsfeier heimkehre, um ihm, wenn er kommt und klopft, sogleich zu öffnen. Selig jene Knechte, die der Herr bei seiner Ankunft wachend findet! Wahr ists, ich sage euch: Er wird sich gürten und sie zu Tisch sich legen lassen. Und umher gehen wird er und ihnen dienen. Und wenn er in der zweiten und wenn er erst in der dritten Nachtwache kommt und sie so findet – selig sind jene! Das erkennt ihr doch: Wenn der Hausherr wüßte, zu welcher Stunde der Dieb kommt, so ließe er nicht in sein Haus einbrechen. Macht auch ihr euch bereit, denn zu einer Stunde, da ihr es nicht ahnt, kommt der Menschensohn.

LK 12,32–40

D er Unterschied zwischen einer Sekte und einer Kirche bestimmt sich nicht nach der Anzahl ihrer Mitglieder, wohl aber nach der Art der inneren Einstellung. Als eine Sekte mag man eine religiöse Gruppe bezeichnen, deren Mitglieder innerlich voll Angst sind, die Außenwelt mit Mißtrauen und Furcht betrachten, inwendig eine Übermoral aufrichten und ihre objektive Bedeutungslosigkeit für alle anderen subjektiv mit einer absoluten Bedeutung umkleiden, meist vermischt mit starken Gefühlen des Ressentiments und der Rache.

Die Gruppe der Jünger, die Jesus im heutigen Evangelium als »kleine Herde« anredet, ist zahlenmäßig verschwindend, innerlich aber der Anfang einer Kirche. In ihr lebt grade das nicht, was menschliche Gemeinschaften sonst bis ins Zentrum hinein bestimmt: die Angst vor den Gefahren von draußen. Es muß den Jüngern Jesu mindestens zeitweise, solange Christus bei ihnen war, gegeben gewesen sein, die Menschenfurcht zu vergessen. In den Jüngern muß sich das Vertrauen geregt haben, daß es sich nicht lohnt, vor Menschen Angst zu haben. Umgekehrt müssen sie fähig gewesen sein, ihr Herz weit zu machen und den Menschen in einer Größe und Würde zu sehen, wie man sie bis dahin allenfalls den Gottkönigen der Antike zuschrieb. Die einfachsten Sklaven Roms konnten den Christen der frühen Kirche gelten, wie man ehemals im alten Ägypten nur den Pharao anredete: als lebendes Abbild Gottes. Es sollte jeder einzelne im Bewußtsein der persönlichen Freiheit sich als Souverän seines Lebens fühlen und den Thron seiner Existenz besteigen dürfen. Einzig die Wahrheit sollte in seinem Leben Ausschlag geben. Gilt eine solche Zuversicht, so müßte sich das gesamte Drama der Weltgeschichte noch einmal umschreiben lassen, alle Werte müßten sich neu bestimmen, und was wir bis dahin Umgang miteinander und Leben in Zeit und Raum genannt haben, völlig neu strukturieren lassen. Genau das war die Meinung Jesu: Die kleine Gruppe seiner Jünger sollte wirken als Kraft der Erneuerung und der Erlösung von allem.

Das Lukasevangelium wird nicht müde, die Probe dafür, wieviel unser Glaube wert sein kann, an die Frage zu binden, wie wir mit Eigentum und Geld umgehen, eine äußerst praktische Frage, die unzumutbar schwer für uns scheint. Was Jesus meint, läßt sich ganz leicht verstehen: »Verkaufe alles, was du hast, und gib den Erlös den Armen.« Was gemeint ist, duldet keinen Zweifel. Es ist so simpel zu begreifen, wie wenn jemand sagen würde: Es ist draußen kälter geworden, und du mußt dich wärmer anziehen. Für Jesus ergibt sich die Freizügigkeit im Umgang mit dem Geld wie selbstverständlich aus dem neugewonnenen Gefühl der Geborgenheit bei Gott und der Angstfreiheit gegenüber den Menschen. Ist es wirklich so, daß ein jeder Mensch etwas unendlich Kostbares ist unter den Augen Gottes, dann gilt es gemeinsam Front zu machen gegen alles, was Menschen entwürdigt und beleidigt, das schreiende Unrecht der Armut an alleroberster Stelle, freilich daß sich die Grundlagen unseres Zusammenlebens bis in die Fundamente hinein erschüttern müssen, wenn wir dies ernst nehmen.

Als man vor zweihundert Jahren anfing, über die Gesetze des Wirtschaftslebens nachzudenken, meinte der wirklich menschenfreundliche Engländer Adam Smith, es gründe sich der gesamte Warentausch einzig auf das Prinzip des Eigennutzes. Wir erwarten, so schrieb er, vom Schuster, Schneider, Bäcker und Metzger nicht, daß sie uns Kleidung und Nahrung aus Nächstenliebe geben; wir rechnen damit, daß sie das im eigenen Interesse tun. Der Egoismus des einzelnen sollte also als zuverlässig und stabil gelten. Wir haben inzwischen in diesem Denken Fortschritte gemacht. Uns dient das Geld schon längst nicht mehr einfach dazu, Waren zu kaufen, es ist längst kein einfaches Tauschmittel auf dem Markt mehr, umgekehrt, die Waren gelten uns als Mittel, um mit viel Geld noch viel mehr Geld einzutreiben, so daß wir künstlich auf die Suche gehen müssen, Käufer zu finden, wenn schon nicht mehr bei uns, dann möglichst in der Dritten Welt. – Es mag einem Priester nicht anstehen, Prophet zu sein, aber als zeitunglesender Bürger kann man sich doch sein Urteil bilden über die »Stabilität« und »Sicherheit«, die uns das Geld verspricht. Motten und Diebe sind geringe Gefahren gegenüber dem Raubrittertum, mit dem wir wie ganz normal und selbstverständlich leben.

Die Älteren unter Ihnen werden sich erinnern, daß in einem Dreivierteljahrhundert zweimal alle ersparten Einkünfte von heute auf morgen dahinfielen wie Staub und Tand. Man schlägt im Jahre 1923 die Zeitung auf und weiß, daß heute nichts mehr in den Händen ist von dem, was gestern noch so fest schien. Was die Generationen vor uns erlebt haben, werden mit aller Sicherheit die Generationen nach uns erleben. Man kann nicht im Ernst Handel treiben mit Völkern, die wir durch unseren Handel in Schuldensummen von mehr als hundert Milliarden Dollar treiben, wie Brasilien, wie Mexiko, wie ganze Teile Lateinamerikas, Afrikas und Asiens. Es ist physikalisch nicht möglich, einen Behälter mit Überdruck in ein Vakuum zu stellen, ohne daß er platzt. Genausowenig ist es möglich, eine Volkswirtschaft aufzubauen nach den Gesetzen des Wohlstands und des wachsenden Profits mitten in einer Welt der wachsenden Verelendung, des Hungers und der Armut. Es wird uns morgen der Bauch platzen; und vielleicht muß dies erst einmal sein, ehe wir uns wieder daran erinnern, daß Menschen rings um den Globus zusammengehören und sich nicht teilen und einteilen lassen nach Besitzenden und Habenichtsen. Wenn irgend etwas statt Zusammengehörigkeit und Sicherheit Trennung, Konkurrenz, Krieg und Verwüstung bringt, ist es die ganz normale, uns als selbstverständlich und unumstößlich gepriesene und gepredigte Art der bürgerlichen Weise, Eigentum zu haben und als Recht zu verteidigen.

Jesus hat vor zweitausend Jahren seinen Jüngern zugetraut: Sie könnten die Grundlagen des Zusammenlebens bis ins Fundament ändern und unter Beweis stellen, daß Menschen leben können, nicht gegründet auf den Egoismus, sondern auf die Solidarität, das Mitgefühl, die Barmherzigkeit und ein Empfinden universeller Verantwortung. Was wird in zehn, zwanzig, vierzig Jahren für die meisten, die wir hier sind, gelten? Wenn wir uns fragen, was uns ganz sicher in den Händen bleibt, was uns als wertvoll auszeichnet und wofür wir selber Respekt und Hochachtung werden aufbringen können, sind es allemal die Augenblicke, in denen wir alles, was wir tun konnten, versucht haben, um dem anderen Nutzen zu ermöglichen und ihm Freude zu bringen. Der einzige Umgang mit dem Geld, der sich in den Augen Jesu lohnt, besteht darin, es zu verausgaben für den Nutzen anderer, soviel irgend wir können. Die Formen gelebter Menschlichkeit sind die einzigen, die uns als Menschen so etwas geben wie Hochachtung vor uns selber. Dies sind Schätze, die bleiben, die ganz sicher sind und die uns niemand mehr wird entreißen können, wohingegen alles andere Plunder ist und Tand.

Dabei: wie im Umgang mit dem Geld, so mit allen Dingen. Wer einmal begriffen hat, welch eine Würde dem Menschen zukommt, dem relativieren sich die Dinge der Welt. In dieser Herberge am Wege, die wir das irdische Leben nennen, verdienen die meisten Dinge und Angelegenheiten nicht annähernd, für so wichtig genommen zu werden, wie wir es uns als Pflicht auferlegen und auferlegen lassen. Wichtig sind die Mernschen an unserer Seite. Da gibt es eine Art von Wachsamkeit, die nie ersterben sollte, ein Licht in unseren Händen, besser noch, in unseren Herzen, das nie verlöschen dürfte. Es gibt eine Sensibilität und Poesie, ein Feingefühl des Empfindens, das nie einschlafen darf, solange wir Menschen sind. Es hilft nichts, sich betäuben zu lassen durch die offiziellen Phrasen, das Gerede, wie es uns immer besser geht, die Verführungskünste, was man alles noch braucht, um wirklich tüchtig und erfolgreich zu werden. In Wahrheit bleiben wir so Komödianten des eigenen Lebens, nicht umgürtet zum Aufbruch in unsere ewige Heimat, sondern clownesk gekleidet für Darstellungen in einem nicht endenden Zirkus. Dies haben wir nicht verdient: daß man uns an der Nase herumführt und jede Art von Dummheit ausnützt, um damit wieder Geld zu machen und uns zu versklaven, die wir uns so frei wähnen, immer in dem Irrglauben, je mehr wir besäßen, desto mehr erweiterte sich der Bereich unserer Verfügungsgewalt. Ganz im Gegenteil, er wird immer enger, weil unser Herz sich immer mehr einschnürt, immer unlebendiger wird und dem Tode näherrückt. Wirklich zu leben ist ganz einfach: Jedes wirkliche Gefühl, das uns mit irgendeinem anderen Menschen oder auch Lebewesen auf dieser Welt verbindet, schenkt uns selbst unendlich viel mehr als alles, was wir totschlagen müssen, um im Sinne von Adam Smith, Ricardo und den Nachfolgern fleißig, tüchtig und erfolgreich zu sein.

Am Ende bestehen wir die Karawane unseres Lebens nur, wenn wir unseren Weg betrachten als einen Übergang zu unserer ewigen Heimat. Bald schon, in Wochen, Monaten oder ein paar Jahren wird in das Leben eines jeden der Menschensohn treten und uns fragen, wieweit wir es vermocht haben, unser menschliches Antlitz menschlich zu bewahren. Dies wird die einzige Frage sein, die dann zählt. Alles andere können wir vergessen.

ZUM ZWANZIGSTEN SONNTAG

Darauf sagten die Beamten zum König: Dieser Mann muß mit dem Tod bestraft werden; denn er lähmt mit solchen Reden die Hände der Krieger, die in dieser Stadt noch übriggeblieben sind, und die Hände des ganzen Volkes. Denn dieser Mensch sucht nicht Heil, sondern Unheil für dieses Volk. Der König Zidkija erwiderte: Nun, er ist in eurer Hand; denn der König vermag nichts gegen euch. Da ergriffen sie Jeremia und warfen ihn in die Zisterne des Prinzen Malkija, die sich im Wachhof befand; man ließ ihn an Stricken hinunter. In der Zisterne war kein Wasser, sondern nur Schlamm, und Jeremia sank in den Schlamm.

Der Kuschiter Ebed-Melech, ein Höfling, der im königlichen Palast bedienstet war, hörte, daß man Jeremia in die Zisterne geworfen hatte. Während der König sich am Benjamintor aufhielt, verließ Ebed-Melech den Palast und sagte zum König: Mein Herr und König, schlecht war alles, was diese Männer dem Propheten Jeremia angetan haben; sie haben ihn in die Zisterne geworfen, damit er dort unten verhungert. Denn es gibt in der Stadt kein Brot mehr. Da befahl der König dem Kuschiter Ebed-Melech: Nimm dir von hier drei Männer mit, und zieh den Propheten Jeremia aus der Zisterne herauf, bevor er stirbt.   JER 38,4–10

Als die Zeitgenossen Jesu überlegten, wer der Mann aus Nazaret wohl sei, schien er vielen die größte Ähnlichkeit mit dem Propheten Jeremia zu haben. In dunkler Größe überragt dieser Prophet an der Wende zum sechsten Jahrhundert vor Christus die Leute seiner Zeit und alle Propheten, die vor ihm und nach ihm waren. Keiner ist uns persönlich näher und scheint uns aktueller als dieser Priestersohn aus Anatot, der lernen mußte, den Priestern seiner Zeit zu widersprechen, den Propheten, wenn sie das Wort Gottes in den Mund nahmen, Lüge und Verfälschung vorzuwerfen, und der in seiner Einsamkeit und Ohnmacht den Königen des Landes entgegentreten mußte, um sie ihrer Ohnmacht und Unfähigkeit zu überführen. Dabei war die Zeit, in der Jeremia lebte und heranwuchs, scheinbar wie gemacht für Glück, Zufriedenheit und Wohlergehen. Niemals vorher funktionierte die

Bündnispolitik so erfolgreich, waren die Stadtmauern, die Jerusalem umgaben, besser besetzt und stärker ausgebaut, so daß alle im Lande redeten von Fortschritt, Ruhe, Geborgenheit in der Tradition des Volkes, von der Auserwähltheit durch Gott, der Zuverlässigkeit der königlichen Politik und der Sicherheit der Priester und Propheten. Einzig dieser Mann aus Anatot sieht die Geschichte wie einen Kessel, der auf offener Flamme dicht vor dem Überlaufen steht und seine heiße Brühe über Juda und Jerusalem ergießen wird. Der Mensch, in dem sich das verkörpert, gilt als der Schrecken aller, der erklärte Atheist seiner Zeit, der König von Babylon, Nebukadnezar. Er wird kommen, sagt Jeremia. Hundertmal bezweifelt er die Wucht und Wahrheit seiner inneren Gesichte, aber je mehr er sie zurückhält, um so mehr schreit es aus ihm heraus. Das Unheil wird unausweichlich kommen, und es wird sich ereignen wie ein Gericht über ein Volk, das sich zu lange verhärtet hat in Scheinberuhigung, Lüge und Oberflächlichkeit. Können Sie sich vorstellen, was passiert, wenn während eines Tempelgottesdienstes ein Mann aufsteht und laut ins Volk ruft, man solle aufhören, die Psalmen zu plärren, sie hätten keinen Wert mehr in dem Munde eines solchen Volkes der Lüge und des Verrates, man solle – Sie hören richtig – ab sofort beten für den Erfolg König Nebukadnezars von Babylon, daß er zielgerecht und genau seine Keule schwinge gegen Jerusalem? Man packt Jeremia und fragt, was mit ihm los sei, hält ihn für wahnsinnig, einen Gotteslästerer, einen Verräter an der Sache des Volkes wie an der Sache Gottes. So irrsinnig kann ein Mensch nicht sein und kann auch Gott nicht sein, sagen alle, Priester, Propheten, Könige, Weise, alle. – Aber was soll Gott tun, ist die Antwort des Jeremia, wenn er's zu tun hat mit einem Volk, das in den Tempel strömt und Opfer darbringt, nur um sich die allereinfachste Menschlichkeit zu ersparen? Soll er da nicht den Tempel flachschleifen, um zu zeigen, daß er auf das Blut von Stieren und Böcken nicht angewiesen ist, wohl aber die Empfindsamkeit, die Rücksichtnahme, das simple Mitleid von Menschen mit Menschen möchte? Man rhapsodiert die Hunderte von Gesetzen, übertritt davon kein einziges, man fühlt sich als das auserwählte Volk und etwas Besseres, ist aber verfangen in nationalen Großmachtträumen, privatem und öffentlichem Egoismus, schlimmer als die Götzendiener. Soll da Gott nicht ein zweites Mal die Gesetzestafeln aus Stein zerschmettern, um deutlich zu machen, daß seine Worte ins Herz der Menschen geschrieben sind, nicht in Dokumente und

138 ZUM ZWANZIGSTEN SONNTAG

Akten? Wenn sich ein ganzes Volk jahraus, jahrein jede Aufregung, jede Infragestellung, jede Kritik vom Halse hält und sich als Lästerung an seinen etablierten Ordnungen, verfeierlichten Sicherheiten, von Gott längst dekretierten und ausgemachten Beruhigungen verbittet, ist es dann nicht nötig, wie ein Feuer dazwischenzufahren, um zu reinigen?

Den Zeitgenossen des Jeremia schien dies ungeheuerlich, unvorstellbar, lästerlich. Aber als es soweit war und Nebukadnezar mit seinen Rammböcken die Eingangsmauern nach Jerusalem zerspellte, die Stadt verwüstete und Tausende von Menschen deportierte, da schien allen die Hoffnung auf Gott endgültig widerlegt und die Könige Babylons schienen stärker als der Gott der Väter. In dieser dunkelsten Stunde Israels wird Jeremia zum leuchtenden Licht, er schließt sich dem Zug der Verbannten an in das Exil. Er kauft sich auf der verbrannten Erde Judas in der Nähe seines Heimatortes Anatot einen Acker, um zu sagen, daß Gott seinem Volk treu ist jenseits der Katastrophe, daß er zu dem Ort steht, den er erwählt hat, jenseits der Zerstörung. Niemand wollte Jeremia glauben in der Zeit, als noch Zeit war, aber als es zu spät war, war es gut, jedes Wort gesagt zu haben; man konnte sich erinnern und konnte beginnen zu verstehen.

Was machen wir, zweieinhalbtausend Jahre später? Scheinbar sind wir der Propheten ledig. »Etwas wie in ihrer Zeit kann sich in der Kirche Gottes dem Prinzip nach eigentlich gar nicht mehr ereignen, denn die Kirche ist eingesetzt von Gott«, versichern uns die Theologen. Aber das sagten die Theologen zur Zeit des Jeremia auch. »In der Kirche wirkt Gottes Geist, und sie beruft sich selber auf das Wort Gottes, wie kann sie da Lüge und Falschheit üben?« sagen uns die Schriftausleger und die Kirchenväter. Aber das sagten die Schriftausleger und die Väter zur Zeit des Jeremia auch. Wir sind heute so praktisch dran, daß wir überhaupt gar keine Propheten mehr brauchen, weil wir allesamt Propheten sind; durch die Taufe schon ist uns der Geist der Prophetie verliehen, wie hätten wir da die Unruhe des Propheten nötig?

Als man Jesus mit solchen Erläuterungen kam, gebrauchte er einen Satz von brutaler Deutlichkeit. »Ihr«, sagte er seinen Zeitgenossen, »baut den ermordeten Propheten Denktafeln und Gedenkstätten, aber damit zeigt ihr nur, daß ihr selbst die Kinder der Prophetenmörder seid.« Mit anderen Worten: Es ist möglich, jedes Reden von Gott historisch derart zu verfeierlichen, daß es die Gegenwart ganz sicher nicht berührt. Es ist möglich, die Männer, die durch Not und Pein,

Anfechtung und Widerspruch gegangen sind, so auf den Schild zu heben, daß man ihrer nur noch in erbaulichen Ansprachen gedenkt. Die Gegenwart ist von ihnen weit entfernt, schon weil sie sich ja als fähig zeigt, das Erhabene aus dem Abstand zu begreifen.

Wäre es nicht möglich, daß das Ganze, was Jeremia verkörpert, grad die Gegenwart ist? Könnte es nicht sein, daß wir in unserer Kirche seit Jahrhunderten jeden Protest, jede Aufregung, jede wirkliche Frage, indem wir sie für Ketzerei erklären, für Irrlehre, für antichristlich, einfach vor den Mauern lassen, um innerhalb der selbstgeschaffenen Festungen, Verfestigungen beruhigt weiterzumachen? Ließe sich nicht denken, daß Gott das ganze Bollwerk etablierter Lehren, Einrichtungen, heilig tradierter Institutionen zerbrechen und flachschleifen, verbrennen und als nichtig erweisen muß, ehe wieder so etwas wie Wahrheit in seine eigene Kirche kommt? Wäre es nicht möglich, daß wir die blanke Ohnmacht von Gott selber auf den Leib gestanzt bekommen müssen, ehe wir wieder merken, daß die Ausgesetzten und Ausgenommenen, die Suchenden und Versuchten, die Zweifelnden und Verzweifelten ihm ungemein viel näher sind als die Scheinberuhigten, ewig Richtigen, Dauerversicherten?

Es ist nicht möglich, Gott zu dienen ohne die Unruhe des Herzens. Es ist in diesem Leben nicht möglich, irgendein Stück Wahrheit zu begreifen ohne ein großes Maß von Leid. Und es ist nicht möglich, Hoffnung zu verstehen ohne die Möglichkeit von Zusammenbruch, Zerstörung und Aussichtslosigkeit. Gott ist ungemein viel größer als die Einfalt unserer Wunschträume. Und ist es nicht möglich, daß wir lernen müßten, jenseits der Untergänge an einen neuen Sonnenaufgang zu glauben, daß wir zur Weltkirche wirklich erst würden, wenn wir das Römische, Verfestigte, gut Eingerichtete preisgegeben hätten? Gott ist seinem Wort und seinem Volk nicht untreu, aber wenn wir ihn zu praktisch handhaben, wird er anfangen, uns zu widersprechen, und schließlich zeigen, wie tödlich wir selber leben, indem wir glauben, die ruhige Oberfläche sei schon das ganze Meer, ohne die Stürme, ohne den Wellengang, ohne ein Ungeheures an Brandung. Gott ist das Unendliche, die Zerstörung aller festen Formen, auch der der Kirche. Dafür stehen die Propheten aller Zeiten.

ZUM EINUNDZWANZIGSTEN SONNTAG

Und er wanderte von Stadt zu Stadt und Dorf zu Dorf, um zu lehren und des Wegs nach Jerusalem zu ziehen. Da sprach einer zu ihm: Herr, sind es nur wenige, die gerettet werden? Er sprach zu ihnen: Kämpft, um durch das enge Tor hineinzukommen. Denn viele – sage ich euch – werden hineinzukommen suchen und es nicht können.

Wenn einmal der Hausherr sich aufgerichtet, das Tor verriegelt hat, und ihr von da an draußen steht, an das Tor klopft und sagt: Herr, mach uns auf – so wird er euch antworten: Ich kenne euch nicht! Woher seid ihr? Dann werdet ihr anfangen zu sagen: Gegessen haben wir doch und getrunken vor deinen Augen, und auf unseren Straßen hast du gelehrt. Und er wird reden und zu euch sagen: Ich kenne euch nicht! Woher seid ihr? Hinweg von mir, alle, die ihr Ungerechtheit wirkt. Dort wird sein: das Heulen und Knirschen der Zähne – wenn ihr Abraham, Isaak und Jakob und alle Propheten im Königtum Gottes seht, euch aber hinausgeworfen. Und vom Aufgang und Niedergang, vom Nordland und Südland werden sie kommen und zu Tisch lagern im Königtum Gottes. Und da! Letzte gibt es, die Erste sein werden, und Erste gibt es, die Letzte sein werden.   LK 13,22–30

Es gibt nur eine Frage, die in unserem Leben wirklich wichtig ist. Zur Zeit Jesu formulierte man sie: Wie komme ich in das Reich Gottes? Wir würden heute sagen: Wie gelange ich zu einem Leben, das von Grund auf stimmt, so daß es mich mit dem verbindet, der es geschaffen hat? Wie finde ich zu mir selber, so daß ich in Zeit und Ewigkeit glücklich bin? Wie gelange ich zu einem Dasein, das für immer Geltung hat und mit sich und seinem Ursprung ganz in Übereinstimmung ist? Man kann diese Fragen formulieren, wie man will, immer laufen sie darauf hinaus, daß wir eine Einheit bilden mit dem eigenen Leben und mit dem, der gewollt hat, daß wir sind.

Dieses Evangelium greift die Frage auf, so wie sie zur Zeit Jesu üblich war, und in einer Reihe von Sätzen, die das Lukasevangelium zusammengebunden hat, geht es die einzelnen Stationen eines Mißverständnisses durch. Es klärt gewissermaßen auf negative Weise, wie man von sich selber absehen oder dem Ernst der Frage nach sich selbst entlaufen kann. Grade weil es so wichtig ist, zu sich selber und zu Gott zu finden, können die Angst und die Unruhe darüber groß werden. Schlaflose Nächte können uns beschert werden durch das Gefühl, womöglich falsch zu leben, richtungslos und selber aus dem Ruder zu geraten, und wir vertäten nicht etwas, wir vertäten alles. Woran orientiert man sich dann?

Da sind wir bei der Frage des Mannes, der Jesus auf dem Wege nach Jerusalem begegnet: »Herr, sind es nur wenige, die gerettet werden?« Wonach richtet man sich? Am einfachsten, sollte man denken, nach dem Urteil der Menge. Unser ganzes Staatswesen lebt von der Überzeugung, daß die Mehrheit schon irgendwie recht hätte, jedenfalls daß sie maßgeblich ist. Könnte es aber nicht auch ganz anders sein? Wenn man sich die Schuhe besohlen lassen will, geht man zum Schuster und fragt nicht auf dem Marktplatz irgendeinen Beliebigen. Spätestens wenn man sich die Zähne ausbessern lassen will, geht man zum Zahnarzt, jedenfalls nicht zum Goldschmied oder zum Hufschmied. – In wesentlichen Fragen ist es die Ausnahme der Sachverständigen, die man um Rat fragen muß. Könnte es nicht in Sachen der richtigen Lebensführung genauso sein? Nach wem richtet man sich?

Es ist die erste Verführung, in den eigentlichen und entscheidenden Fragen des Lebens sich umzuschauen nach dem, was andere sagen, seien es nun viele, seien es wenige, sei es die Diktatur der Masse, sei es die Herrschaft einer Elite. In jeder Weise kann man von sich selber absehen, und es gibt offensichtlich ein Interesse, die Frage des eigenen Lebens stets von außen her beantworten zu lassen. Wie handeln andere, so daß sie mir Hilfe und Orientierung auf dem Wege zu mir selbst sein könnten? Nie geht das gut, und Jesus weist es gewissermaßen kategorisch ab. »Fragt ihr«, spricht er, »überhaupt nicht danach, was andere machen! Es ist möglich, daß ihr statistisch eine große Menge an Additionen zuwege bringt, wie man leben müßte. Ich sage euch, es nützt gar nichts.« – »Die Tür ist eng, die zum Himmelreich führt«, soll, im radikalen Maß gesprochen, sagen: »Es gibt womöglich vor Gott nur eine einzige Tür, die für euch passend ist, auf dem Weg zu Gott nur einen einzigen Weg, denjenigen nämlich, den Gott mit deinem eigenen Leben gemeint hat. Guck nicht auf die Masse, nicht auf die anderen. Frage dich selber.« Es ist in gewissem Sinne eine Aufforderung zur Vereinzelung, zur Auflösung des Herdendaseins, zur Beendigung des Massentriebs. Die enge Pforte ist in diesem Sinne ein Weg, den man selber gehen muß, nicht nach dem Maßstab anderer. Es ist viel, dies zu lernen, weil es Angst macht. Voll Unruhe glaubte man schon, nach den anderen greifen zu können, jetzt hört man: Die anderen tragen nicht in diesem zentralen Lebensbereich. Es gibt zwischen Gott und dem eigenen Dasein einen Punkt, wo wir allein, als Individuen, unableitbar und unvertauschbar, unserem Schöpfer gegenübertreten. Dies ist das erste: Schau, wie du mit dir selber zurechtkommst vor Gott.

Nun könnte man dies hören und denken: Na ja, es wird die Zeit die Dinge lösen. Man könnte schicksalsgläubig werden und auf eine langfristige Entwicklung hoffen. Irgendwie werde das Reich Gottes von alleine kommen, glaubte man zur Zeit Jesu. Aus dem Schoß der Zeit würden sich die richtigen Lösungen gebären. Da ist die zweite Antwort Jesu, daß man auch nicht schicksalsgläubig sich dem Gang der Ereignisse überlassen kann, sozusagen mit dem Vertrauen in die Astrologie, als wenn die Zeitläufte von alleine das Richtige verhängen würden. Es wird so sein, sagt Christus, daß eines Tages der Hausvater, gemeint ist Gott, aufstehen wird und die Tür verschließt. Es gibt in der Suche nach sich selber Augenblicke, die man nicht verpassen darf, weil sich jeder Schlendrian in dieser Hinsicht eines Tages rächen wird. Es gibt Einsichten, Erkenntnisse bei sich zu gewinnen, die man nicht endlos in die Zeit hineintreiben, ins Unabsehbare verschieben darf. Man muß sie jetzt ergreifen, oder man vertut Zeit. Es gibt Gelegenheiten vor Gott, die mit ganzem Herzen aufzugreifen sich lohnt; man hat dann kein Recht, alles ins Unabsehbare weitertreiben zu lassen.

Wenn das erste ein Mut zu sich selber ist, ist dies zweite ein Vertrauen in den Augenblick, ihn ganz zu ergreifen. Gewiß spricht Jesus dabei von seiner eigenen Person im Hintergrund. Er will seinen Zeitgenossen sagen: »Das, was ihr jetzt seht und hört, müßt ihr nicht einer kommenden Generation eines noch ausstehenden Messias zuschreiben. Mehr, als ihr jetzt leben könnt, gibt es für euch nicht. Ihr müßt euch jetzt entschließen, oder ihr vertut das Leben.« Aber diese Erfahrung galt keineswegs nur vor zweitausend Jahren, sie ist in einem jeden Menschenleben gültig und erneuert sich immer wieder. Der Mut zu sich selber verlangt ein Stück Entschlossenheit.

Es geht in derselben Richtung weiter, und es ist, wie wenn Jesus eine ganze Brut von Ausreden, die sich in alle Richtungen schieben möchten, an der Wurzel ausreißen wollte. Es ist möglich, daß man in diesen entscheidenden Fragen des Lebens sagen wird: »Wir haben aber doch mit dir gegessen und getrunken, und unsere Plätze waren's doch, auf denen du gelehrt hast.« Es ist so, wie wenn man vor Gott und vor sich selber sagen würde: »Wir haben aber doch auf äußere Weise miteinander zu leben versucht. Wir haben Umgang gepflegt, essend und trinkend.« Und es kann sein, daß Gott sagen wird: »Ich weiß gar nicht, woher ihr kommt«; soll sagen: Was das eigene Wesen ausmacht, erfährt man doch nicht durch das Zusammenballen im Haufen, durch äußeres Nebeneinandersein, durch den Austausch phrasenhafter Geselligkeit oder durch Parties. So finden Menschen nicht zusammen, und so findet man selber nicht zu sich. Es genügt nicht, am Ende Gott ein Buch all der Eintragungslisten vorzulegen, mit wem man kontaktiert hat oder wen man in irgendeiner Weise unter die Bekanntschaft gezählt hat. Es genügt nicht einmal, sich im Raum der Kirche zu sagen, man habe doch Jesus reden hören; es seien doch unsere Tempel, unsere Kirchen, unsere Bibelausgaben gewesen, in denen man von Gott gelesen, von Gott gesprochen hat. Wieder würde Gott am Ende zu uns sagen: »Ich weiß nicht, was euer Wesen ist, woher ihr seid.« – Man muß das einmal so zugespitzt an sich selber adressieren. Es könnte sein, daß Gott schließlich in der Bilanz sagen würde: »Es gibt in eurem Leben keinen einzig wesentlichen Mittelpunkt, aus dem her man euer Denken, euer Handeln, euer Dasein begreifen könnte. Woher ihr seid, ist ewig offengeblieben; denn ihr habt wohl gelebt mit anderen wie die Chamäleons, wohl gehört von Gott im Sinn des Auswendigredens. Aber was ist das Zentrum eures Handelns, wo der Punkt, an dem eure Seele sich wie eine Kristallkugel schließen konnte, um das Bild des Ewigen in sich aufzunehmen?« Am Ende könnte Gott mit uns so wenig anfangen wie wir mit uns selber.

Zur Zeit Jesu hatte das Judentum eine gegen Angst absolut versichernde Auskunft, dieselbe beinahe, die wir auch im Raum der Kirche immer noch gebrauchen: »Wir werden mit Gott auf du und du stehen«, sagten die Juden, »schon weil wir Abraham, Isaak und Jakob zu unseren Vätern haben; wir sind das auserwählte Volk.« So sagen wir in der Kirche: »Wir sind getauft in Christus, versehen mit allen Gnadenmitteln der Kirche, was soll uns geschehen?« Es kann sein, meint dieses Evangelium, daß das alles überhaupt nicht trägt. Abraham und Isaak war es ernst, wenn sie von Gott sprachen. Sie machten daraus nicht eine Generationsfolge sippenhafter Zugehörigkeit und blutsverwandtschaftlicher Beruhigung. Sie machten aus dem Glauben keine Angelegenheit der Tradition und Überlieferung. Sie standen selber mit ihrem Leben auf Sein und Nichtsein vor Gott. Dies ist es, was zählt.

So kann es den Juden gehen, daß sie schließlich Abraham, Isaak und Jakob im Himmel sehen, selber aber knirschen vor Zorn, Neid, Haß und Wut auf sich und alle anderen und sich ausgeschlossen fühlen müssen. Denn geweigert haben sie sich, selber zu leben. Und man wird hinzufügen dürfen: Auch uns Christen geht es nicht anders. Wir möchten alle Heiligen im Himmel sehen, haben aber womöglich selber gar nicht gelebt.

Da stellt Christus in Aussicht, daß es Menschen von allen Enden der Welt geben wird, die verstehen, wie man als Mensch lebt, und die, ob sie von Christus hörten oder nicht, zum Reich Gottes Zugang haben werden. Es gibt gewissermaßen einen sicheren Instinkt in jedem Menschen für das, was menschlich ist, was wirklich trägt, wie man sein kann und leben darf, um als Mensch mit dem Gefühl einer eigenen Würde, einer eigenen Berechtigung, einer eigenen Liebenswürdigkeit und Wahrheit durchs Leben zu gehen und gütig zu sein zu sich selber und zu allen anderen.

Anschließen müßte man hier das Gleichnis Jesu von den Hungernden, den Nackten, den Eingeschlossenen, den Kranken. Ihnen die Tür zu öffnen und ihre Not zu lindern und keine Grenzen mehr zu kennen unter den Menschen, dies wäre eine Solidarität in allem, was menschlich ist, würdig und groß. So könnten wir leben, ohne Schranken zwischen uns und unserem Schöpfer, als einzelne, entschlossen heute schon, nicht abgelenkt durch das bloße Mittun, sondern durch die Eigenständigkeit unseres eigenen Lebens zusammengehörig zu einem unsichtbaren Reich von Schwestern und von Brüdern.

Wir müssen freilich aufhören zu denken, was die anderen denken. Dagegen müssen wir unsere eigene Individualität setzen. Wir müssen aufhören zu denken, die Zukunft werde uns von allein die Frage nach einem eigentlichen Dasein lösen. Dagegen müssen wir die Entschlossenheit des Augenblicks setzen. Wir müssen aufhören zu denken, daß die äußeren Bekanntschaften und die gesellschaftlichen Positionen uns tragen. Dagegen müssen wir die Innerlichkeit einer menschlich wahren Verbindung richten. Beenden können wir den scheinbaren Schutz im Raum der richtigen Institutionen von Partei, Kirche oder religiöser Gruppierung. Um uns selber geht es, um unseren Glauben und unsere eigene Überzeugung. Und anvertrauen können wir uns allem, was menschlich in uns lebt und was von Gott her wahr ist. Denn dies, wovon wir sind, woraus wir unser Leben schöpfen, dies ist am Ende die einzig wesentliche Frage. Zurückgekehrt zu unserem Ursprung, wird Gott uns fragen, wie wir gelebt haben aus ihm, der gewollt hat, daß *wir* sind, unvertauschbar *wir,* jetzt und immer.

*Unterwerft euch einander in der Furcht des Messias: Die Frauen
ihren eigenen Männern wie dem Herrn. Denn der Mann ist der Kopf der
Frau, wie der Messias der Kopf der Kirche ist, er – der Retter des
Leibes. Aber wie die Kirche sich dem Messias unterwirft, so auch die
Frauen den Männern – in allem. Ihr Männer, liebt die Frauen, wie der
Messias die Kirche geliebt und sich für sie hingegeben hat, daß er sie
heilige, nachdem er sie durch das Wasserbad im Wort gereinigt. So will
er selber sich die Kirche voll Herrlichkeit hinstellen, ohne Schmutz oder
Runzel oder dergleichen, damit sie vielmehr heilig sei und makellos.
Solcherweise schulden die Männer, ihre Frauen zu lieben – wie ihren
eigenen Leib. Wer seine Frau liebt, liebt sich selbst. Denn niemand hat
jemals sein eigen Fleisch gehaßt, sondern er nährt und pflegt es, wie
auch der Messias die Kirche. Denn: Glieder sind wir seines Leibes.
Deswegen wird der Mensch Vater und Mutter verlassen und an seiner
Frau haften, und es werden die zwei zu einem Menschen. Dieses
Geheimnis ist gewaltig – ich sage das: im Bezug auf den Messias und die
Kirche.*   EPH 5,21–32

Nur wenige Fragen werden im Moment innerhalb der katholischen Kirche mit solchem Interesse diskutiert und nur wenige
Fragen dürften für die Zukunft der Kirche, jedenfalls in Westeuropa, so
wichtig sein wie die Frage nach der Stellung der Frau in der Kirche. Die
Frauen stellen, allein wenn wir uns in diesem Kirchenraum umsehen,
fast vier Fünftel all derer, die sonntags die Messe besuchen, aber sie
spielen in den Entscheidungsprozessen der Kirche kaum eine Rolle. Sie
sind diejenigen, die zu fast fünf Sechsteln in den caritativen Diensten
der Kirche tätig und beschäftigt sind, aber sie haben in den Verwal-
tungsstrukturen der Kirche so gut wie nichts an Kompetenz und
Autorität. Die Kirche Christi ist in allem, was ihr wichtig und heilig ist,
eine Kirche von Männern. Und fragt man sie, wie es kommt und wie sie
das rechtfertigt, gibt es ganz sicher im Neuen Testament keinen Text,
der zur Legitimation der heute noch bestehenden Praxis vorzüglicher
geeignet wäre als der Text der Lesung aus dem Epheserbrief: »Ihr
Frauen sollt den Männern untertan sein, so wie die Kirche selber
untertan sein soll Christus dem Herrn.«

Es hilft wenig, daß dann davon gesprochen wird, daß die Männer
ihre Frauen lieben sollen allwie sich selber. Es nutzt auch wenig zur

Abschwächung des Machtgefühls, wenn grade der Bezug zwischen Christus und der Kirche ganz sicher nicht nach Art von Willkür und Despotie auszulegen ist. Es ist, wie man es drehen und wenden mag, ein Verhältnis von Über- und Unterordnung gemeint, von Hierarchie, und zwar so energisch und logisch eindeutig, daß grade die Überordnung Christi vor seiner Kirche die Überordnung des Mannes gegenüber seiner Frau in der Familie begründet. Und wieder umgekehrt. Man soll nach dieser Logik denken, daß grade die patriarchalische Struktur der Familie die letzte Einführung auch in die Kirche Christi darstellt. Es hilft nichts, daran zu erinnern, daß der Epheserbrief nicht zu den Briefen des Apostels Paulus zählt. Paulus selber könnte es so gesagt haben, und im Prinzip hat er es in seinem Brief an die Gemeinde von Korinth so gesagt. Ja, manche halten dafür, daß überhaupt mit Paulus selber diese Art zu denken in der frühen Kirche Platz gegriffen habe. Dieser Vorwurf besteht vermutlich zu Unrecht. Vielmehr haben wir Grund, anhand dieses Textes in seiner Problematik einmal das Feld der Auseinandersetzung und des Nachdenkens viel weiter zu spannen und uns das Problem vorzulegen, wie schwer es ist, sich im Rahmen von Frömmigkeit und Religion freizuhalten von Ideologie, Machtbegründung und autoritärem Denkstil.

Zu der Zeit, als diese Worte im Epheserbrief entstanden, waren sie sicherlich ganz unverfänglich und unverdächtig. Sie gaben, schaut man in die Kulturgeschichte zurück, vermutlich einfach wieder, was im Judentum und im Hellenismus gleichermaßen gang und gäbe war: Der Mann ist Herrscher in seiner Familie, ist deren Oberhaupt. Die Frau ist nicht grade eine Sklavin, aber doch eine Untergeordnete, zumindest wenn es darauf ankommt, zu bestimmen, zu lenken und zu leiten. Allein diese kulturgeschichtliche Selbstverständlichkeit entschuldigt gewissermaßen diesen Text, aber er stellt uns Heutige in Frage. Und umgekehrt muß er uns, recht verstanden, Mut machen, auch ganze Teile des Neuen Testamentes von unserer eigenen Zeit und unserem Lebensgefühl her kritisch in Frage zu stellen und die Botschaft Jesu mit Fragen zu konfrontieren, die sich ihr in der Zeit ihrer ersten Interpretation so noch gar nicht stellen konnten. Wir sehen heute viel deutlicher als die Mitglieder der frühen Kirche, daß grade in den Punkten, die uns scheinbar die wichtigsten sind, in den Fragen von Moral und Ethik, Gegebenheiten wie naturgemäß oder als von Gott gewollt unterlaufen, die sich im Abstand der Zeit und im Unterschied der Kulturen deutlich als relativ erweisen. Nichts scheint uns wichtiger als die Frage, wie wir unser Leben ordnen, und deshalb sind wir geneigt, Antworten auf diese Probleme absolut zu setzen. Wenn Gott uns überhaupt etwas zu sagen hat, dann doch wohl in den Fragen, wie wir handeln, was wir tun sollen. Und siehe da, je länger es hingeht, desto zeitabhängiger, kurzsichtiger und begrenzter werden diese Antworten. Wir müssen, grad wenn wir feststellen und begreifen, *wie* abhängig diese Sätze aus dem Epheserbrief sind – die Frauen sollen ihren Männern untertan sein – den Mut finden, ganz allgemein zu sagen: Jede christliche Moral, die inhaltlich irgend etwas aussagt über das, was im Rahmen von Gesellschaft und Geschichte zu tun ist, bleibt unter den Bedingungen menschlicher Rede, ist also immer auch etwas möglicherweise Relatives, und es argumentiert ideologisch, wer darin den Willen Gottes an sich selber erblickt. Steht es so, entzieht man vielem, was in der Kirche heute noch als stützenswürdig, weil von Gott durch Christus so gewollt, verteidigt und behauptet wird, die Grundlage.

Um gleich beim Thema zu bleiben: Dürfen Frauen Priester werden? In der anglikanischen Kirche ist diese Frage dahin entschieden worden, daß Frauen zu Priestern geweiht wurden. Noch enthält man ihnen vor, auch das Amt eines Bischofs zu bekleiden, und daran ist womöglich sogar etwas Richtiges. Es kann nicht darum gehen, in der Kirche von morgen die Frauen einfach in dieselben Positionen einzuschleusen, die heute die Männer innehaben. Wenn die ganze Debatte einen tieferen Sinn hat, dann muß die Kirche sich durch die Frauen als Ganzes wandeln und nicht einfach Funktionen austauschen, indem wir ein paar Frauen dahin dressieren, morgen noch männlicher zu sein, als die Männer ohnedies schon sind. Ganz im Gegenteil. Es müßte möglich werden, beim Wort zu nehmen, was Jesus selber gelebt hat und was auch die Worte des Epheserbriefes an dieser Stelle deutlich sagen: Die Kirche bleibt Christus untergeordnet, also doch wohl seinem Beispiel und der Art seines Lebens. Und nimmt man das unter der Perspektive Patriarchalismus einmal beim Wort, wird man in der Religionsgeschichte außer dem Buddha um 500 v. Chr. kaum jemanden finden, der mit der Männerherrschaft wie selbstverständlich deutlicher aufgeräumt hätte als der Mann aus Nazaret. Die Dinge hängen hier strukturell zusammen. Wer eine Kirche hierarchischer Ordnung, geführt von Männern, will, braucht die Vorstellung von einem Gott als oberstem männlichem Gesetzgeber, dessen Wille an sich schon den Befehl bedeutet. Der Gott Jesu Christi war so grade nicht – kein strafender, despotischer, mächtiger, autoritär regierender Gott. Jesus schilderte vielmehr Gott als jemanden, der sich herabbeugt zu dem Geringsten, der leise auftritt, um die Verängstigten nicht zu verstören, der gütig und geduldig jedem nachgeht, der sich verloren hat. Wer eine Kirche will, die sich durch ein autoritäres Gefälle begründet, braucht beamtete Priester und Lehrer. Jesus wollte sie in diesem Sinne nicht. Er wollte einen offenen Tempel, zu dem jeder Zutritt hätte, ohne Vorbedingung, ohne Schlachtopfer, ohne Bußrituale und Unterwerfungsgesten, einfach in der Haltung des Vertrauens. Wenn es in der Kirche Christi Priester gibt, so müßten es Menschen sein, deren Art, zu leiten, wesentlich das Begleiten von Menschen wäre. Wer in der Kirche Christi herrschen will, sei der Diener aller. Und Jesus selber beschwor uns, nichts zu tun, was den Geruch von Macht, Herrschaft und Überlegenheit hätte. »Ihr«, sagte er seinen Jüngern, »sollt euch nicht Väter nennen. Ein einziger sei euer Vater: der im Himmel ist.«

Wir hätten, glaube ich, von seiten der Frauen vieles zu lernen: an Nähe zum Gefühl, an Nähe zu Partnerschaftlichkeit, an Verstehen und an Sprechen von innen heraus.

Man muß es einmal beim Wort nehmen, wie anders unsere heutige Kirche ist, wie weit sie davon entfernt scheint, sich dem Mann aus Nazaret wirklich unterzuordnen. In welch einer Welt leben wir denn heute, inmitten der Kirche, in Anbetracht dieses Satzes aus dem Epheserbrief: »Seid Christus untertan«? Es wäre wohl möglich, daß sein Prinzip sich auf der Stelle als Sprengstoff gegen einen ganzen Haufen zeitbedingter, heute erkennbar in die Irre führender Ableitungen erweist, die nur damals logisch schienen, heute aber nicht nur der Selbstverständlichkeit, sondern geradewegs der Berechtigung entbehren.

Wenn aus diesem Satz, Christus untertan zu sein, etwas für die Kirche folgt, ist es ein großes Maß an Angstfreiheit, die aus Machtverlust, aus freiwilliger Armut, aus partnerschaftlichem Vertrauen und einem grenzenlosen Willen folgt, miteinander zu gehen, wohin Gott uns auch führen möge. Und dasselbe wird in jeder Familie, in jeder kleinen Gruppierung unter Menschen gelten. Niemals ist bei denkenden Individuen, als welche wir Menschen von Gott geschaffen sind, etwas richtig, bloß weil ein anderer es behauptet. Es gehört inzwischen zur Basiserfahrung der Demokratie, daß wahr nur das ist, was gefiltert wurde durch das Gespräch miteinander und durch eine gemeinsame Beschlußfindung. Die Mehrheitsmeinung entscheidet niemals über Wahrheiten an und für sich, aber hinter das Prinzip, daß die Wahrheit denkbar sein müsse, damit sie für uns sich als wahr erweise – hinter diesen richtigen Grundsatz gibt es kein Zurück mehr, in aller Menschenzukunft nicht. Keine heilige Tradition, keine sich auf Gott berufende Autorität wird uns Menschen mehr daran hindern können, selber zu denken und selber zu fühlen. Nach zweitausend Jahren Patriarchalismus in der Kirche müßten wir, könnten wir durch die Vermittlung von Frauen vieles aus dem Munde Jesu lernen. Wir müßten sie zu Wort kommen lassen. Und das mit gutem Grund. Der Mensch, dem wir den Kern des ganzen Christentums verdanken und die Begründung dafür, daß wir die Messe, das Zeichen von Tod und Auferstehung Christi, miteinander feiern können, war eine Frau: Maria von Magdala, geheilt von sieben Dämonen. In den Stunden, da die Männer flohen, hielt sie aus unterm Kreuz, und als das Grab versiegelt schien, fand sie sich ein in ihrer Verzweiflung, um es offen zu finden und den Jüngern zu künden von der Auferstehung des Lebens. Vielleicht gibt es viele Dinge, die Frauen besser sehen als Männer, vermutlich sind sie dem Sehen mit dem Herzen näher als dem Denken in den Strukturen dessen, was man machen kann und wozu man Macht benötigt. Vielleicht sind wir eines Tages überhaupt nicht eine Kirche der Männer oder der Frauen, sondern eine Gemeinschaft von Schwestern und Brüdern. Dann ist der Weg vom Epheserbrief bis heute kulturgeschichtlich sehr weit, aber im Sinne Christi sehr kurz.

ZUM ZWEIUNDZWANZIGSTEN SONNTAG

Da versammeln sich bei ihm die Pharisäer und einige von den Schriftgelehrten, (eigens) von Jerusalem kommend, und beobachten bei einigen von seinen Jüngern, daß sie mit schmutzigen, das heißt ungewaschenen Händen ihr Brot essen; – die Pharisäer nämlich, wie alle Juden, essen nicht, wenn sie nicht mit der Faust (Handvoll Wasser) die Hände gewaschen haben; so halten sie fest an der Tradition der Alten; auch nach einem Marktbesuch – ohne sich abzuspülen, essen sie nicht; und (noch) vieles andere gibt es, was sie traditionellerweise einhalten: Spülungen von Bechern, Krügen, ehernem Geschirr – Speisesofas –; es fragten ihn also die Pharisäer und die Schriftgelehrten: Weshalb wandeln deine Jünger nicht nach der Tradition der Alten, sondern essen mit schmutzigen Händen ihr Brot? Er aber hat ihnen gesagt: Treffend hat Jesaja geweissagt über euch Heuchler, wie geschrieben steht:

Dies Volk ehrt mich mit den Lippen, doch ihr Herz ist fern von mir; vergeblich drum verehren sie mich, (nur) Lehren lehrend – Menschensatzungen! (Jes 29,13)

Fahren laßt ihr Gottes Gebot, doch um so fester haltet ihr die Tradition von Menschen . . .

Und abermals rief er das Volk herzu und sagte ihnen: Hört mich, alle, und versteht! Nichts gibt es, was von außerhalb des Menschen in ihn hineinkommt, das imstande ist, ihn zu beschmutzen, sondern was aus dem Menschen herauskommt, das ist es, was den Menschen beschmutzt . . .

Inwendig nämlich, aus dem Herzen der Menschen, kommen die bösen Gedanken, Unzüchtigkeiten, Diebstähle, Morde, Ehebrüche, Habsüchtigkeiten, Schlechtigkeiten, Hinterhältigkeit, Ausschweifung, neidisches Auge, Blasphemie, Überheblichkeit, Narretei, – all dieses Böse kommt von innen heraus und beschmutzt den Menschen.

MK 7,1–8. 14–15. 21–23

E ine zentrale Besonderheit der Botschaft Jesu und des Christentums läßt sich erkennen in der eigentümlichen Stellung gegenüber dem Gesetz.

Alle sozialen Lebewesen haben bestimmte Regeln des Umgangs

miteinander. Teils durch Instinkt, teils durch individuelles Lernen weiß ein Pavianjunges schon nach wenigen Monaten, welche Autoritäten in seiner Gruppe es zu respektieren hat, welche Gebiete und Territorien es nicht überschreiten darf, welche Ausdrucksbewegungen als Spiel, welche als Drohung, welche als Ernstfall zu gelten haben. Wir Menschen sind Tiere, die im Verlauf des Entwicklungsgangs des Lebens auf dieser Erde eigentlich erst vor kurzem zu denken angefangen haben. Auch wir haben Gesetze, komplexere als die Tiere, und das heißt differenziertere und flexiblere. Man kann die Entfaltung der menschlichen Kultur in gewisser Weise nach dem Grad vernünftiger Gesetzgebung einteilen. Es muß einen riesigen Sprung nach vorn bedeutet haben, als man im alten Orient um 1800 v. Chr. begann, schriftlich aufzuzeichnen, was unter Androhung von Strafe für Unrecht zu gelten habe. Es sollte nicht mehr die blanke Willkür entscheiden; es sollte nicht, wie noch Jahrtausende später unter den Mongolen, in endlosen Streitigkeiten mit Brachialgewalt immer neu festgelegt werden müssen, welche Grenzziehungen zu welchem Stamm gehörten; es sollte Ruhe einkehren in den Fragen von Eigentum, Eherecht, staatlicher Ordnung. Die meisten Völker hielten und halten noch immer ihre Gesetze nicht allein für den objektiven Ausdruck der Vernunft ihres Staates, ihres Volkes, sondern gewissermaßen für den offenbarten Willen ihrer Götter oder, wie in Israel, ihres Gottes selbst. Wohltuendes und Lobendes über Gesetze zu sagen fällt also eigentlich nicht schwer. Ihr Nutzen liegt offen zutage.

Um so erstaunlicher, wie schwer sich Jesus mit den Gesetzen schlechthin tut und wie problematisch sie dem Christentum sind. Der Verdacht geht um, daß die Gesetze von den Mächtigen gemacht sind und daß zu gelten hat, was *diese* wollen. Ein Fall aus dem Leben Jesu in Form dieses Evangeliums liefert das Beispiel.

Da gilt in Israel kultisch wie hygienisch, was noch heute als Anstandsregel sehr empfehlenswert scheint: die Anweisung, sich vor dem Essen die Hände zu waschen. Man sollte denken, so etwas Simples sorgte nicht für Aufregung. Aber fehlgedacht. Wenn womöglich der größte Teil der Bevölkerung über Wasser nicht so verfügt, daß er damit noch große Waschungen vornehmen könnte, sondern das kostbare Wasser zum Trinken und zum Kochen braucht, greift eine solche Gesetzgebung ins Leere. Sie ist von einer bestimmten sozialen Grenze an nicht erfüllbar.

Jesus fühlt sich den Menschen unterhalb dieser Grenze zugehörig,

armen Leuten, die vom Gesetz nach draußen geschoben werden. Das ist
der springende Punkt. Könnte es nicht sein, daß die Gesetze immer
wieder eingefordert werden von den Leuten, die mit ihnen gut zurechtkommen, sich durch sie ihrer Rechtschaffenheit versichern und, ohne
daß sie's wissen, ihre Opfer schaffen, ihre Außergesetzlichen, ihre
Parias? Man muß das Problem von diesem Punkt an mit Energie in die
Tiefe treiben. Dann wird sichtbar, daß es noch viel mehr als um eine
soziologische um eine psychologische Frage geht. Gesetze vermögen in
einen ziemlich groben Raster auf Verhaltensauffälligkeiten hinzuwei-
sen. Sie sind aber außerstande, die *Gründe* zu benennen, weswegen
Menschen immer wieder, je ärmer sie sind, sozial oder psychisch mit
bestimmten Gesetzen in Konflikt geraten müssen. Gesetze definieren
nicht einmal die Krankheit korrekt, geschweige denn, daß sie irgend
etwas zur Heilung und zur Linderung zu tun vermöchten. Sie machen
unter Umständen auf gewisse Probleme im menschlichen Leben aufmerksam, aber sie tragen nicht dazu bei, sie aus der Welt zu schaffen.
Und das wird jetzt die Frage, an der die Person Jesu einen Wendepunkt
in der Geschichte der Menschheit einleitet. Es ist sein Bestreben, die
Fragen des Umgangs miteinander vom Äußeren weg ganz ins Innere zu
verlegen, in die Motivation statt in das Handeln, in unser Herz statt in
die Ausdrucksformen. Seine Frage ist, *warum* Menschen so handeln,
nicht, was sie im einzelnen tun und wie man das bewerten kann. Aus
dem Herzen des Menschen kommt alles Böse (und dementsprechend
alles Gute). Steht es aber so, muß man den ganzen Lasterkatalog, den
die frühe Kirche an dieser Stelle, abweichend von dem Stil, in dem der
Mann aus Nazaret sonst redet, ja in gewissem Sinn sogar gegen sein
eigenes Bestreben, Jesus in den Mund legt, Punkt für Punkt einmal
durchgehen, um zu zeigen, wie denn, wenn Jesus schon so gesprochen
hätte, man es in seinem Sinn verstehen müßte.

»Aus dem Herzen der Menschen kommen die bösen Gedanken.« –
Man muß die ersten vier, fünf Beispiele, die da aufgezählt werden, sich
nur einmal recht klarmachen.

Unzucht steht an der Spitze. Vor einiger Zeit erzählte mir eine Frau,
zitternd und zögernd, wie sie diesen Komplex in ihrem Leben seit
Jahren leidvoll mit sich schleppt. Immer wenn sie die Kirche besucht,
wo doch ein Ort der Reinigung und der Heiligung zu vermuten wäre,
kommen grade dort ihr die scheußlichsten Gedanken, solche die zu
meiden sie seit Kindertagen belehrt wurde. Vor allem im Zusammen-

hang mit der heiligen Eucharistie fühlt sie sich heimgesucht von furchtbaren verzerrenden Vorstellungen ganz obszöner Art. Sie will all das überhaupt nicht denken, aber es ist, als ob der Teufel sie heimsuchte. Immer wieder *muß* sie so denken. – Folgen wir den Anweisungen der Moral, müßten wir den Druck auf diese Frau vermehren. Sie sollte ihre Gedanken besser disziplinieren. Sie sollte sich selber bis in den Intimbereich besser kontrollieren. Wofür gibt es mentale Hygiene? Also Obacht! In diesem Sinn, dessen kann man ganz sicher sein, hat die Frau alles nur Erdenkliche versucht. Es hat nicht nur nichts genützt, das Problem ist ständig größer geworden. So kann ein vielleicht richtiges Gesetz am Ende sogar schädigend wirken. Was diese Frau lernen müßte, ist etwas ganz anderes, etwas, das sie grade im Getto der Gesetze nie gedurft hat. Sie müßte einmal den Mut gewinnen, den eigenen Herzensregungen einen gewissen Sinn, ja sogar eine gewisse Berechtigung und Weisheit zuzutrauen, und wider allen Augenschein müßte sie das Vertrauen fassen, daß es in ihr so etwas gibt wie eine ursprüngliche Reinheit. Der Gedanke mutet grotesk an bei den Erfahrungen, die diese Frau mit sich macht, aber nur in dieser Richtung kann es eine Lösung geben. Sie müßte sich vorstellen, daß lauter böse Gedanken in der Kirche an die Fenster und die Türen ihres Herzens klopfen, wie wenn lang ausgesperrte Hunde in einer kalten Nacht um Einlaß betteln. All das gehört zu ihr und ist nur schlimm und knurrt und bellt, weil es ausgesperrt ist und doch leben möchte. An sich gäbe es gar nichts Böses, es müßte nur, eingelassen in das Innere, gezähmt und vermenschlicht werden. Grade das, was nie gedurft war, müßte dem Leben gegenüber Freiheit und Zulassung bekommen. Im Herzen der Menschen ist soviel Platz für die Kraft der Liebe, der Phantasie, der Vitalität und der Freude. All das gehört mit dazu, und man reinigt das Herz eines Menschen nicht, indem man es leerfegt und alles, was darin lebendig ist, hinauswirft.

In gleichem Sinne geht es weiter. *Diebstahl* zu definieren ist eine leichte Sache: Wer fremdes Eigentum unrechtlich entwendet, ist ein Dieb. Vor kurzem wurde eine Frau als chronische Ladendiebin verurteilt, die ohne jede ersichtliche wirtschaftliche Not in Kaufhäusern Handtaschen stahl. Der Richter befand sie für schuldig, und sogar der beigezogene Psychiater bescheinigte ihr volles Urteilsvermögen. Niemand kam darauf, einmal nachzuforschen, warum die Frau scheinbar so Unsinniges tut. Bei einem kleinen Kind oft könnte man's lernen. In einer Welt, die lieblos ist, und inmitten eines Lebens, das eher bitter anmutet, kommt ein Kind oft dazu, Süßigkeiten zu entwenden und womöglich später den Eltern kleine Geldbeträge abzumogeln, um sich dies und das zu kaufen. Was es möchte, ist gar nicht der Dauerlutscher oder das Gebäck aus der Konditorei; wonach es sucht, ist ein Stückchen Liebe, die es vermißt, aber dringend nötig hat. Nicht der Gegenstand, der entwendet wird, sondern das, wofür er steht, macht Diebstahlshandlungen fast zwangsartig. Die Bedeutung dessen, was Menschen tun, ist viel wichtiger als das, worin ihr Tun sich zeigt. Und wieder müßte man mit dem Herzen sehen, um zu verstehen, was aus dem Herzen kommt.

Sie werden vielleicht denken: Spätestens bei *Mord* hört die Diskussion auf, da sind die Dinge klar und eindeutig. Sie sind es keinesfalls. Was muß man mit Kindern, noch ehe sie zwei oder drei Jahre alt waren, gemacht haben, daß sie später, mit zwanzig oder dreißig Jahren, sich fühlen können, als hätten sie mit ihrem Leben überhaupt nichts mehr zu verlieren? Es ist ihnen offenbar ganz früh schon jedes Gefühl für den eigenen Wert und mithin für den Wert jedes Menschenlebens abhanden gekommen. Sie fühlen sich als Dreck und finden, daß alle anderen Menschen auch nicht besser sind. – Wie erweckt man in derart kalt gewordenen, erfrorenen Herzen auch nur ein gewisses Gefühl für die Kostbarkeit, leben zu dürfen? Wie schenkt man ein gewisses Gespür zurück für das großartige Geschenk, für ein paar Jahrzehnte Zeugen dieses wunderbaren Schauspiels der Welt zu sein? Was wir gefühlskalten Zynismus nennen, ist oft nur der Tatbestand von Opfern einer chronischen Lieblosigkeit, die meistens keinen Täter hat, sondern wie ein Schicksal über Familien lastet. Würden wir die Mordgeschichten derer, die wir Verbrecher, Gesetzesübertreter, skrupellose Delinquenten nennen, uns einmal anhören, wir wären erschüttert, wie viele Gefühle verletzt wurden, so tief, daß Menschen so nicht weiterleben konnten und sich förmlich in einem urtümlichen Aufstand ihr Recht beschaffen mußten. So erzählte eine Frau, daß sie monatelang von bestimmten Träumen verfolgt wurde, wie sie einen Mann, der sie schmählich betrogen hatte, immer wieder mit dem Messer erstach; furchtbare, blutige Träume, bei denen sie in Angstschweiß aufwachte, schreiend und voller Not. Genauso, wie sie's geträumt hatte, handelte sie später. Der Mann wollte grade aus dem Auto steigen, und sie fiel über ihn her. »Ich wußte überhaupt nicht, was ich tat, ich fand mich Stunden später wieder in einer Klinik.« – Wieviel muß in ein Herz gestoßen worden sein, ehe man wie blindwütig zwanzig-, dreißigmal zustößt und tut, was man nicht will? Und wo beginnt der Mord unter uns Menschen, und wer kann sagen: Dies ist das Gesetz, und wir sind es, die verlangen, daß man zu unserem Schutze straft?

Ehebruch steht in dieser Liste der Laster. Friedrich Nietzsche hat schon vor hundert Jahren gut formuliert: »Also sprach da das Weiblein: Wohl brach ich die Ehe, aber zuerst brach sie mich.« Sollte man so lebensfern sein, nicht zu wissen, wie viele Ehen zerbrochen sind, eh' sie gebrochen werden? Ja sollte man, wenn man mit den Augen des Herzens sieht, sich nicht eingestehen, daß in manchen Fällen der Ehebruch sogar einen gewissen Nutzen hat, eine Ehe zusammenzuhalten? Das Zusammenleben mancher Menschen gleicht einer belagerten Burg, und es ist viel, ab und an eine Brieftaube einfliegen zu sehen. Es macht Mut zum Durchhalten.

Äußerlich haben wir Bestimmungen und Anweisungen, aber wer reinigt unser Herz und macht ihm den Mut, wirklich zu leben? Und wann sind Menschen Herr über sich, so daß sie klar wüßten, wann etwas anfängt und wie es dann weitergeht? Mitunter gilt es, ein Leben nachzuholen, das nie gelebt wurde. Manche stürzen mit achtzehn oder fünfundzwanzig in ihr Dasein hinein grad wie in ihre Ehe und haben über Nacht fertige Menschen zu sein. Die Gesetze schreiben ein Leben fest, das womöglich grad erst dabei ist, sich zu entwickeln, und Menschen, die bis dahin kaum die Chance hatten, sich auch nur um ein weniges kennenzulernen, müssen einander die nächsten fünfzig Jahre in Treue und Festigkeit geloben. Nicht als wenn, äußerlich betrachtet, im Sinn des Gesetzes daran etwas zu bemängeln wäre; aber der Mangel tritt ein bei allem, was uns fehlt an Kenntnis von uns selbst, an Freiheit des Herzens, an Entfaltungsraum der Seele. Man liest im Neuen Testament, daß Jesus an einem Morgen auf dem Tempelplatz in Jerusalem den Männern das Recht absprach, eine Ehebrecherin, eine in flagranti Ertappte, eine nach dem Gesetz zu Steinigende schuldig zu sprechen. Ja, dieser wunderbare Mann aus Nazaret verfügte über die Kraft, den Männern mit den Steinen in den Händen ans eigene Herz zu rühren und ihnen Einsicht zu schaffen, daß die Zweiteilung zwischen den Unschuldigen und den Schuldigen so nicht funktioniert, nicht zwischen Mann und Frau, nicht zwischen uns Menschen, die wir so zusammenhängen.

Es ist am Ende die Frage nach dem Ausgangspunkt: Interessieren wir uns für die Verwaltung, die Organisation, für die äußere Form des

Zusammenlebens, so werden wir leichthin zu Gesetzesfetischisten. Interessieren wir uns für Menschen und für das, was in ihnen vor sich geht, so werden die Gesetze sehr dialektisch zwiespältig, widersprüchlich, in *jedem* Falle relativ. Und erst die Menschen, die es wagen, Gesetze nur für bedingtermaßen anwendungsfähig zu halten, haben die Kraft, Herzen zu reinigen und das Wort Jesu vom Anfang der Bergpredigt zu verstehen: »Selig sind, die reinen Herzens sind; *sie* werden Gott schauen.«

ZUM DREIUNDZWANZIGSTEN SONNTAG

Wenn dein Bruder sich gegen dich versündigt, so geh und weise ihn zurecht zwischen dir und ihm allein! Hört er auf dich, so hast du deinen Bruder gewonnen. Hört er aber nicht, so nimm dir noch einen oder zwei dazu, damit jedes Ding stehe auf zweier oder dreier Zeugen Mund. Hört er aber an ihnen vorbei, so sprich zur Gemeinde. Hört er aber auch an der Gemeinde vorbei, so gelte er dir gleichviel wie einer aus den Völkern und ein Zöllner. Wahr ists, ich sage euch: Was immer ihr bindet auf Erden – gebunden wird es sein im Himmel. Und was immer ihr löst auf Erden – gelöst wird es sein im Himmel.

Abermals: Wahr ists, ich sage euch: Wenn euer zwei auf Erden eines Sinnes sind, über jedwede Sache, die sie erbitten wollen, sie wird ihnen zugeteilt von meinem Vater – dem in den Himmeln. Denn wo zwei oder drei auf meinen Namen hin versammelt sind, da bin ich in ihrer Runde.

MT 18,15–20

Daß die Worte dieses Evangeliums so von Jesus selber nicht gesagt sein können, hört man schon am Tonfall: »Wenn dein Bruder dies und das tut, dann mach mit ihm folgendes . . .« In dieser Art der gesetzlichen Logik von Fall zu Fall hat Jesus niemals gedacht, wollte es nicht tun und glaubte es auch niemals tun zu müssen. Es ging Jesus darum, bis an die Grenzen des Volkes Israel zu gehen und zurückzuholen zur Mitte der Vergebung und des Erbarmens Gottes alles, was sich verlaufen hatte, und alles, was nicht ein noch aus wußte.

Nicht zur Rede stellen, sondern zurückführen war die Mission Jesu, nicht Buße anmahnen in äußerem Sinne, sondern dem Menschen Raum geben, sich selber wiederzufinden unter den Augen der ewigen Liebe. Wenn Jesus eine Kirche gründen wollte, dann nicht als eine religiöse Sondergruppe, allenfalls daß er das Volk der Verheißung sammeln wollte von allen vier Winden, ohne daß irgend jemand ausgeschlossen sein sollte, und grad zu denen fühlte er sich am meisten gesandt, die nach den Paragraphen und Gesetzesbestimmungen der Schriftgelehrten und der Pharisäer für ausstoßenswert, verabscheuenswürdig und unrein erachtet werden mußten. Alle Schranken aufzubrechen, alle Grenzen beiseite zu räumen, das war Anliegen, Ziel und Wirkung Jesu. Deshalb hielt man ihn für gefährlich, und deshalb schob man die kleine Gruppe derer, die nicht anders konnte, als sich ihm anzuschließen, beizeiten aus der Synagoge hinaus. Doch also eine neue Gemeinschaft von Menschen! Und siehe da, ein paar Jahrzehnte später entdeckt sich, daß es in der Gemeinde Jesu alles das gibt, was es auch außerhalb der Kirche gibt. Es gibt keine Kirche der vollkommenen Menschen, man hat Sünder berufen von allen vier Enden der Erde, Menschen, die auf der Suche sind, die die Wahrheit nicht haben, allenfalls verhüllt und verborgen in sich tragen, die nicht frei sind von Schuld und Verfehlung und dennoch gemeinsam auf dem Pilgerweg Gottes.

Was macht man in einer solchen Kirche und Gemeinde Jesu? Das ist die Frage, die das Matthäusevangelium vor Augen hat. Ist es nicht möglich, sich auf Jesus zu berufen, um am Ende Willkür, Gesetzlosigkeit und jede Art von geistigem, moralischem und sozialem Chaos festzuschreiben? Ist es nicht möglich, daß am Ende alle Maßstäbe abhanden kommen? Solche Fragen drängen sich dem Verfasser des Matthäusevangeliums zu seiner Zeit auf. Man kann alles mißbrauchen und verkehren, sogar die Botschaft der Vergebung.

In dieser Not stellt das Matthäusevangelium – sogar mit Berufung auf Jesus selber, um seine Worte für die Zeit, in der jetzt gelebt wird, gültig zu machen – eine Sammlung neuer Vorschriften auf. Auch aus diesen neuen Vorschriften läßt sich freilich eine neue Art von Mißbrauch entwickeln. Man muß das nur ein Stück weit karikieren. Da gibt es nach der Vorstellung des Matthäus eine klare Unterscheidbarkeit von Gut und Böse; es ist nach seiner Meinung eindeutig bestimmbar, wo ein Mensch Übertreter des Gesetzes ist; neben ihm gibt es einen anderen, der damit scheinbar nichts zu tun hat, außer daß ihm die Pflicht zufällt, seinen Mitbruder zu mahnen, aufzurufen, ihn mitbrüderlich oder wie auch immer zu kritisieren in der Hoffnung, daß der andere Einsicht annimmt, Besserung gelobt und fähig und willens ist, diesem Gelöbnis nachzukommen. Funktioniert das nicht, dann soll die höhere Instanz durch vermehrte Zeugenschaft, durch größeren sozialen Druck in Tätigkeit gesetzt werden, und wo auch das nicht hilft, die Gemeinde selber, die Öffentlichkeit in der Kirche Jesu aktiv werden. Und fruchten auch nicht Androhungen von Strafen und Kirchenausschluß, dann ist ein solcher kein Christ mehr, und er gelte dir für Zöllner und Heide.

Es ist ein arges Stück, sich diese klare Instanzenregelung frei von Anmaßung, Arroganz, Besserwisserei und Heuchelei vorzustellen.

Darum scheint es nötig, einen Moment lang grade diese Behelfsordnung des Matthäusevangeliums in Vergleich zu setzen mit der Art, wie wir heute in der Kirche leben. Man wird herausfinden, daß gar nicht so schlecht gedacht ist, was Matthäus hier vorschlägt, wenn wir es denn mindestens verbinden mit dem, was Jesus wollte: Erlösung statt Moralisiererei und Umkehr und Erneuerung des menschlichen Lebens statt moralische Korrektur von außen.

Es muß einem bei dieser bindenden Satzung der Kirche des Matthäus auffallen, daß hier der einzelne selber aufgerufen wird, den einzelnen neben ihm von Angesicht zu Angesicht ins Gespräch zu ziehen. Offensichtlich ist das so ernst gemeint, weil Matthäus den Gang in die große Öffentlichkeit förmlich fürchtet. Man kann ihm darin nur zustimmen. Sobald etwas ins Gerede von vielen kommt, verdirbt die Wahrheit. Je mehr Leute auf einmal, desto unpersönlicher wird die Art zu sprechen. Sie können selber beobachten, wie Sie zu zweit miteinander sprechen, und wie schon alles anders wird, wenn ein Dritter dabeisitzt. Eheleute und Eltern reden anders zu zweit als in Anwesenheit eines nahen Verwandten oder eines eigenen Kindes. Anders redet sich zu dritt, als man spricht zu viert. Jede Zahl verändert die Struktur, in der man miteinander sprechen kann. So kann man in größeren Zahlen fortfahren. Zu acht Leuten spricht man anders als zu zwanzig, zu fünfzig anders als fünfhundert. Menschen sind nicht einfach ein Material von Zahlen, sondern sie bilden ein Schwerefeld eigener Struktur und Sprachfähigkeit. Fragen, die sich persönlich stellen, kann man zunächst nur persönlich angehen. Das ist eine der bleibend gültigen Erkenntnisse dieses Vorschlags des Matthäus: Geh du als einzelner zu deinem Bruder, deiner Schwester und sprich persönlich. Die Frage ist dann, wie sich das durchhalten läßt.

Schauen wir uns heute um, wie die Kirche, die wir erleben, deren Mitglieder wir am Ende des 20. Jahrhunderts sind, in den eigenen Reihen mit Leuten umgeht, die ihr mißfällig, unheimlich oder verdächtig vorkommen, so ist diese Gründungsurkunde aus dem Matthäusevangelium in flagranti übertreten. Es gibt in der Kirche seit Jahrhunderten Ordensgemeinschaften, in deren Regel steht: Wenn jemand in der Gemeinschaft auffällt, frage man nie ihn selber, sondern grundsätzlich die Mitbrüder und die Mitschwestern, denn der Betroffene, anscheinend schuldig Gewordene wird in eigener Sache ja nur zu seinen Gunsten aussagen, so daß er zusätzlich zum Verdacht weiter in Verdacht steht, lügnerisch zu sein, nicht objektiv sein zu können. Die Wahrheit über ihn kann nur eingeholt werden durch das Zeugnis Außenstehender, Dritter und Vierter. Es ist ein System der Bespitzelung; keine Diktatur könnte besser vorgehen. Der jeweils Betroffene hört von all den Dingen möglicherweise jahrelang gar nichts, wird unsichtbar umgarnt, die Maschen ziehen sich ständig enger, er hat womöglich überhaupt keine Ahnung, was ihm vorgeworfen wird, keine Chance, sich zu entschuldigen, darzustellen, wirklich zu korrigieren. Mit anderen Worten: Wir leben in der Kirche in einer Prozeßordnung, die aus der Zeit Ludwigs XIV. stammt, in einem Absolutismus, unkorrigiert durch alle Demokratiebewegungen seit dem 17. Jahrhundert. Das ist nicht die Kirche des Matthäus. Man gäbe viel darum, ginge erst einmal einer zum anderen, Bruder zu Bruder, Schwester zu Schwester, und hätte die Zivilcourage, wenn er etwas gegen einen anderen hat, ihm das zu sagen. Wieviel an Duckmäuserei, an Lichtscheue und Lichtscheucherei würde in der Kirche aufhören, gingen wir so vor, wie Matthäus meint, daß wir sollten.

Es bleibt die Frage, ob es so einfach ist und sein kann, wie Matthäus es sich denkt: Geh und sage, das ist Sünde, das ist zu bereuen, davon mußt du umkehren. Wissen wir im Leben des anderen so klar Bescheid? Haben wir's so eindeutig in der Hand, zu sagen: So mußt du sein, das ist die Regel in deinem Leben? Kann es nicht sein, daß Menschen sich über viele Jahre wie die Maden durch den Blumenkohl wühlen müssen, bis daß sie Schmetterlinge werden? Und kann man für jede Lebensphase immer schon die Endstufen der Vollkommenheit voraussetzen? Anders als in den Tagen des Matthäus haben wir uns in der Kirche vorgenommen, die Kinder im Alter von zwei oder vier Wochen zu taufen, und erklären sie von diesem Tage an für erlöst, für wahre Christenmenschen. Aber geht daraus schon hervor, daß von Tod zu Leben überzugehen, von Unheil befreit, aus Gefangenschaft ins Weite getragen zu werden, eine ausgemachte, klar gelebte, keiner weiteren Aufregung bedürftige Angelegenheit wäre? Kann es nicht grade, weil wir uns so organisieren, überhaupt erst sein, daß wir alles, was Jesus wollte, noch einmal von vorn lernen müssen, im ganzen Spektrum von Versuch und Irrtum, von Risiko und Scheitern, und daß wir überhaupt nichts sicher haben außer vielleicht einer gewissen subjektiv stabilen Form von Ehrlichkeit und Mut und, soviel an uns liegt, auch gutem Willen? Was dabei herauskommt, wissen wir im vorhinein keinesfalls immer zu bestimmen. Und wer, wenn er zur Welt kommt, hätte sich schon ausgesucht, in welchem Elternhaus und unter welchen Umständen und welchen Prägekräften er groß wird und was er die nächsten zwanzig, fünfzig, siebzig Jahre abarbeiten muß?

Das Matthäusevangelium brauchte diese Dinge nicht zu reflektieren, es hatte ein gewisses Recht, sich am Ende des 1. Jahrhunderts die Dinge *einfach* vorzustellen. 1900 Jahre später geht daraus nicht mehr das Recht hervor, unterhalb des Reflexionsniveaus der Gesellschaft, die uns umgibt, Kirche zu sein. »Geh und sprich zu deinem Bruder!« kann deshalb nicht heißen: »Rede ihm ins Gewissen, du als die Partei des Guten, er im Status der Anklage«, sondern vielleicht etwa so: Wenn du etwas an einem deiner Mitmenschen siehst, das dich entsetzt, aufregt, empört, vielleicht grad weil dir an dem andern liegt, dann versuche nicht, darüber hinwegzusehen, nimm die Sache ernst, aber betrachte sie als ein Symptom, nicht schon als die eigentliche Wirklichkeit. Kein Mensch »sündigt« einfach so, nach Laune, sondern grad die schweren Abweichungen von dem, was man sich für andere Menschen wünschen sollte, zeigen fast immer an, wie sehr der andere leidet, oft an Problemen, die er selber gar nicht kennt, überhaupt nicht wissen darf, und wenn du mit dem anderen in einem Klima des Vertrauens sprichst, tust du, was Jesus wollte, als er sagte: Wer dich um eine Meile Wegs bittet, mit dem geh notfalls das Doppelte, zwei Meilen, bis nach Hause. Und zwei Meilen können zwei Jahre oder zwanzig Jahre oder lebenslänglich sein, wer weiß denn das. Dieses Gespräch mit deinem Bruder ist keine Sache für irgendeinen Nachmittag, terminiert auf 17 Uhr und fertig um Viertel nach fünf, gesagt, getan und preußisch abgehandelt; ernst wird die Lage im Sinne des Matthäus, wenn wir begreifen, daß Gespräche um die Menschlichkeit wie ein Ringkampf am Jabbok sind, mit Gespenstern, mit unheimlichen Schatten, mit gemeinsamen Suchwanderungen, die den eigenen, so sicher eingebrachten Standpunkt völlig in Frage stellen können. Am Ende lernen wir selber – ausgezogen, um Wahrheit in das fremde Leben zu bringen – für uns am allermeisten. Und erst dann ist ein Gespräch ehrlich, wenn wir mindestens das Vertrauen in die, die wir unsere Schwestern und Brüder nennen, setzen, daß alles, was sie tun, einem ehrlichen Bemühen Ausdruck gibt und daß auch in ihnen vom Geist Gottes, von der Wahrheit des Allmächtigen etwas sich zum Lichte ringt.

Was dann die kirchlichen Verurteilungen angeht, so bleibt mit dem

Blick auf heute immer noch die Frage, was man verurteilt. Soll ich's provozierend sagen? In diesem abschaffungswürdigen 20. Jahrhundert hat die Kirche nicht vermocht, Adolf Hitler zu exkommunizieren, aber eine Frau, die zehn Jahre lang von einem Mann verprügelt wird, der Alkoholiker ist, die nicht weiß, wohin sie mit zwei Kindern gehen soll, und die jemanden anderen heiratet in der Hoffnung, mit ihm glücklicher zu werden, darf hier an der Kommunionbank keine Kommunion empfangen. Ist das recht verteilt in der Kirche Gottes? Dann sag es der Gemeinde Christi. Mitleid mit den Mächtigen und Unbarmherzigkeit gegen die Schwachen, ist das die Kirche des Matthäus? Anders herum: Wo ein Mensch ehrlich zum anderen findet, und seien es nur zwei, ist Gott anwesend. Wenn auch nur zwei Menschen einander seelisch so anrühren, daß es stimmt, ist das die Gegenwart des Göttlichen und der Anfang der Kirche.

Und große Scharen gingen zusammen mit ihm. Und er wandte sich um und sprach zu ihnen: Wenn einer zu mir kommt und nicht haßt seinen Vater und die Mutter und die Frau und die Kinder und die Brüder und die Schwestern, und noch dazu sein eigen Leben, kann er nicht mein Jünger sein.

Wer nicht sein Kreuz trägt und hinter mir hergeht, kann nicht mein Jünger sein.

Denn: Wer von euch, der einen Turm bauen will, setzt sich nicht zuerst hin und errechnet die Kosten, ob es ihm zur Ausführung reicht – damit nicht etwa, wenn er den Grundstein gelegt und nicht stark genug ist, zu vollenden, alle die hinschauen, anfangen ihn zu verhöhnen und zu sagen: Dieser Mensch hat zu bauen angefangen und ist nicht stark genug, zu vollenden.

Oder: Welcher König, der gegen einen anderen König in den Krieg zieht, setzt sich nicht zuerst hin und geht mit sich zu Rate, ob er mächtig genug ist, mit Zehntausend dem entgegenzutreten, der mit Zwanzigtausend gegen ihn kommt. Ist er es aber nicht, so schickt er – wenn er noch weit weg ist – eine Gesandtschaft und fragt nach den Friedensbedingungen.

So kann also keiner von euch mein Jünger sein, der sich nicht lossagt von all seinem Hab und Gut.   LK 14,25–32

Die Worte dieses Evangeliums sind der Abschluß oder der Gipfelpunkt einer ganzen Reihe von Worten, die Lukas zusammenstellt, um sie beim beschwerlichen Aufstieg der Nachfolge Christi bis zum Extrem zu führen. Vor Augen hat er ein Christentum der Massengefolgschaft, das bereits in seinen Tagen, im Jahre 80 oder 90 n. Chr., nichts mehr kostet, ein Christentum der herabgesetzten Preise, ein Gemeinde- oder Massenchristentum. Da läßt er Jesus sich umdrehen und an die Leute, die in Menge hinter ihm her marschieren, diese Worte sprechen, zur Abschreckung gewissermaßen, zum Nachdenken auf jeden Fall. Denn es ist möglich, etwas zu beginnen und sich am Ende nur lächerlich zu machen, weil man überhaupt nicht daran gedacht hat, worum es dabei wirklich geht. Man hat die eigenen Möglichkeiten überschätzt, weil man sich blind in etwas hineinbegeben hat, so erläutert er in zwei extra angeführten Beispielen. Lukas steht nicht an, die Sache, die ihm vorliegt, sogar noch zu verschlimmern. Die Paralleltexte zu diesen Worten Jesu reden wohl davon, es gelte geringzuachten Brüder und Schwestern; Lukas ist es, der selber noch einschiebt: »Frau und Kinder«. Er treibt es bis dahin, daß sogar die eigene Ehefrau, die engsten Familienbande, nicht nur die der Verwandtschaft, für null und nichtig gelten sollen in Entscheidungsfragen Christi. Und er kommt am Ende auf sein Lieblingsthema, die Armut. Sie ist die logische Konsequenz aus all den anderen Worten am Anfang wie am Ende.

Fast konnten wir's uns denken. Wenn jemand uns wochenlang wie das Evangelium des Lukas beschwört, alles fahrenzulassen, was wir an Eigentum und Besitz in Händen zu haben glauben, dann sieht es um jede Form von Familien- und Ehegründung miserabel aus. Ein Mann *kann* eine Frau erst dann nach Hause führen, wenn er mindestens einen ungefähren Finanzierungsplan mitzubringen hat und man gemeinsam in etwa kalkulieren kann, wie es nun finanziell und wirtschaftlich weitergehen soll. Spätestens wenn es um die Familie geht, um die Zeugung von Kindern, ist es die Pflicht der Eltern, sie nicht in ein Armenhaus hinein zu gebären. Es ist schon die Nachdenklichkeit des tierischen Instinktes, daß man im Nest nur soviel an Brut schlüpfen läßt, wie ungefähr an Nahrung ringsum zu erwarten steht. Wir Menschen sollten nicht dümmer sein als die Tiere. Daraus folgt für Lukas aber, daß es, ganz anders als wir des Sonntagsvormittags zu hören gewohnt sind, die Familie geringzuachten gelte. Die Kirche macht sonst aus der Botschaft Jesu ein Unterpfand der bürgerlichen Ethik, eine Art metaphysischer Garantie für die staatlichen Grundwerte, die darin bestehen, die Familie zu schützen, das Wohl der Familie zu fördern, die Heiligkeit und Unantastbarkeit der Familie schützend in den Raum des Politischen zu stellen. Mit den Worten Jesu von Nazaret, vollends in der Auslegung des Lukas, ist das kaum zu vereinbaren. Und diese Worte liegen ohne Zweifel sehr viel näher beim Ursprung als die Kommentare der kirchlichen Theologen, die Jesus die Beziehung von Mann und Frau zur Würde eines gottgesegneten Sakramentes erheben lassen. Es bleibt nichts übrig, wir müssen ehrlicherweise sagen: Diese Worte sind radikal gesprochen und bis ins Extrem hinein komponiert und interpretiert. Was fangen wir damit an? Es gibt ein probates Mittel, gegen Radikalismen und Extreme sich zu schützen: Wir vergleichen sie mit dem Alltagsleben und erklären, daß der gewohnte Verlauf der Normalität es verabscheut, allzu große Ausschläge nach oben und unten zuzulassen. Das Maß errechnet sich als Mittelwert zwischen den

Extremen, und es kommt darauf an, diesen Zwischenzustand zu stabilisieren. Just dafür haben wir Institutionen, Regeln und sogar die Moral. Sie sollen uns ein gutes Gewissen machen, den Mittelmaßstand und also auch den Ehestand und den Besitzstand verteidigen. Was davon abweicht, mögen gewisse Ausschläge sein, aber sie kommen nur zustande bei einem bestimmten Hitzegrad, der nicht für normal gelten darf. Eines ziemt sich nicht für alle. Das ist die Weisheit aller der Leute, die mit beiden Füßen auf der Erde stehen.

Vielleicht aber verhält sich in Sachen Religion alles ganz anders, und vielleicht hilft ein kleines Beispiel als Einleitung, es zu verstehen. Irgendwo in Japan baut ein Fischer, ein Angehöriger des primitiven Stands der Ainu, nach den Regeln von Jahrtausenden ein Haus aus Bambusrohr. Ihm ist die Erde teuer, und er weiß zu leben auf einem Boden, der ihm heilig ist. Da, eines Tages wird die Erde für Sekunden erschüttert. Das Haus dieses Fischers stürzt ein, und er wendet sich an die göttlichen Mächte, die für einen Moment lang in unbegreifbarer Weise gezürnt haben. Dann glaubt er sie versöhnt und errichtet sein Haus von neuem, darauf vertrauend, daß jetzt wieder die Erde ruhig ist und die göttlichen Mächte besänftigt sind. Dieses Erdbeben war die Ausnahme, das Extrem, gegen welches das Vertrauen in die Normalität ihn beschützt. – Ganz anders ein Naturkundler, ein Geologe. Er wird für die Sekunden der Ausschläge auf seinem Seismographen das höchste Interesse aufwenden. Selbst wenn die Erde, was sie in Japan nicht tut, auf Tausende von Jahren so still stehen würde wie in Nordeuropa, wären ihm die Sekunden des Erdbebens ein Beweis dafür, daß die Erde niemals stillsteht, sondern daß sie Tausende von Kilometern tief in ungeheuren Kräften, in Strömungen und Bewegungsabläufen gefangen ist, die nie zum Ruhepunkt kommen, die immer wieder für Erdbeben und Erschütterungen sorgen *müssen,* daß die Erde im Untergrund auseinanderreißt oder gegeneinanderdrängt und daß unser normales Bild von der Welt, die uns umgibt, eine einzigartige Täuschung darstellt. Wir müssen nur lange genug zuschauen oder sorgfältig genug hinhören, und wir werden den Irrtum bemerken.

Im menschlichen Leben kann es ganz ähnlich sein. Gewiß, wir leben nicht ständig auf das Extrem hin, aber es ist sehr wohl möglich, daß in extremen Augenblicken sich offenbart, was wir in der Normalität verborgenerweise sind. Es ist möglich, daß grade in radikalen Entscheidungsaugenblicken sichtbar wird und sich manifestiert, wer wir als

Menschen eigentlich sind. Es mag als Beispiel für ein solches Extrem, für eine solche Manifestation des Wesens die Zeit gelten, die wir gottlob seit einem halben Jahrhundert hinter uns, im Grunde aber immer noch in uns haben. Vor fünfzig, sechzig Jahren konnte man die Worte dieses Evangeliums in ungeahnter Weise genau so, wie sie da stehen, begreifen lernen. 1935, als die Rassengesetze verkündet wurden, die jeder lesen und jeder arische Deutsche genau befolgen sollte, wußte ein Volk von sechzig Millionen Deutschen, daß hier Unrecht geschah und noch schlimmeres Unrecht vorbereitet wurde. Es war jedem klar, ohne Wenn und Aber. Und was tut man, wenn Menschen an der eigenen Seite keine Menschen mehr sein sollen, weil sie für Juden gelten? Man darf sie nicht lieben, man darf ihre Geschäfte nicht besuchen, man muß sie als ein guter Deutscher mutwillig mit Füßen treten. Mit einemmal war die Entscheidungsfrage, was galt – die Wahrheit oder die Anpassung. Es ist im ethischen Sinne gar nicht möglich, den Deutschen, die vor fünfzig oder sechzig Jahren halbwegs bereits erwachsene Menschen waren, einen Vorwurf für ihr Verhalten der Anpassung zu machen; sie hatten die beste aller Erklärungen. Ein Mann konnte sagen:»Ich habe Frau und Kinder«, und eine Frau konnte sagen:»Ich habe einen Mann und Kinder«, und beide konnten sagen:»Wir sind verantwortlich für die Menschen, die uns am nächsten stehen. Dies ist ein heiliges Band: Die Verbindung unter den Gatten; dies ist eine göttliche Pflicht: Die Fürsorge für die Generation, die uns anvertraut wurde. Sie nicht zu gefährden, ist das innigste Bedürfnis jedes Lebewesens.« Was aber soll man dann tun? Widerstand gegen Hitler vor fünfzig, sechzig Jahren bedeutete unausweichlich, die eigene Familie zu gefährden. Je länger die Tyrannen des Dritten Reiches wüteten, desto mehr griffen sie grade auf die Familienbande als Druckmittel zurück, indem sie die Sippenhaft verkündeten. Jemand, der sich gegen das Dritte Reich stellte, gefährdete nicht nur das eigene Leben, er gefährdete auch das seiner Familie. Sie war mit in Haft, konnte genau so ins KZ kommen. Ein Mann, der sich weigerte, den Fahneneid auf Hitler zu leisten, oder der öffentlich das ganze Regime für verbrecherisch erklärte und den vom Zaun gebrochenen Krieg als ein völkerrechtliches Verbrechen an der Menschheit, bezeichnete; der riskierte nicht nur für sich Kopf und Kragen, er brachte auch seine eigenen Angehörigen in Gefahr, ja in den fast sicheren Tod. Durfte man das? Ließ sich das verlangen?

Man muß sich diesen Konflikt nur klar vor Augen stellen. Sechzig

Millionen Deutsche haben sich nach zweitausend Jahren Christentum für Frau und Kind und Brüder und Schwestern entschieden und hätten es, den Worten dieses Evangeliums nach, nicht sollen, nicht dürfen, weil vor Gott andere Maßstäbe gelten als in der bürgerlichen Ethik. Es war Heinrich Himmler, Führer der SS, der erklärte, es gebe einen Weg in die Freiheit, seine Meilensteine hießen Gehorsam, Pflicht, Treue, Ehrlichkeit, Fleiß – lauter bürgerliche Tugenden in den Händen von Verbrechern, ohne Widerspruch. So kann es uns gehen in der Treue zu den Fundamenten der bürgerlichen Moral, die sich im Raum der Familie regenerieren und konstituieren. Es kann sein, sie offenbaren sich als Fesseln in radikalen Umständen, nicht in der Normalität, zugegeben; aber einmal das Erdbeben beobachtet, hat es Konsequenzen im Denken über die Normalität.

Die Frage bleibt: Wovon leben wir wesentlich? Und das übersetzt sich nun allerdings bis in den Alltag hinein. Es ist spätestens die Frage eines Achtzehnjährigen, einer Zwanzigjährigen, wie sie zu ihren Eltern stehen. Es kann sein, daß sie eine Mutter haben oder einen Vater, die sich selbst nicht nur darauf freuen, ein Kind zu haben, das sie in die Jahre des Älterwerdens begleitet, sondern daß dieser Junge, diese Tochter das einzige Glück der Eltern ist, gewissermaßen die Rückversicherung für den Sinn des Lebens, und bei aller Liebe sind sie fast außerstande, ihr eigenes Kind in die Freiheit zu entlassen. Dann beginnt so etwas wie ein Kampf. Es muß die Tochter, es muß der Junge der eigenen Mutter oder dem eigenen Vater Worte sagen, die schmerzen, und Dinge tun, die sie womöglich nicht verstehen. Es ist die Frage, ob es vor Gott erlaubt ist, immer nur Kind zu bleiben, und was der Preis der Freiheit ist, den wir zu zahlen imstande sind. Die Einheitsübersetzung der Bibel macht jeden Text leicht. Sie ebnet das Griechisch des Neuen Testamentes glatt ein wie mit einem Hobel, und so heißt es dort, Jesus habe gesagt, es gelte, Vater und Mutter »geringzuachten«. Es steht aber im Original da: »zu hassen«. Im Hebräischen bedeutet »hassen« zwar »weniger achten«, zugegeben, aber was erlebt denn eine Mutter, deren Tochter zu ihr sagt: »Ich komme nächste Weihnachten nicht zu dir«, und das womöglich schon im Monat März erklärt, oder sich weigert, sie an der Haustür zu empfangen, immer im Kampf um die eigene Freiheit? Eine solche Mutter wird das so erleben, als ob das eigene Kind sie haßte. Die Wahrheit ist aber vielleicht nur, daß es die Eltern viel zu sehr liebt. Es empfindet sein Tun selber wie Haß und schwere Schuld, aber es ist ein Kampf, den es um die eigene Freiheit führen muß. Und umgekehrt: Eltern müssen lernen, ihre Kinder loszulassen, und das mag den Kindern, die sich angstvoll an sie klammern, weh tun. Unsere Kinder gehören uns nicht, sondern sind *freie* Wesen, geschnellt wie Pfeile von der Sehne eines Bogens, dies sollten wir wissen. Sie gehören nicht uns, sondern leben in ihrer Freiheit, hinausgeworfen in die Welt. Irgendwann ist der Punkt erreicht, wo wir ihnen gezeigt haben, was wir mit unserer Person ihnen beizubringen vermochten. Irgendwann vermögen wir nichts mehr gegen ihre eigene Verantwortung und dürfen wir nichts mehr gegen ihre eigene Freiheit.

Mit einemmal zeigt sich mitten im Durchschnittlichen, mitten im Alltäglichen, woraus wir Menschen wirklich leben: Nicht von der Bindung an andere Menschen, sondern allein im Gegenüber Gottes. Dies ist so etwas wie ein Kreuz auf dem Weg zu uns selber, und Lukas hat recht: Es ist eine Form von Armut; es gibt nichts, worauf wir uns stützen könnten; es gelten all die Dinge nicht, die wir festhalten zu können glaubten, und doch ist es der Beginn einer wunderbaren Entdeckung: Wie reich sind wir in uns selber, und wie viele Möglichkeiten schlummern in uns, wenn wir wagen, sie zu entfalten! Es gibt keinen Ersatz für das Kostbarste auf Erden: einen Menschen, der wagt zu leben. Es gibt so etwas wie einen heiligen Eigensinn, ein Gefühl für das, was nur wir selber sind. Es gibt diese Tugend des Eigensinns, die in keiner christlichen Verordnung steht, aber vielleicht am meisten von Gott ist. Es gibt eine unableitbare Verantwortung einzig für das, was wir selber sind, und niemand an unserer Seite kann sie uns wegerklären oder -kommentieren oder abnehmen. Es gibt Zonen, in denen nur wir sind, jeder für sich.

Man sagt, daß Wälder nur wachsen, indem jeder Baum an seiner Stelle steht. Und dies sollten wir lernen: die Freiheit der Bäume. Die Gemeinschaft des Waldes ergibt sich als zweites. Es dürfen aber die anderen Bäume ihre Wipfel nicht zu dicht breiten, sonst wächst in ihrem Schatten nichts nach.

ZUM VIERUNDZWANZIGSTEN SONNTAG

Darauf trat Petrus heran und sprach zu ihm: Herr, wie oft darf sich mein Bruder gegen mich versündigen, daß ich es ihm erlasse – bis zu siebenmal? Sagt Jesus zu ihm: Nicht bis zu siebenmal, sage ich dir, sondern bis zu siebenundsiebzigmal. Darum: Mit dem Königtum der Himmel ist es gleich wie mit einem König, der mit seinen Knechten abrechnen wollte. Als er zu rechnen begann, ward ihm einer vorgeführt, der zehntausend Talente schuldete. Da er aber nichts hatte, um zurückzugeben, befahl der Herr, es sei zu verkaufen: er, die Frau und die Kinder und alle seine Habe – und dann sei zurückzugeben. Da warf sich der Knecht nieder, verneigte sich tief vor ihm und sagte: Sei langmütig mit mir, und alles werde ich dir zurückgeben. Da ward dem Herrn weh um jenen Knecht und er ließ ihn frei. Auch das Darlehen erließ er ihm. Als aber jener Knecht hinausgegangen war, traf er einen seiner Mitknechte, der ihm hundert Denare schuldete. Und er griff und würgte ihn und sagte: Gib zurück, was du schuldest! Da warf sich sein Mitknecht nieder, mutete ihm zu und sagte: Sei langmütig mit mir, und ich werde es dir zurückgeben! Der aber wollte nicht, sondern ging und warf ihn in den Kerker, bis er das Geschuldete zurückgegeben habe. Als nun seine Mitknechte sahen, was geschehen war, betrübten sie sich sehr, kamen zum Herrn und berichteten ihm alles, was geschehen war. Darauf rief sein Herr ihn zu sich und sagte zu ihm: Du böser Knecht! Jene ganze Schuld habe ich dir erlassen, nachdem du es mir zugemutet hattest. Hättest nicht auch du dich deines Mitknechts erbarmen müssen, wie ich mich deiner erbarmte? Und zornerfüllt lieferte ihn sein Herr den Folterern aus, bis er alles Geschuldete zurückgegeben habe. So wird auch mein Vater, der himmlische, euch tun, wenn ihr nicht von Herzen erlaßt – ein jeder von euch seinem Bruder. MT 18,21–35

Manchmal heißt es im Matthäusevangelium, daß sich Jesus nach der Erzählung eines Gleichnisses mit den Jüngern ins Private zurückzieht, um mit ihnen noch einmal die Erzählung durchzugehen. Das Gleichnis von dem König und seinem verschuldeten Knecht ist im Matthäusevangelium direkt an den Kreis der Jünger als Antwort auf die Frage des Petrus gerichtet. Dennoch haben wir das Bedürfnis, Jesus gewissermaßen in unseren Kreis einzuladen und zweitausend Jahre später, was er gesagt und gemeint hat, durchzusprechen, damit wir es verstehen als seine Jünger, die wir doch sein möchten.

»Eines ist klar«, werden wir sagen: »Wenn es in deiner Sicht so stimmt, daß wir alle hoffnungslos Verschuldete sind vor Gott, dann ergibt sich als einzig folgerichtige Konsequenz, einander jegliche Schuld nachzulassen. Da hast du recht, Herr. Aber wie vermittelst du es uns, und wie konntest du es deinen Hörern deutlich machen, daß genau dies unsere Lage sei, mit zehntausend Talenten, sagen wir mit vierzig Millionen Mark, als Diener eines Königs in der Kreide zu stehen, ganz außerstande, gleichgültig durch welche Maßnahme, auch nur den Bruchteil dieser Last von den Schultern zu werfen? Es ist doch das Entscheidende, Jesus, daß du deine Hörer glauben gemacht hast, so verhalte es sich. Und ist es dir wirklich gelungen? Es gab zu deiner Zeit, einen ganzen Kreis, der sich geweigert hat, genau das zu glauben. Er stand auf dem Standpunkt, daß es bei uns Menschen liege, sich Gott gegenüber gerecht zu verhalten, und wenn wir es nur gut genug meinten und alle Kräfte konzentriert zu diesem Ziel aufwendeten, dann sei es möglich und gewissermaßen in unser Belieben gestellt. Die Mehrheit all der richtigen Menschen, der moralisch zuverlässigen Charaktere, der wirklich Frommen, Jesus, damals wie heute, hat sich geweigert und wird sich weigern, deine Voraussetzung zu akzeptieren. Die Folgen schilderst du dramatisch und eindrucksvoll, aber die Voraussetzung . . . !«

Jesus hätte damals geantwortet: »Ist euch nicht klar, daß einzig Gott gut und vollkommen ist, er, der im Himmel wohnt? Ihr aber seid nur Staub, mit Wasser vermischt, schwache, hinfällige Wesen, die nie vollkommen sein werden. Gemessen an Gott sind Menschen nichts und also nur berechtigt zu leben, weil er sie erträgt und trägt.«

Mag sein, daß Jesus in seinen Tagen für dieses Argument Gehör gefunden hätte; in unseren Tagen ist daran schwerlich zu glauben. Säße er unter uns, würde man ihm sagen: »Lehrer aus Nazaret, das ist typisch für dich. Du denkst in absoluten Maßstäben, und genau das tut den Menschen weh, das überfordert sie, das bringt ihnen nichts weiter als Depressionen, nicht gut genug zu sein. Weißt du, daß alle Menschlichkeit damit beginnt, die Ansprüche relativ zu halten und die Menschen nicht zu überfordern mit der Idee von einem Gott, der als etwas Unerreichbares über ihnen thront? Hast du nicht in der Bergpredigt gesagt: Seid vollkommen, wie euer himmlischer Vater vollkommen ist?

Das ist maßlos und tyrannisch. Und dann, wenn die Menschen am Boden liegen, schilderst du einen Vater, der sich herabbeugt, um ihnen zu vergeben. Das erniedrigt die Menschen, selbst wenn es versucht, sie wieder aufzurichten. Und auch was folgt, ist eine Überbeanspruchung. Die Menschen sind total schuldig, sie sind radikal auf Vergebung angewiesen, also müssen sie immer vergeben. Bei Gott oder dem Teufel, es gibt hundert Situationen, da wollen wir überhaupt nicht vergeben, sondern klar sagen, was Sache ist, und das Recht einfordern, weil wir es haben und es uns zusteht. Wir kennen Menschen, die das nie gelernt haben, sie schleichen sich durchs Leben. Willst du das, daß sie immer nur kuschen, tränenverweint herumlaufen und sagen: Ich vergebe dir, bloß weil sie keine Zähne im Mund haben und keine Sprache, sich auszudrücken?«

Ich denke, daß Jesus gesagt hätte, daß er das auf *keinen* Fall will, sondern grade umgekehrt, daß er die Menschen befreien wollte von der Tyrannei, mit der ein Mensch vor dem anderen steht und sagt: »Du hast Unrecht.« Und noch viel weniger hätte er gewollt, daß sich in seinem Namen eine Form von Frömmigkeit und Religion etabliert, die Gott als Popanz von Schrecken und Gewalt einführt, selbst im Sprechen von Vergebung.

Dann muß es erlaubt sein, im Sinne Jesu das Gleichnis von dem König und dem verschuldeten Knecht noch einmal neu zu erzählen, womöglich in Geschichten aus unseren Tagen. Vermeintlich entfernen wir uns damit vom Boden des Evangeliums, wir treiben eine Art von Psychologie, die in den Texten gar nicht drinsteckt, und doch scheint es, daß wir grade eines solchen Gesprächs um Geschichten aus unseren Tagen bedürfen, um die Anstöße, die Jesus in unserem Leben geben wollte, wirklich aufzugreifen.

Hört man genau zu, so beginnt die Erzählung von dem König und seinem Knecht damit, daß jener Diener seine ganze Familie mit in den Schuldturm bringt. Nehmen wir das einmal als Ausgangspunkt, uns einzufühlen in die Voraussetzung, daß wir radikal Verschuldete vor Gott sind, mit dem Ziel, daß diese Einsicht nicht nur vernichtet, nicht nur zerstört, sondern überleitet zu einem Erbarmen, das wir begreifen können, das wir ergreifen *müssen,* um wirklich zu leben. Hier höre ich sagen: »Man darf Gleichnisse nicht so verstehen, daß man die Aussagemittel in die Aussage nimmt. Die gesamte Vorgeschichte, ob der Mann hier die Familie verkaufen soll oder nicht, ist völlig nebensächlich.«

Wir machen sie heute morgen einmal zur Hauptsache und kehren die
Sache um, indem wir uns vorstellen, es sei eine ganz normale, einfache
Familiengeschichte zu erzählen.

Dieser Tage hat mir ein Mann sehr dabei geholfen, dieses Gleichnis
zu verstehen. Er sagte:»Ich bin eigentlich nur hier, weil meine Frau
irgendwie nicht zurechtkommt. Sie wagt nicht, Sie aufzusuchen, aber
ich hab' Schuldgefühle, ich glaube, ihr Zustand hat mit mir zu tun, ich
durchschau aber die Zusammenhänge nicht. Sie liegt viel im Bett, sie ist
oft entmutigt, sie greift manchmal zum Alkohol, sie redet mit mir oft
kein Wort. Dabei fordere ich sie auf, setze mich zu ihr, möchte mit ihr in
Kontakt kommen, aber im Untergrund hab ich den Eindruck, sie haßt
mich.« – Je länger wir redeten, desto deutlicher begann vor seinen
Augen die gesamte rückblickende Zeit von etwa dreißig Jahren sich in
eine Tragödie zu verwandeln. – »Ich habe meine Frau« sagte er, »in
gewissem Sinn aus Mitleid geheiratet. Ich hatte den Eindruck, sie tief zu
kränken, wenn ich sie weggeschickt hätte. Ich hätte mich schuldig
gefühlt, daß sie im Leben nicht zurechtgekommen wäre, wenn ich ihr
nein gesagt hätte. Ich war damals grade achtzehn. Ich wollte es ganz gut
meinen. Ich war glücklich eigentlich, einen Menschen zu haben, für
den ich alles hätte tun mögen und der mir sogar das Gefühl gab, daß ich
für ihn wichtig war. Wir hatten doch von uns selber damals keine
Ahnung. Sehr bald kamen die Kinder, zwei, drei Kinder; wir waren
grade fünfundzwanzig. Wie Sie mich heute vor sich sehen, bin ich ein
gemachter Mann; finanziell stimmt alles, wir haben ein Haus, wir haben
äußerlich an nichts Mangel, und dennoch glaube ich, daß wir nie
wirklich zueinander gefunden haben.« – Wir sprachen und sprachen
miteinander weiter, bis daß er schließlich sagte:»Es muß genau diese
Voraussetzung, wie wir in die Ehe getreten sind, sein, die uns nicht
zueinander kommen läßt.« – Tatsächlich fanden wir heraus, daß er sich
augenblicklich um seine Frau sehr sorgt und kümmert, wenn sie
depressiv am Boden liegt; dann hebt er sie auf und richtet sie auf. –
»Wie aber steht es, wenn Ihre Frau einfach mal auf eigene Faust Dinge
tun will, beispielsweise allein in die Kur fahren oder einen Urlaub
beantragen oder das ganze Monatsgeld für sich selber auf den Kopf
schlagen oder Beziehungen eingehen, die Sie nicht kontrollieren könnten?« – An all den Stellen, wo die Frau Anstalten getroffen hätte,
selbständig zu werden, brach in dem Mann Angst aus. Er fürchtete, sie
zu verlieren. Er spürte deutlich, daß er aus seiner Souveränität, aus dem

Empfinden, nützlich zu sein für seine Frau, entlassen worden wäre, und das hätte ihn sehr gekränkt, ja fast vernichtet.

Anderthalb Stunden Gespräch, und wir waren ganz dicht am Boden dieses Gleichnisses Jesu. Dann noch einen Schritt weiter, und wir sahen einen Mann vor uns, der seit Kindertagen eigentlich alles nur ganz richtig hat machen müssen und aufs verzweifeltste dies gewollt hat. Er konnte eigentlich nur leben, wenn er das Gefühl, an der Tatsache seiner Existenz, schuldig zu sein, abarbeitete. Aber was er nicht geahnt hatte, ist, daß er beim Abarbeiten seiner Schuld eine ganze Familie, seine Frau und seine drei Kinder, ohne es zu wissen, ohne die geringste Ahnung dieser Tragödie mit in die Schuldverhaftung eingespannt hatte. Seine Frau konnte nicht mehr leben, seine Kinder, näher betrachtet, auch nicht, jedenfalls war ihr Dasein erkennbar seit über zehn Jahren eine einzige Gratwanderung zwischen Versuch und Absturz, nie gefestigt, nie vertrauensvoll, oft in Protest gegen ihn. Das alles ereignet sich im Leben eines Mannes, der es nur gut gemeint hat, der nichts weiter wollte, als eine endlose Schuld durch Verdienst, durch Anstrengung, durch Leistung, durch Wohlwollen, durch Pflichttreue abzuarbeiten. Er sitzt am Ende im Schuldturm und muß sich eingestehen, daß er alle Menschen seiner Umgebung mit in den gleichen Kerker, in denselben Abgrund hineingezogen hat. Was ist zu tun, wenn ein Mensch so fühlt?

Ich gebe noch ein kleines anderes Beispiel, um die Sache zu generalisieren, um daraus etwas Grundlegendes abzuleiten. Vor einer Weile hielt ich einen Vortrag über das Verständnis der katholischen Kirche zu Ehe und Ehescheidung. Ich plädierte an Beispielsfällen dafür, daß es unter Umständen möglich sein dürfe, Menschen, die aneinander über Jahre hin nur gelitten hätten, ohne es zu wollen, ohne irgendeine Art von Versagen oder Schuld, aus einer solchen Ehe, wenn sie denn nicht anders könnten, mit der Erlaubnis Gottes und der Kirche zu entlassen. Dies hatte ich grad gesagt, als eine Frau unter den Zuhörern ganz erbost aufsprang und sagte: »Wenn die Leute, die Sie schildern, nur gebetet hätten, wären sie heute noch beisammen.« (Seit dem Tag gelte ich im übrigen als einer, der für die Ehescheidung sei; so einfach kann man Dinge verstehen oder eben nicht verstehen.) Vierzehn Tage später aber kam ihre magersüchtige Tochter und erzählte die Geschichte der Ehe dieser Frau, die soviel betet. Es gab eigentlich nur die eine Perspektive: was es kostet, wenn Menschen gegen jedes Gefühl, nur weil man muß, weil man sich schuldig fühlt, auch nur anders zu fühlen, beieinander bleiben. Die Tochter ging seit langem nicht mehr zur Kirche, sie sagte: »Ich hasse die Bigotterie meiner Mutter.« Aber dann beschwor sie sich selber, wie sehr sie ihre Mutter doch liebe. Es war deutlich, wieviel Wut und Zorn über eine Frau sie seit Kindertagen verdrängt, die vom Gürtel, ja vom Kragen an abwärts nicht mehr lebt und die sich Gott und die Welt so zurechtlügt und -biegt, wie es gewiß nicht der Realität entspricht, aber wie es sein muß, wie es feierlich ist, wie es richtig gelehrt wird im Sinne der Kirche. Und diese Frau muß man ehren, achten und lieben, denn der Haß gegen sie wäre maßlos, so zerstörerisch, wie die Magersucht zerstörerisch ist, ein schleichender Mord. Man darf davon kein Wort sagen. Alles spielt sich nur physisch, äußerlich, ohne Beteiligung innerer Empfindungen ab – ein gestohlenes Leben, kaum daß es begonnen hat. Diese Frau meint es ganz sicher nur gut, sie hat nie etwas anderes tun wollen als alles, was richtig ist, so wie man es sie selbst gelehrt hat, als sie noch ein Kind war. Sie hat niemals ihre Tochter quälen wollen, aber sie hatte, genau wie jener Mann, ein ständiges Schuldgefühl, einfach deshalb, weil sie als Frau auf der Welt war, und das abzuarbeiten war ihr nur möglich in der Flucht vor sich selbst, immer weiter weg von allem eigenen, jedem wirklichen Leben. Das eigene Ich zu unterdrücken, schien wie die Rettung. Und jetzt muß man wieder sagen: Die Erkenntnis, die Offenbarung, wenn denn Bilanz gemacht wird über ein solches Leben, kann nur lauten: Du hast, um nicht schuldig zu sein, in dem Gefühl, an allem schuldig werden zu können, wirklich schuldhaft gehandelt an all deinen Mitmenschen, die dir überantwortet wurden.

Wir müssen auf uns selber hin nur noch einen Schritt weitergehen, und Sie werden merken, daß jeder von uns in ähnlicher Lage ist. Jeder von uns strebt aufs verzweifeltste danach und keiner glaubt doch wirklich, daß man ihn liebhat. Jeder strengt sich deshalb an, etwas zu tun, mit dem er sich sehen lassen kann und das ihm so etwas wie eine Eintrittskarte, eine Anwesenheitsberechtigung im Klub der Menschen verleiht, in dieser illustren Gesellschaft von lauter hehren Charakteren, deren kein einziger zu sagen wagt, wie er sich selber fühlt, und inmitten deren die Lüge die Kunst bedeutet, sich so darzustellen, daß es in den Augen der anderen den Anschein von Erlaubtheit, sogar von Ehre, von Hochachtung erweckt. Wir versuchen alles mögliche, mit uns, gegen uns, vor den anderen, ohne die anderen, damit wir am Ende dastehen in der Annahme, wir könnten dem Schuldturm entrinnen, es sei da eine absolute Macht über uns, ein König, der das Sagen hat, der uns über die Hand und übers Haar streicht und sagt: Nun ist es gut, erheb dich aus dem Staub und sei frei.

Jetzt können wir zum Gleichnis Jesu zurückkehren, und ich hoffe, wir verstehen, wie es gemeint ist. Jesus ist sich ganz sicher, daß dieser Fluchtweg aus dem Schuldgefühl der Existenz hinein in den Zwang, immer noch mehr machen zu müssen, nichts anrichtet als Schaden und niemals aufgeht, weil die Grundsumme jedes Maß übersteigt. Jeder fühlt so, und also gälte es, die ganze Grundlage unseres Lebens zu ändern. Wir sollten aufhören, gegen die Schuld anzuarbeiten, und so etwas lernen wie ein Vertrauen, als Menschen, die wir sind, leben zu dürfen, relative Menschen, gebrechliche Menschen, Leute, die aus Versuch und Irrtum lernen müssen, die oft erst aus der Verzweiflung das bißchen Güte gewinnen, das nötig ist im Umgang mit sich selber und mit anderen, Verlorene und Verlaufene allzumal. Sobald wir das Gewand der Etiketten, der Scheinprägungen und Maskierungen abstreifen, haben wir nichts anderes als dieses Bild von Menschen vor uns. Es rettet uns nicht das, was wir tun, selbst wenn es noch so tüchtig und noch so großartig zu sein scheint; was uns buchstäblich rettet, ist das Vertrauen in eine Macht, die sagt: »Es ist gut, und lebe du frei, weil es anders nicht geht.«

Das ist es, warum wir existieren dürfen. Wem dies nicht freien Atem schenkt, ist nie wirklich bis zu dem Punkt des Scheiterns an sich selber, der Verzweiflung an den eigenen Grundlagen gelangt. Es ist der Bedingungskern des ganzen Evangeliums, aber es ist auch der Beginn einer Weite und Güte, wie wir sie nur um den Preis dieser Bilanz gewinnen können. Dann freilich ist alles weitere wie selbstverständlich. Der Umgang mit anderen Menschen, wenn es denn so steht, kann nicht mehr sein, aufs Äußere zu schauen und zu bewerten: Dies ist richtig, das ist falsch; hier ist die Norm, da ist die Abweichung, hier das Gebot, da die Forderung nach Reue und Rückkehr. *Wir* kommen damit nicht zurecht, und warum sollten andere damit zurechtkommen? Dieser ganze Einordnungsbetrieb, auch im Raum von Kirche, kann nicht stimmen, wenn dieses Gleichnis stimmt. Die ganze Festschreiberei von Menschen durch Menschen ist ein gotteswidriger Unfug, wenn Jesus recht hat mit der Bilanz vor seinem Vater, den er den König nennt. So geht es nicht, bei uns nicht und bei anderen nicht. Was bleibt dann anders übrig als das, was Jesus Vergeben nennt? Wir müssen es aber in die Sprache des 20. Jahrhunderts übersetzen: Vergebung ist grade nicht das augenverdrehende Resignieren vor der Bosheit der anderen, die wir leider nicht ändern können, aber den anderen gütigerweise nicht vorwerfen, weil wir ja Christen sind, die sich Mühe geben. Vergebung ist ein geduldiges, zähes, lernbereites, begleitendes Arbeiten mit dem anderen um Verständnis, um Einsicht in die Zusammenhänge. Es kommt nicht drauf an, daß wir dem anderen vergeben, denn dann bleibt er immer noch abhängig, und wir stehen großartig da. Die wirkliche Kunst der Vergebung, wenn wir die Worte Jesu ernst nehmen, besteht darin, den anderen dahin zu führen, daß er aufhört, in den Kategorien von Vorwurf, Anklage und Schuld zu denken. Was die Menschen bis zum Wahnsinn treibt, ist einzig dies, daß man ihnen seit Kindertagen Begriffe beibringt, die nur festschreiben: richtig und falsch, ordentlich und unordentlich, gut und böse – absolute Maßstäbe. Was sie brauchten, wäre ganz einfach jenseits der Vorwürfe, fast wertneutral, ein Begreifen von Fakten und Faktoren, die sie geprägt und geleitet haben. Daraus läßt sich meist rein praktisch etwas Ordentliches machen, etwas Lebendiges, kreativ Zukunft Ermöglichendes, ohne jedes Moralisieren. Und das hieße vergeben: dem anderen einen Raum eröffnen, in dem er selber leben kann und sogar sich selbst vergibt, gegen all die Stimmen der Anklage seit Kindertagen.

Dann ist es richtig, wenn Jesus sagt: Es wird Gott im Himmel eines nicht verstehen: daß wir begriffen hätten, woraus wir existieren, und dennoch im alten Stil hartherzig gegen den anderen wären. Wenn Jesus unter uns säße, müßte man ihn selber, den Mann aus Nazaret, auch da um Geduld bitten. Man müßte ihm sagen: »Lieber Jesus, es gibt so viele Menschen, die grade erst gelernt haben, ein bißchen mehr zu leben. Sie fühlen sich ständig bedroht, man muß sie nur laut anreden, und sie zucken zusammen und können stundenlang weinen, und ein ganzer Tag vergeht mit nichts anderem, als daß sie wieder um das Gefühl ringen, überhaupt leben zu dürfen – denen zerknirscht das Herz immer wieder, der Schmerz des Unrechts, das man ihnen zufügt, die muß man erst einmal lehren, daß sie *nicht* vergeben, so wie hier der Knecht seinen Mitknecht anfährt, um aus ihm herauszuschütteln, was an hundert Denaren – sechzig, achtzig Mark etwa – von ihm einzutreiben ist. Es ist nicht christlich, es ist nicht menschlich, es ist nicht richtig, das stimmt, aber es ist manchmal nötig auf dem Wege, um christlich und menschlich und richtig zu werden. Auch du, Jesus von Nazaret, mußt Geduld haben. Und wenn du einen Gott im Himmel schilderst, der Geduld *hat* mit unseren Sünden, dann schildere ihn bitte auch so, daß er Geduld hat mit unseren langsam reifenden Einsichten und dem häufigen Zuspät unserer Güte und dem ungeheuren Maß von Angst, das uns immer wieder hindert, Dinge zu tun, aus denen zu leben wir schon begonnen haben. Habe Verständnis auch für unsere Schutzbedürftigkeit, für unseren Wunsch, ein bißchen sicher zu sein auch durch uns selbst, und warte darauf, daß das, woraus wir leben, auch zum Grund des Lebens wird für andere. Es wird sich verbreiten, aber du kannst nicht erwarten, daß eine Kerze, die grad aufzuflackern beginnt, sich nicht als erstes vor jedem Windhauch schützen möchte. Sie wird weiterleuchten, wenn sie stark genug brennt, aber hab Geduld bis dahin auch mit dem ungütigen Knecht, auch der braucht deine Güte.«

Die Frage ist, wieviel Zeit *wir* für Güte und Geduld haben. Noch leben wir in einer Welt, in der jeder Achtzehnjährige das Töten lernen muß, wenn es befohlen wird. So gütig, so frei, so verständnisvoll sind wir! Die Staaten aber haben das Recht, ja die Pflicht, nicht gütig und geduldig zu handeln, sie sind in der Verantwortung, sie brauchen dreißig Milliarden für den Wehretat, und wenn sie sie nicht haben, werden sie irgendwo Kriege führen, wo ihnen plötzlich zwanzig Milliarden in einer Woche für den Waffenhandel versprochen werden. Immer sind sie nötig, die Panzer, die Raketen, wie sollten wir auch anders leben? Achttausend Jahre nach der mittleren Steinzeit kann man offenbar von uns noch nichts anderes erwarten. Wie lange soll Gott warten? Bis zum Doomsday, den wir uns bereiten? Bis wir merken, daß es auch politisch nicht mehr anders weitergeht als auf der Grundlage von Verstehen, Geduld, gemeinsamem Lernen in den Andersartigkeiten, im Kulturvergleich und indem wir akzeptieren lernen, daß jedes Volk sein Recht hat zu sein? Selbst wenn es finanziell und wirtschaftlich nicht die Möglichkeit hat, unabhängig zu sein, hat es vielleicht doch das Recht, im Verband der Völker zu existieren, ob seine Menschen Perser heißen oder Kurden oder Tamilen oder Irakis oder Kuwaitis oder wie auch immer, ob sie Zulus heißen oder Bantus – vielleicht haben sie ein Recht zu sein, einfach weil sie sind, und es wäre der Maßstab für den Völkerfrieden, sich einzurichten auf die Sprache der Menschlichkeit statt der Granaten und Haubitzen.

Er aber sprach: Ein Mann hatte zwei Söhne. Und zum Vater sprach der jüngere von ihnen: Vater! Gib mir den mir zukommenden Teil des Vermögens. Und er machte ihnen auseinander, was er zum Leben hatte. Wenige Tage danach, als er alles beisammen hatte, reiste der jüngere Sohn in ein fernes Land. Und dort verschleuderte er sein Vermögen in heillosem Lebenswandel. Nachdem er aber alles vergeudet hatte, kam eine schwere Hungersnot über jenes Land, und er begann zu darben. Und er ging und hängte sich an einen der Mitbürger jenes Landes. Und der schickte ihn auf seine Felder zum Schweinehüten. Und er gierte danach, sich den Bauch mit den Schoten zu stopfen, welche die Schweine fraßen – aber keiner gab sie ihm. Zu sich selbst gekommen sprach er: Wie viele Taglöhner meines Vaters haben Brot in Hülle und Fülle – ich aber gehe hier vor Hunger zugrunde. Aufstehen will ich, zu meinem Vater gehen und ihm sagen: Vater! Ich habe gesündigt gegen den Himmel und vor dir. Ich bin nicht mehr wert, dein Sohn zu heißen. Stell mich einem deiner Taglöhner gleich. Und er stand auf und ging zu seinem Vater. Als er noch weit entfernt war, sah ihn sein Vater. Und es ward ihm weh ums Herz. Und er lief und fiel ihm um den Hals und liebkoste ihn. Der Sohn sprach zu ihm: Vater! Ich habe gesündigt gegen den Himmel und vor dir. Ich bin nicht mehr wert, dein Sohn zu heißen. Der Vater aber sprach zu seinen Knechten: Schnell! Holt einen Talar heraus, den vornehmsten, den zieht ihm an. Steckt ihm einen Ring an die Hand und Schuhe an die Füße. Und bringt das Mastkalb; schlachtet es. Dann wollen wir essen und fröhlich sein. Denn dieser mein Sohn war tot und ist wieder aufgelebt; er war verloren und ist wieder gefunden. Und so begannen sie fröhlich zu sein.

Sein älterer Sohn aber war überfeld. Und als er kam, dem Haus sich nahte, hörte er Musik und Reigenlieder. Und er rief einen von den Burschen herbei und erkundigte sich, was das bedeute. Der sprach zu ihm: Dein Bruder ist da! Und dein Vater hat das Mastkalb geschlachtet, weil er ihn gesund zurückbekommen hat. Und er wurde zornig und wollte nicht hineinkommen. Sein Vater aber kam heraus und ermutigte ihn. Er antwortete dem Vater und sprach: Da! So viele Jahre mache ich dir den Knecht, und niemals habe ich eine Weisung von dir übertreten. Und du hast mir nie auch nur ein Böcklein geschenkt, damit ich mit meinen Freunden hätte fröhlich sein können. Als aber der da kam – dein Sohn, der, was du zum Leben hattest, mit Huren aufgefressen hat – hast du ihm das Mastkalb geschlachtet. Er aber sprach zu ihm: Kind, du bist

allezeit bei mir, und all das Meine ist dein. Doch es gilt fröhlich zu sein
und sich zu freuen, weil dieser, dein Bruder, tot war und wieder
aufgelebt ist, verloren war und gefunden ist.   LK 15,11–32

Wenn die Einleitung historisch zutrifft, die Lukas diesem
Gleichnis Jesu gegeben hat, handelt es sich um den vielleicht
letzten, jedenfalls großartigsten Versuch Jesu, noch einmal die verfein-
deten Gruppen zusammenzubringen und einzuladen zu einem Fest der
gemeinsamen Freude. Genauer gesprochen handelt es sich um ein
äußerstes Bemühen, sich selber seinen Gegnern gegenüber zu erklären
und verständlich zu machen. Was man Jesus entgegenhält, ist eine
Anklage auf Leben und Tod, gesprochen aus dem Munde der Theologen und der Frommen, der Schriftgelehrten und der Pharisäer. Der
Vorwurf lautet, daß Jesus den Bogen endgültig überspannt hat, indem
er sich gemein macht mit den Gemeinen und zum Hausgenossen der
Gesetzesbrüchigen, der Sünder wird, derer, die sich nicht nach der
Ordnung Gottes richten und nicht so leben wie all die Anständigen,
Wohlmeinenden und Korrekten in Israel. Es bringt die Fundamente des
Zusammenlebens durcheinander, wenn jemand von Gott so spricht, daß
das Gefüge von Lohn und Strafe außer Kurs gerät, wenn er sich
vermißt, die Gnade Gottes billig zu machen, die doch vielleicht einem
Bußfertigen winken mag, nicht aber einem Leichtsinnigen, einem
Zerknirschten, nicht aber einem Feucht-Fröhlichen.

Es ist offenbar, daß Jesus von den einfachen Leuten im Volk
verstanden und zu ihnen immer mehr hin-, nein: herabgezogen wurde.
Wenn er von der Barmherzigkeit Gottes sprach, verstanden sie ihn aufs
Wort, denn sie wußten, daß sie anders gar nicht leben konnten. All die
Rechtschaffenen aber konnten sehr wohl ohne die Bedingungslosigkeit
des Erbarmens leben. Sie hatten *verdient,* daß Gott auf ihrer Seite stand!
Was soll eine Tugend, die sich nicht auszahlt? Was soll eine Sittlichkeit, die nicht die Anwartschaft auf den Lohn in sich trägt? Mit diesen
Gruppen der Gesetzesausleger, der theologisch Kundigen und der
einwandfrei Guten, der Abgesonderten, der Peruschim, ist Jesus Schritt
für Schritt in einen tieferen Konflikt geraten, und nun ist die Frage, ob
es ihm noch einmal gelingen wird, verstehbar zu machen, worum es
eigentlich geht.

Wenn wir von Sünde hören, haben wir Assoziationen nach Maßgabe unserer Beichtmoral im Kopf. Da ist hier und da ein Gebot übertreten worden, und das regulieren wir. Was Jesus vor Augen hat, sind jedoch nicht diese Banalitäten der bürgerlichen Versagenszustände; worum es ihm geht, ist ein Leben, das sich verloren hat, und so sollten wir vielleicht, um den Ernst der Auseinandersetzung Jesu wiederzugewinnen, von Sünde einmal ein paar hundert Jahre lang gar nicht mehr reden, wohl aber von Ausweglosigkeit, Hilflosigkeit, Verzweiflung und Scheitern. Wenn wir einen Menschen vor uns haben, der nicht mehr ein noch aus weiß, dann sehen wir, was Jesus sah. Wenn wir Menschen begegnen, die an so etwas wie Güte oder Gnade gar nicht mehr glauben können und die sich in sich geschlossen haben wie Herbstblumen vor dem ersten Frost, dann sind wir dicht an den Problemen, für die Jesus sein Leben investiert hat.

So erzählt er die Geschichte eines Mannes, der auf seine Weise zu einem Verlorenen und Verlaufenen wurde. Es mag viele Motive geben, die uns bestimmen, in die Irre zu gehen. Eines davon wählt Jesus aus. Es ist ein sehr starkes Motiv: der Drang nach Freiheit. Vielleicht daß Jesus dieses Motiv im Vis-à-vis zu seinen Gegnern einfällt. Ein junger Mann hat von seinem Elternhaus die Nase voll und will nur noch eines: weg. Man kann das verstehen, wenn ein Junge in einer Umgebung geregelter Tugenden, sorgsam ihm anvertrauter Pflichten heranwächst. Sein Elternhaus ist so wohlbestellt, so makellos verwaltet, so unerträglich langweilig, es schnürt die Luft ab, und dieser Junge will nur raus, in das »wirkliche Leben«. Er ist dabei nicht grade zimperlich, denn wie wenn sein Vater schon zu Lebzeiten tot wäre, bedingt er sich das Erbteil aus und hat die Stirn, auch noch hinzuzufügen, »das mir zusteht«. Sang- und klanglos holt der Vater das Erbe hervor, und der junge Mann packt sein Bündel und wandert aus, bis zum Ende der Welt, dort wo das Glück blüht, in ein fernes Land, das nicht weit genug weg sein kann. Er wird das Glück mit beiden Händen greifen, er wird das Leben leersaugen und viel zu spät merken, wie leer er selber dabei wird, in diesem Trubel zum Fenster hinaus. Er, der nichts will als die Freiheit, wird am Ende aus Not sich als Lohnsklave einem der Männer jenes Landes aufdrängen. Und es kommt schlimm, für einen rechtschaffenen Juden unvorstellbar schlimm. Er wird sein Geld verdienen von der Hand in den Mund mit Schweinehüten; noch ärger, er wird froh sein, wenn er wenigstens leben könnte wie die Schweine, indem er ihre Nahrung fräße. Er sinkt unter das Niveau der Schweine hinab, er ist am Ende, in einem Zusammenbruch all seiner Vorsätze inmitten seiner zerronnenen Illusionen. Grade die starken Charaktere werden, solange es irgend geht, sich weigern, zu früh umzukehren. Sie werden versuchen, sich durch dick und dünn nach vorn zu kämpfen, grade darum sind sie in dieser Situation am meisten gefährdet. Schließlich erinnert sich dieser junge Mann, wie es im Hause seines Vaters war, und es wird ihm die Vergangenheit zur Zukunft und das Gedächtnis zum Ziel. »In meines Vaters Hause leben die Tagelöhner besser als hier.« Und es wird schließlich sein eigenes Interesse, zurückzukehren; nur hat er alles verwirkt. Er spricht es sich vor, wie um es sich einzuprägen, damit er es in der Stunde, wenn es drauf ankommt, sagen kann: »Ich habe gesündigt gegen den Himmel und gegen dich.« Und: »Ich bin nicht mehr wert, dein Sohn zu heißen.«

In all dieser Zeit war von dem Vater nicht die Rede. Es läßt sich aus seiner Gestalt nicht ohne weiteres das Bild malen, das uns Jesus von Gott vermitteln möchte. Dennoch aber geht beides ohne Zweifel ineinander. Wir könnten bei der Einleitung dieser Geschichte gedacht haben: »Der Vater gibt seinem jüngsten Sohn das Erbe, indem er es ihm aus Gleichgültigkeit hinlegt. Hat der Sohn von ihm die Nase voll, so geschehe ihm recht, er soll verschwinden, und je schneller er ins Leid kommt, um so besser! Er wird merken, wie Not sich anfühlt, und vielleicht wird er mitten im Elend begreifen, was er an seinem Vater gehabt hat.« Es wäre mehr als verständlich, wenn wir uns den Vater so vorstellten. Statt dessen erfahren wir, daß es sich ganz anders verhielt. Nicht aus Gleichgültigkeit, sondern aus einem unglaublichen Respekt vor der Freiheitssehnsucht seines Sohnes ließ er ihn in die Fremde ziehen. Ihm starb, wie wir jetzt hören, sein Sohn bei dem, was er tat, aber er riskierte es, ihm nichts zu verweigern. – Wenn wir das auf Gott übertragen, beantwortet es uns eine Frage, die wir sehr oft stellen: Wie kann Gott so entsetzlich viel an Durcheinander in unserem und anderer Leute Leben zulassen? Folgt man dieser Geschichte, so kommt es daher, daß Gott unsere Freiheit und das, was wir wollen, aufs äußerste ernst nimmt. Er läßt uns frei, wohin wir wollen, und begleitet uns, gleich wo wir sind.

Kaum daß der Sohn sichtbar wird, läuft dieser hochbetagte Orientale ihm entgegen, umarmt ihn, küßt ihn, und wie der stottert, was er sich vornahm, fällt er ihm in die Rede, hört die vorgesprochenen Worte »Ich bin nicht mehr dein Sohn« gar nicht mehr an; einzig ist ihm darum zu tun, die Würde seines Sohnes wiederherzustellen. Einen Ring an den

Finger, ein neues Gewand und Schuhe an die Füße – das ist die Sorge dieses Mannes – und ein Freudenmahl, das Glück zu feiern, nach Stunden und Tagen des Leids zusammen und versöhnt miteinander zu sein. So, wollte Jesus sagen, ist sein Bemühen um das hundertste Schaf und das am meisten Verlorene. Er wollte ihm entgegengehen, dem Menschen, der allein umkommt vor Scham, er wollte nicht die Worte des Gesetzes und der Rechthaberei sprechen, sondern die ungeteilte Freude des Himmels vermitteln. So sagte er: »Es ist über einen einzigen, der umkehrt, mehr Glück im Himmel bei Gott als über neunundneunzig Gerechte.« Läßt sich das nicht verstehen? Ist das so schwer zu begreifen?

Das Gleichnis könnte hier enden, wäre es nicht zu der Gruppe der Gegner, der Frommen und der Theologen, der Gesetzeskundigen und Gesetzebefolgenden gesprochen. Ihr Portrait malt Jesus in der Gestalt des älteren Sohnes. Ein jedes Wort stimmt, wenn dieser Mann sagt: »Nie habe ich eines deiner Gebote übertreten.« Er ist korrekt, fehlerfrei, ordentlich, zuverlässig, pflichtgetreu – das alles stimmt, und Jesus hat es an den Pharisäern und den Theologen nie bezweifelt. Nur, es gibt eine entscheidende Prüfungsfrage: wieviel das alles wert ist, wieviel an aus Freude getragenem Verständnis in dieser Haltung wohnt. Und da sieht es betrüblich aus. Nicht nur den Frommen damals, sondern uns selber heute noch erscheint das Böse oder die Sünde eigentlich wie etwas verlockend Kostbares, wie eine giftige Pflanze, an der man sich berauschen könnte, die aber leider jenseits unseres eigenen Gartenzaunes wächst. Und die Hürde dieses Zaunes wagen wir nicht zu überschreiten, aus Angst. Einzig das Motiv der Angst hindert uns, wirklich loszulegen und das Leben, üppig wie es ist, einzuholen. Also müssen wir uns unterdrücken. Der Preis des Guten ist die Selbstbeherrschung, die Disziplinierung, der Kampf gegen sich selber. Der innere Schweinehund muß an die Kette gelegt werden. So leben wir alle. Und kommt dann jemand und macht es anders, so richten wir auf ihn den gleichen Zorn, der in uns lebt. Jesus ist ein Meister der Erzählkunst, denn jetzt überrascht er uns mit der konkreten Vorstellung der Guten, was denn das Böse sei. Dieser Bruder hat sein Geld mit Dirnen durchgebracht! Davon war die ganze Zeit nicht die Rede. Für diesen älteren Sohn aber gibt es überhaupt keine andere Vorstellung von einem saftig prallen Leben.

Was uns hindert, gütig zu sein, ist die Art, in der wir uns zwingen, gut zu werden. Sie sperrt immer ab, sie sieht ständig Gefahren lauern, und wir wagen die eigene Tugend nicht, weil wir immer auf der Hut sein müssen vor uns selber. Und wir werden denjenigen mit Füßen treten, der nicht so lebt wie wir. Weil es für uns so schmerzhaft ist, muß die Übertretung der Gesetze schmerzhaft sein. Weil wir in uns selber soviel totgemacht haben, müssen wir totmachen, was anders ist als wir.

Damit dies keine Dinge von vor zweitausend Jahren bleiben, wollen wir sie in unsere Wirklichkeit übersetzen: Leute, die sich verloren haben und dennoch versuchen möchten, vor Gott und den Menschen zurechtzukommen – wenn da jetzt nicht abstrakt von »Sünde« die Rede ist, sondern z. B. von jenen, die in ihrer Ehe gescheitert sind, oder von Priestern, die geheiratet haben, oder von Homosexuellen oder von Drogenabhängigen oder von fünfundzwanzigjährigen Straffälligen. Sie alle haben keine Chance. Die wirklich Frommen, die Gesetzestreuen, die Gesetzeserklärer und Theologen werden Gründe haben, zu wissen, warum solche Menschen hier am Altar die Hostie zu empfangen nicht würdig sind. Die Bibel, sogar die Worte Jesu, die Ordnungen, nach denen wir uns richten müssen, dienen zur Rechtfertigung des Ausschlusses. Es ist ein ewiger Kampf gegen die Güte, weil wir mit uns selber nicht zurechtkommen. Wenn da jemand wirklich drogensüchtig oder homosexuell und dazu noch hilfsbedüftig ist, ist die Caritas für ihn da; denn mitleidig sind wir. Aber wenn sich zeigen sollte, daß hier ein Freudenfest gefeiert wird, daß es dem Betreffenden gutgeht, daß er zurückkehrt und es ihn überhaupt nichts kostet, dann wird die Strafe eingefordert, dann zeigt sich der Sadismus unserer Korrektheit, unseres Ordnungsdenkens, die ganze Grausamkeit, in der wir leben.

Daß jener jüngere Sohn in sein Vaterhaus zurückgefunden hat, hält Jesus für gewiß; ob der ältere Sohn, der all die Zeit bei seinem Vater war, zurückgefunden hat, wissen wir nicht. Es bleibt uns selber zur Entscheidung überlassen.

ZUM FÜNFUNDZWANZIGSTEN SONNTAG

Und ich sage euch: Macht euch Freunde mit dem Mammon der
Ungerechtheit, damit sie euch, wenn es aus ist, in die Zelte aufnehmen –
die unendlichen.
Wer in Geringem treu ist, ist auch treu in Vielem. Und wer sich in
Geringem unrecht verhält, verhält sich unrecht auch in Vielem. Wenn
ihr nun mit dem Mammon der Ungerechtheit nicht treu gewesen, wer
wird euch dann das Wahre anvertrauen? Und wenn ihr mit dem
Fremden nicht treu gewesen, wer wird euch dann das Eure geben?
Kein Haussklave kann zweier Herren Knecht sein. Denn: Entweder
haßt er den einen und liebt den anderen. Oder: Er hängt am einen und
mißachtet den anderen. Ihr könnt nicht Gottes und des Mammon
Knechte sein.   LK 16,9–13

Womöglich ist an der Theorie etwas dran und die Einführung
des Geldes ist der Sündenfall der Menschengeschichte.
Gräbt man im Wüstensand Syriens, Ägyptens oder Mesopotamiens
eine alte Stadt aus und stößt darin auf große Anlagen, so kann man
sicher sein, daß die vier- oder fünftausend Jahre alten Fundamente die
Grundmauern eines Tempels oder eines Königspalastes sind. Betrachtet
man eine mittelalterliche Stadt, so sieht man unfehlbar ihre größten
Bauwerke, die Burgen und die Dome. Betrachtet man eine moderne
Großstadt, und es fällt der Blick auf das größte Hochhaus, auf das
Gebäude, das sich am höchsten in den Himmel reckt, so kann man ganz
gewiß sein, daß man es mit einer Bank oder einer Versicherung zu tun
hat. In tausend Jahren wird man sagen: Es geschah im 20. Jahrhundert,
daß die Menschen ihren Gottesdienst aufs Geld richteten, und ihr
Streben nach Schutz, Geborgenheit und Sinn, das ehedem die Religion
befriedigte, mit Geld stillten. Gräbt man eine alte Stadt der Antike aus,
sieht man die Grenzen zwischen den sozialen Schichten: die Fürsten
und die Priester hier, die Fellachen, die Arbeiter dort – Ungleichheit,
Klassengegensätze, strukturelle Gewalt, aber ausgetragen in ein und
derselben Gesellschaft. In ein paar Jahrzehnten schon wird man sagen:
Im 20. Jahrhundert brachte man es, nach etwa vierhundert Jahren
Vorgeschichte, zum erstenmal dahin, die Gegensätze zu exportieren.

Man bekam es fertig, in unvorstellbarem Maß Geld und Reichtum auf
der Nordhalbkugel des Planeten anzuhäufen und die Südhalbkugel in
grauenhaftem Elend zu verwirtschaften. Keine Gemeinheit, keine Ge-
walttat, kein Unrecht, kein Krieg, keine Versklavung, kein Ruin von
Millionen Menschen konnte ein Schuldbewußtsein wecken, das stark
genug gewesen wäre, die Spirale des Geldes und der Unmenschlichkeit
zum Stillstand zu bringen. Es scheint das letzte Mal, daß wir uns auf die
Weisheit der Bibel besinnen, die uns sagt, daß wir vor einer Wahl
stehen, die über alles entscheidet: zwischen Gott und dem Geld,
zwischen dem Reichtum und der Menschlichkeit.

Dabei fing alles harmlos an. Die Entwicklungsgeschichte des Geldes
ist rasch erzählt. Sie beginnt mit dem ganz Normalen: Menschen eignen
sich bestimmte Güter, Nahrung und Kleidung, aus der Natur an. Alles,
was sie herstellen, brauchen und gebrauchen sie selber. Aber sie
beginnen eines Tages, mehr herzustellen, als sie brauchen. Dies tauschen sie gegen die Güter, die sie nicht haben, gegen Salz, schönere
Kleidung, andere Nahrung. Wenn die Entwicklung kompliziert genug
geworden ist, kann man nicht mehr Stoff gegen Stoff tauschen, man
braucht ein universelles Tauschmittel. Das Geld wird erfunden. Und
der Händler tritt auf den Plan, derjenige, der den Tausch auf dem Markt
vermittelt. Und nun beginnt es: In dem Moment interessiert man sich
nicht mehr für den Gebrauch der Dinge, sondern für den Umsatz. Man
kauft bestimmte Waren ein, um sie teurer zu verkaufen. Und die Ware
ist bereits veräußert. Der Mann, der das Metall zu einem Kunstwerk
schmiedet, der das Elfenbein im Dienst eines Königs schnitzt, weiß
noch, was seine Ware wert ist. Der Händler auf dem Basar wird sie
anpreisen, um die Kunden anzulocken. Die Mühsal des Herstellers
kann und wird ihn nicht mehr interessieren. Der wahre Wert der Ware
ist ihm abhandengekommen. Nur wie er sich auf dem Markt behauptet,
ist sein Interesse. Und auf dem Markt versammeln sich viele Händler.
Jeder muß den Preis möglichst niedrighalten und möglichst viel verkaufen. Also muß er Druck auf den Hersteller ausüben. Die Spanne des
Verdienstes, bei dem Mann, der die Ware erzeugt, muß hinunterge-
drückt, für den Händler muß sie vergrößert werden, damit er besser
einkaufen kann. Noch einen Schritt weiter, und wir werden Händler
sehen, die sogar die Mittel verkaufen, mit denen man herstellen kann.
Dann geht es los, und es gibt kein Halten mehr. Man wird die Menschen
einkaufen, wie man sie braucht, wie der Markt sie verlangt. Nur

scheinbar sind die Mächtigen mächtig, sie alle sind in der Tretmühle der gleichen Logik, in der Entwicklung des Geldes, und es gibt kein Entrinnen. Während man früher glaubte, man kann mit Geld alles tauschen, formt sich nun im Kopf die feste Überzeugung, daß alles käuflich sei, daß nichts mehr einen Wert habe außer dem einen Mittel, durch das man jeden Wert einhandeln könne. Kein See, kein Wald, kein Gebirge, kein Haus, keine Stadt, kein Kunstwerk, kein Buch, kein Bild, kein Mensch, nichts, was nicht zu kaufen wäre, für den, der Geld hat. Er hat die Macht. Er wird Könige krönen, Päpste wählen lassen, Kaiser absetzen, wenn er das Geld hat. Er kann noch so armselig sein an Gestalt und Charakter, wenn er nur Geld hat, wird er es ausgleichen und es jedem zeigen können. Mit einemmal begegnen wir dem wahren Gott der Geschichte, einem ungeheuren Moloch, endlos sich mästend, endlos fressend, was er selbst hervorbringt, eine unglaubliche Spirale des Terrors und der Erniedrigung. Wie ihr entrinnen?

Es gibt den anarchistischen Weg: Wir schaffen das Geld wieder ab, wir kehren zurück zum Urzustand. Das Chaos als Zuflucht. Es gibt den kommunistischen Weg: Wir warten ab und helfen etwas nach, die Gesellschaft bricht ohnedies an ihren eigenen Widersprüchen zusammen. Die wenigen Reichen machen bankrott, und dann verteilt sich der Segen des Geldes gleichmäßig auf alle. Jenseits der Katastrophe beginnt das Paradies. Es gibt den christlichen Weg: wiederzuentdecken, was man als Mensch wäre.

Wie besinnen wir uns auf uns selber als auf denjenigen Wert, der nicht mehr zu veräußern ist? Wie bekommen wir es fertig, daß wir unser eigenes Leben als unverkäuflich entdecken und den Menschen neben uns als nicht zu schänden durch das Geld? Es würde von uns einen ungeheuren Sprung verlangen, den Jesus immer wieder, ganz im Sinne der Propheten des Alten Testamentes, verlangt und fordert: Weggeben und die Freiheit zurückgewinnen. Man kann das probieren. Solange man an das Geld glaubt und es festhält, trennt es die Menschen voneinander. Es macht einsam, gehetzt, unglücklich und versklavt, die Meistbesitzenden am meisten. Aber bringt man es in Umlauf, nicht, damit es für einen selber zurückkommt, sondern damit es dem anderen Freude bringt, ihm hilft zu leben, ihm von Nutzen sei, dann kann aus demselben Geld eine Anzahlung für den Himmel werden, um es materialistisch auszudrücken (wie man wohl muß, damit es verständlich sei).

Man wird mit einemmal erleben, daß das Geben seliger ist als das Nehmen, daß die Freude, die man einem anderen macht, wirklich zurückfließt und verbindet. Freunde kann man nicht kaufen, auch sich nicht erschenken und erleisten, aber es gibt einen Austausch der Herzen, stärker als alles Materielle, mächtig genug, selbst Dinge und Gegenstände in Symbole der Liebe zu verwandeln. Die Macht des Geldes ist erledigt, wenn wir einen symbolischen Gebrauch von ihm zu machen vermögen. Was Menschen sind, was sich in ihnen und zwischen ihnen austauscht, ist der wahre Reichtum, nicht das, was Geld erschließt. Sicherheit könnten wir gewinnen im Vertrauen der Menschen, die uns nahestehen, Geborgenheit in ihrer Wertschätzung, Glück in ihrer Nähe, Zärtlichkeit in ihrer Liebe, Macht in der Magie der wechselseitigen Anziehung. Wir hätten das Geld nicht mehr nötig. Wir brauchten es noch, um Güter zu verwalten, aber wir blieben Menschen. Wir müßten nur aufhören, an den Besitz zu glauben, das Geld zum Fetisch zu erheben und Gott darüber zu vergessen. Ihr mögt den Mächtigen, den Kaisern geben, was ihnen gehört, auf totes Metall drucken sie ihre Bilder, aber vergeßt nicht, sagt Christus, daß Gott selber sein Bild in euer Herz geprägt hat. Ihm gehört ihr wirklich und in der Liebe einander.

ZUM SECHSUNDZWANZIGSTEN SONNTAG

Es war ein reicher Mensch. Und der kleidete sich in Purpur und feines Linnen und war sehr fröhlich Tag um Tag. Ein Armer aber namens Lazarus lag an seiner Tür darnieder, voller Geschwüre, und gierend danach, sich mit den Abfällen vom Tisch des Reichen satt zu machen. Und sogar die Hunde kamen und leckten seine Geschwüre. Es geschah aber: Der Arme starb und wurde von den Engeln hinweggetragen – in den Schoß Abrahams. Aber auch der Reiche starb und wurde begraben. Und in der Totenwelt, in Qualen nun, hebt er seine Augen auf, sieht Abraham von fern und Lazarus in seinem Schoß. Und er rief, sprach: Vater Abraham! Erbarm dich meiner und schicke Lazarus, damit er seine Fingerspitze in Wasser tunke und mir die Zunge kühle; denn ich leide Pein in dieser Glut. Doch Abraham sprach: Kind, erinnere dich – du hast dein Gutes zu deinen Lebzeiten bekommen, wie Lazarus gleichermaßen das Übel. Jetzt aber wird er hier ermutigt, du aber leidest Pein. Und bei all dem steht zwischen uns und euch eine feste Kluft – so gewaltig, daß jene, die von da zu euch hinüberwollen, es nicht können; und sie auch von dort zu uns nicht herüberkommen. Er aber sprach: Also bitte ich dich, Vater, schick ihn ins Haus meines Vaters. Ich habe nämlich fünf Brüder: Die soll er beschwören, damit nicht auch sie an diesen Ort der Qual kommen. Doch Abraham sagt: Sie haben Mose und die Propheten – auf die sollen sie hören. Er aber sprach: Nein, Vater Abraham! Wenn aber einer von den Toten zu ihnen käme, so kehrten sie um. Und er sprach zu ihm: Wenn sie auf Mose und die Propheten nicht hören, so lassen sie sich auch nicht überzeugen, wenn einer von den Toten aufsteht. LK 16,19–31

Die Bilder dieses Gleichnisses konnte Jesus der eigenen Erfahrung entnehmen, wenn er durch die Dörfer und die Städte Israels ging: auf den Gassen, in den Hütten eine fleißige Armseligkeit und Not und Elend oft in Überfülle; Blinde mußten ihm begegnen, geschlagen mit Trachoma, ohne die geringste Spur eines eigenen Ein- oder Auskommens, Gelähmte, Bettler in Überzahl, Frauen, deren Männer gestorben waren und die mit ihren Kindern auf den Gassen saßen und nichts anderes vermochten, als von früh bis spät die Hände aufzuhalten, sich der Fliegen und der Hunde und des Spotts der Reichen zu erwehren.

Wir heute müssen in ein Entwicklungsland gehen, um diese Bilder in der vollen Härte ihrer Wirklichkeit zu sehen. Ein Besuch Istanbuls kann genügen, der Besuch irgendeines türkischen Dorfes, eines syrischen Basars. Furchtbar sind die Eindrücke, gleichgeblieben über Jahrtausende. Was wir aus der eigenen Gesellschaft hinausgedrängt haben, tun wir den fremden Kulturen auf der Südhalbkugel dieser Erde tagaus, tagein an. Man möchte zu den Worten des Propheten Amos seine Zuflucht nehmen und voller Empörung und Zorn aufschreien. Das unmittelbare Bedürfnis nach Gerechtigkeit zwingt förmlich dazu, zu sagen, man könnte den Reichen das Elend an den Hals wünschen, schon damit es im Leben einmal einigermaßen mit rechten Dingen zuginge, damit die Sattheit ihre Strafe fände. Der Prophet Amos meint dabei den Einfall der Assyrer, Fremdherrschaft, politischen Umsturz, Revolution und Krieg, alles Dinge, an die man heute sehr wohl denken kann. Wie lange soll unsere Verteilung von Arm und Reich auf dem Weltmarkt eigentlich noch gutgehen? Wann lernen wir endlich, daß Ungerechtigkeit sich selbst bestraft und daß es schließlich uns selber an den Kragen geht?

Auffallend ist im ganzen Neuen Testament, daß Jesus sich diese Art des Denkens verbietet. Ihm wird es oft genug das Herz zugeschnürt haben, als er diese Bilder sah, Menschen, niedergestreckt im Elend, und Hunde, die sie lecken, weil es keinen Menschen gibt, der auch nur imstande wäre, den Brotabfall, die Küchenreste zu verteilen, weil man sich bis zum Äußersten einrichtet in der Sattheit. Jesus hat geglaubt, daß man im Inneren ansetzen muß, wenn man die Welt verändern will, daß man das Herz des Menschen ändern muß und daß dazu die Peitsche, die Zuchtrute irdischer Gerechtigkeit nicht ausreicht.

Es beginnt bereits mit der Selbstabschnürung des Reichtums. Er wiegt sich in einer unglaublichen Illusion der Sicherheit, Selbstverständlichkeit, ja sogar der Wohlverdientheit. Die Optik eines wirklich Reichen ist derart verstellt, daß er den Blick fürs Elend wirklich nicht mehr haben *kann*. Er sitzt auf seinen Polstern, wie wenn sie wohlerworben wären. Er wird denjenigen, der vierzehn Stunden lang in der Sklaverei arbeitet, einen Faulenzer nennen; er wird die Gesetze der Ausbeutung vor sich selber verdunkeln; ein Tabu wird die Herkunft seines Reichtums zu verschweigen wissen, ganz so, wie wir heute leben: Unser Reichtum ist wohlerworben, durch Fleiß und Sachverstand uns angeeignet. Wo er herkommt, was er kostet, auf wieviel Unrecht er beruht – in keiner Zeitung darf das stehen, oder sie gilt als linksradikal, als umstürzlerisch und sozialrevolutionär. Man kommt mit gesellschaftlichen Drohungen nicht ins Herz der wirklich Reichen. Dies wußte Jesus. Sie werden bis zum Geht-nicht-mehr die Daumenschraube der Macht tiefer ins Fleisch des Elends drehen und unerreichbar und verhärtet bleiben. Man muß die Augen öffnen für das Wesentliche, und das beginnt, indem man nachdenkt über das, was Glück ist und Leben.

Einen wirklichen Aspekt über uns selber gewinnen wir allemal, wenn wir bedenken, wie kurz unser Leben ist. Alle, ob arm oder reich, holt der Tod ein, und wir können uns dagegen niemals schützen. Wird uns das Totenhemd angezogen, ist es gleichgültig, wieviel wir vorher in den Taschen hatten. Aber könnte man nun nicht denken, daß es irgendwann eine Aufklärung gebe, ins Wesentliche hineinversetzt? Man kann die Bilder von Himmel und Hölle, wie sie das Evangelium malt, jenseitige Wirklichkeiten, nicht so verstehen, wie wenn uns von außen her eine fremde Gerechtigkeit zugemutet würde. Unter den Augen Gottes wird Bilanz nur so gezogen, wie wir's im Diesseits hier, wenn wir feinnervig genug sind und die Augen offenhalten für die innere Wirklichkeit, bereits sehen und merken können. Was denn ist der Reichtum in seiner inneren Realität? Äußerlich lassen wir uns vorgaukeln, die Leute, die das Geld in Händen haben und es mit vollen Händen zu ihrem Vorteil auf den Markt und auf die Straßen werfen, seien beneidenswert. Wir lassen uns durch den Augenschein dazu verführen, womöglich selber zu glauben, der Status des Reichtums sei erstrebenswert, die Leute, die am meisten hätten, seien in der Rangskala des Erfolges die vorbildlichen. »Macht doch«, meint Jesus mit diesem Gleichnis, »einmal die Augen auf, wie die Reichen auf ihren Diwanen und Kanapees fühlen. Seht ihr Menschen, die glücklich sind? Seht ihr nicht vielmehr solche, die auf einem falschen Wege ständig die Selbstquälerei und -tortur betreiben?« Ein Reicher kauft sich, wähnend, sein Glück zu machen, ein neues Haus, oder er kauft sich die Einrichtung für sein neues Haus, oder er kauft sich ein noch besseres Auto für die Garage an seinem neuen Haus. Immer wird er denken, wenn er so tue, habe er ein Stück Lebensqualität mehr, ein Stück Glück mehr in Händen. Und wie wird es ihm ergehen? Projiziert man's ins Wesentliche, nimmt man die Bilanz, wie sie gültig ist, dann hat man einen Menschen vor sich, der nicht erst im Jenseits, sondern hier und jetzt wie in einem nicht endenden Feuer schmort. Seine Gier setzt sein Herz in Brand wie ein Durst, der nie verlöscht; eine sengende und nicht vergehende Leidenschaft wütet in seinem Herzen und läßt ihn nie zur Ruhe kommen.

Die erste Wahrheit des Reichtums ist seine Unersättlichkeit, denn er beruht auf einem Irrtum. Man kann das Glück nicht kaufen. Es wird nicht im Geschäft um die Ecke erworben und eingehandelt. Glück ist etwas Innerliches, niemals etwas Äußeres. Eben weil die sogenannten Reichen an ihren Besitz sich veräußern, alle Dinge, alle Werte immer mehr nach außen schieben, sind sie immer weniger Mensch, immer unfreier, immer ausgelieferter, immer unglücklicher, und sie folgen dem eigenen Wahn, ihr Unglück liege darin, daß sie nur dies und jenes noch nicht besitzen. Also müssen sie immer mehr besitzen und werden immer unglücklicher.

Es herrscht der zweite Aberglaube, daß der Reichtum unter den Menschen angesehen und liebenswert macht: Hat man dieses Kleid, hat man jenen Erfolg, wird man von anderen mehr gemocht, mehr geschätzt; hängt man sich dieses Geschmeide um, hat man jenen Titel vorzuweisen, hat man mehr an Liebe und Zuwendung. Die Wahrheit jedoch ist die Vision dieses Evangeliums: Man ist am Ende inmitten seines Reichtums völlig isoliert. Zwischen dem Reichen und den anderen klafft ein tiefer Graben, der nicht mehr zu überwinden ist. Jede Kommunikation, jede sprachliche Fähigkeit, sich mitzuteilen, bricht ab. Am Ende sind die Unterschiede so befestigt, daß sie die Herzen unüberschreitbar trennen. Die Wahrheit, die man sehen kann, ist die völlige Isolation des Reichen in seinem Reichtum. Was gäbe er darum, würde er selber, der blind, der mitleidlos Gewordene, den blinden Bettler vor der Tür um ein Geschenk des Mitleids anflehen dürfen!

Man hätte hier auf Erden soviel Zeit dafür. Wir könnten über das Geld und über den Reichtum so ins Einvernehmen kommen, daß wir glücklich dabei würden. In dem Maße wir mit unserem Reichtum so umgehen, daß fremde Not dadurch gelindert wird, ein Stück Menschlichkeit mehr in die Welt kommt, wir unsere Augen schärfen für die Not und das Elend ringsum, gewinnen wir selbst dabei an Glück, an Wert, an Liebenswürdigkeit, an Verbundenheit untereinander, kurz: an Menschlichkeit.

Es gibt, aufs Ganze gesehen, einen absoluten Teufelskreis. Er besteht darin, daß die Menschen, die ihre Hände um jedes Ding in der Welt schließen, auch das Leben selber schließlich als etwas in sich Geschlossenes betrachten müssen. Kein Ausblick auf ein Jenseits; rein materialistisch ist der Mensch schließlich nur noch das, was materiell gezeugt wird und materiell sich auflöst; der Tod ist das letzte Wort, die Gier das Element des Lebens. Der Reiche meint vielleicht, daß Wunder helfen könnten. Wäre die Auferstehung von den Toten sinnlich zu greifen, passierte irgendein Spektakel, würde er sein Herz ändern. Es wird nie so sein. Man wird auch an ein jenseitiges Leben nur glauben können, wenn man Menschen so liebhat, daß man den unendlichen Wert, der in ihnen liegt, fühlt, wahrnimmt und ins eigene Herz aufnimmt. An die Unendlichkeit des Lebens wird man nur glauben, wenn man sein Herz öffnet. Die Unveräußerlichkeit und ewige Würde eines Menschen wird man nur dann für Wahrheit halten, wenn man menschlich genug miteinander umgeht. Und das ist das Furchtbare: Man glaubt inmitten des Materialismus an kein Jenseits und verschließt am Ende sein Herz so, daß sich auch gegen Gott hin die Wand absolut schließt. Man kommt nicht mehr heraus, im Diesseits nicht, im Jenseits nicht. Anders, wenn es Spuren, Reste gibt, die uns frei machen und öffnen auf das Licht der Güte hin.

Ein russisches Gleichnis erzählt, daß jemand wie der reiche Prasser, von dem wir nicht einmal den Namen, sondern nur den Stand, den Titel, die Rolle kennen, verbannt war in die Unterwelt. Und er litt furchtbare Pein und Not, und er flehte zu Gott, daß er gerettet würde. Da soll's geschehen sein, daß eine arme Frau vom Himmel her ein Seil herunterließ, an dem eine Zwiebel hing. An diesem Seil kletterte der reiche Mann empor, und er erinnerte sich, daß er, der in seinem ganzen Leben niemals etwas Gutes getan hatte, einer Bäuerin, fast wie nebenher, eine Zwiebel zugeworfen hatte, weil er in seinem Korb keine Verwendung mehr für sie fand. – Auch nur ein einziges Mal gut gewesen zu sein vermag eine ganze Welt zu ändern und unser ganzes Leben dafür offenzuhalten, daß Gott daran anknüpfen möge.

ZUM SIEBENUNDZWANZIGSTEN SONNTAG

*Und die Sendboten sprachen zum Herrn: Gib uns mehr Glauben!
Der Herr aber sprach: Wenn ihr Glauben wie ein Senfkorn habt, könnt
ihr zu diesem Maulbeerbaum sagen: Entwurzle dich und pflanz dich ins
Meer – und er gehorchte euch.*

*Wer von euch wird seinem Acker- oder Weideknecht, wenn der vom
Feld hereinkommt, sagen: Komm gleich her und laß dich nieder. Wird
er ihm nicht vielmehr sagen: Bereite mein Mahl, dann tu die Schürze um
und bediene mich, bis ich gegessen und getrunken. Und danach iß und
trink auch du. Sollte er dem Knecht Gnade erweisen, daß er das
Angeordnete getan hat? So auch ihr: Wenn ihr alles getan, was euch
angeordnet, so sagt: Armselige Knechte sind wir. Nur was zu tun wir
geschuldet, haben wir getan.*   LK 17,5–10

Je wirksamer ein Medikament bei rechtem Gebrauch, desto ge-
fährlicher ist es als Gift, wenn man es falsch anwendet. Nicht
anders bei den Worten der Religion. Sie können heilen, wenn man sie
richtig auf Fragen des eigenen Lebens bezieht, aber sie zerstören, wenn
man sie von außen an sich heran oder über sich ergehen läßt.

Die Worte im heutigen Evangelium sollten eigentlich in die Sonder-
abteilung der religiösen Worte eingeordnet oder wenigstens mit einem
Zeichen »Gefahr« versehen werden, denn wie unbemerkt versteht man
sie falsch, und es ist gefährlich, religiöse Worte falsch, das heißt
äußerlich, in gewissem Sinne magisch, in jedem Falle ängstigend und
vergewaltigend aufzufassen.

Die Rede ist vom Glauben und von der Art zu leben. Die Jünger
fragen Christus voller Not, wo sie denn die Stärke ihres Vertrauens
herbekommen sollen. Und Jesus antwortet mit dem Bild von einem
Glauben, der Berge versetzen kann und Bäume zu entwurzeln und
umzupflanzen vermag. Nimmt man diese Worte leichthin, sagen sie
sich wie ein Lehrsatz auf. Einem jeden, der mit seinem Leben nicht
zurechtkommt, lassen sie sich vorsetzen: »All deine Schwierigkeiten«,
könnte man ihm mit Berufung auf diesen Satz sagen, »entstehen daraus,
daß du nicht genügend glaubst. Vertraue nur fest, und das Unmögliche
wird wahr. Gott kann alles, du mußt dich nur auf ihn einlassen; Gott ist

gut, er wird dir beistehen, verlaß dich nur ganz fest darauf.« – Redet
man immer wieder so, dann züchtet man ein Klima illusionärer Erwartungen, phantastischer Hoffnungen, mächtiger Enttäuschungen. Wie
will man mit einer Welt zurechtkommen, die so ist wie die unsere, voll
Bitterkeiten, Abweisungen, unerhörter Bitten, nicht gewirkter Wunder? Offenbar tut Gott nicht das, was Menschen alles wollen, kann es
nicht und darf es nicht. Und auch der Glaube wird nicht darin bestehen
können, daß wir die Welt in unseren phantastischen Erwartungen auf
den Kopf stellen. Sie ist ein Wunderwerk, geordnet in jedem ihrer
Teile, ein Meisterstück aus den Händen ihres Schöpfers, keinerlei
Chaos ist damit vereinbar, auch nicht das Durcheinander unserer
widersprüchlichen Erwartungen.

So also kann es mit dem Glauben nicht gemeint sein. Aber auch um
die nächsten Worte steht es nicht viel besser. Unnütze Knechte sind wir
– ein Wort, das sich hervorragend eignet, das zu züchten, was man
gemeinhin Demut nennt. Zur Zeit Jesu gab es die Pharisäer, gesetzestreue Leute, die alle möglichen Bestimmungen genau einhielten, um sie
Gott vorrechnen zu können. Nach dem Maßstab der Gerechtigkeit
scheint Gott verpflichtet, was wir an Gutem tun, uns zu entgelten, und
je besser wir unser Leben nach seinen Weisungen ausrichten, desto
klarer scheint uns der Anspruch auf Belohnung zu sein. In soviel
Selbstherrlichkeit hinein läßt sich gut sprechen, daß ein Mensch überhaupt keine Ansprüche an Gott hat, daß wir Winzlinge sind vor dem
Allmächtigen, geringer als Ameisen unter der Wucht und Größe von
Eichen, die sich zum Himmel erheben, ohne Rechte, ohne Einklags-
möglichkeiten, wirklich nur Knechte. Sprechen wir so, ist es um das
Verhältnis zwischen Gott und Mensch geschehen. Wir hätten eine
Religion der Herrschaft, der Unterdrückung, der Rechtlosigkeit. Auch
das kann Jesus unmöglich gemeint haben, wenn er Gott seinen Vater
nannte und uns förmlich anflehte, miteinander brüderlich zu verfahren.
Man muß also alles noch einmal hören und lesen, und es wird darum
gehen, herauszufinden, auf welche Fragen hin das mit dem Senfkorn
und dem Sklavendienst denn gesagt ist.

Die Religion redet sofort zum Herzen, wenn wir mit unserem ganzen
Herzen fragen und uns selber ins Spiel bringen. Geht es denn, im Bild
gesprochen, nicht oft so mit uns zu, daß wir durchaus wüßten, was die
Wahrheit in unserem Leben wäre, und daß wir sie greifbar vor uns sehen;
die Angst aber hindert uns, zu tun, was wir wirklich wollen. Wir fühlen

uns so winzig, so verloren in Anbetracht dessen, was notwendig wäre, und schon werden unsere eigenen Minderwertigkeitsgefühle riesengroß, zehren jeden Mut auf und berauben uns jeder Hoffnung. Das ist die Stunde, in der es um Glauben oder Angst im Sinne absoluter Entscheidungen geht. Möglich, daß die Jünger Jesus in einer Stunde gefragt haben, da man rein zahlenmäßig errechnen zu können meinte, daß sich die Botschaft Jesu verlaufen werde, daß, unter dem Druck der äußeren Verhältnisse, kaum etwas zu bewirken sei. Wäre es nicht denkbar, dies als ein wunderbares Bild des Trostes und ein Symbol für uns selber aufzunehmen? Die Küche im alten Israel kennt kaum ein kleineres Körnchen als das der Senfstaude; doch so winzig es ist, aus ihm wächst eine stattliche Pflanze. Warum also wehren wir uns gegen den Mut der richtigen Anfänge? Wär's nicht denkbar, wirklich zu vertrauen? Das hieße, überhaupt das Gerede »Wir sind zu klein! Wir schaffen's nicht! Auf uns ist kein Verlaß!« dranzugeben und aus der Maulwurfperspektive herauszukommen und der eigenen Existenz zuzutrauen, daß sie sich ansiedelt in Weite und Größe. Ein wunderbares Bild: es könnte der Maulbeerbaum sich hineinheben ins Meer. Das wäre unsere wirkliche Heimat: der Ozean bis zum Horizont der Unendlichkeit, und kein Brausen des Sturms und kein Wogen der Wellen bärge mehr Angst und Gefahr, wir dürften uns ihm aussetzen, dem *ganzen* Leben, in seiner ganzen Spannweite, ohne irgend etwas einzuzäunen und abzugrenzen. Ein altes Gebet Israels konnte dieses Wunder beschreiben: »Du hast, Herr, meinen Fuß ins Weite gestellt.« – Es geht nicht um die Wunder phantastischer Erwartungen im Lauf der äußeren Natur; das wirklich Große, Wunderbare ist, wie unser Herz des Kleinmuts und der Angst sich formt zur Weite und zur Größe seines Wesens.

Was Jesus dann im Bild vom Knecht und seinem Herrn beschreibt, ist wie eine praktische Gebrauchsanweisung, und man begreift es erst, wenn jede Art von Demut oder besser von Erniedrigung, von Sklavenmentalität aus diesem Bild verschwindet. Um es einander gegenüberzustellen: Man kann im Umgang mit Menschen und genauso im Umgang mit Gott alles mögliche tun, was, von außen betrachtet, gesetzmäßig in Ordnung, moralisch einwandfrei, im Sinn der bürgerlichen Ethik nützlich und erfolgreich ist, und trotzdem stimmt es womöglich überhaupt nicht. Der Maßstab im Sinne Jesu liegt offensichtlich darin, aus welcher Haltung und Gesinnung heraus wir etwas tun. Es kann sein, daß das Hauptmotiv, weswegen wir handeln, immer noch von Angst geprägt ist, nennen wir's die Senfkornangst, die uns bestimmt. Solange wir nicht an die eigene Größe und Würde und Wertschätzung wirklich glauben, werden wir geneigt sein, uns am besten mit guten und richtigen Taten zu beweisen. Bei allem, was wir tun, hoffen wir auf Anerkennung, möchten wir den Beifall des anderen erreichen oder gar erzwingen, betteln wir um seine Bestätigung, alles, was wir anfangen, sieht aus wie Dienen und ist in Wirklichkeit wie Herrschenwollen, sieht aus wie Nützlichseinwollen und ist in Wirklichkeit kaschierter Egoismus, eine Selbstbezogenheit, die wir nie loswerden.

Tatsächlich meint Jesus mit einigem Sarkasmus, daß Gott uns belohnt und gewissermaßen die Reihenfolge ändert und uns zu Kreuze kriecht – dies wird nicht sein. Gott ist Gott. Alles, was wir sind, verdanken wir ihm. An dieser Stelle könnte das Kritisieren und Mäkeln an uns selber aufhören, und wir könnten denken: »So wie Gott uns gemacht hat, ist es gut genug, allemal richtig und in Ordnung, und das dauernde Suchen nach fremden Bestätigungen haben wir nicht nötig.« Erst wenn das einigermaßen feststeht, bekommen wir den Blick von unserer eigenen, dauernd bedrohten Existenz los, wir können beginnen, sozusagen objektiv zu werden. Wir vermögen, statt immer auf uns zu starren, zu sehen, wer andere wirklich sind, was sie nötig haben, wie wir selber ihnen von Nutzen sein können. Und darum schließlich geht es unter den Augen Gottes und im Sinne Jesu, im Sinne jeder Menschlichkeit: vertrauen und dienen, ohne jeden Beigeschmack der Herabwürdigung und der Zerstörung. – Dies sind Worte einer großen Freiheit. Sie entstammen einer Ruhe, die keine Angst mehr kennt, in der Gott selber seine Hände um uns legt und uns weit macht wie das Meer und nützlich wie Wein und Brot.

Zum achtundzwanzigsten Sonntag

Und Jesus hob an und sprach abermals in Gleichnissen zu ihnen, er sagte: Mit dem Königtum der Himmel ist es gleich wie mit einem König, der für seinen Sohn die Hochzeit ausrichtete. Und er sandte seine Knechte, um die Geladenen zur Hochzeit zu rufen. Aber sie wollten nicht kommen. Abermals sandte er andere Knechte: Sagt den Geladenen: Da! Ich habe mein Mahl bereitet. Meine Stiere und das Mastvieh sind geschlachtet, alles ist bereit – auf zur Hochzeit! Doch unbekümmert darum gingen sie: der auf seinen Acker, jener in sein Handelsgeschäft. Die übrigen gar griffen seine Knechte, demütigten sie und brachten sie um. Darüber geriet der König in Zorn und schickte seine Kampftruppen, richtete jene Mörder zugrunde und steckte ihre Stadt in Brand. Dann sagt er zu seinen Knechten: Die Hochzeit ist bereit, aber die Geladenen waren es nicht wert. Geht nun an die Ausfallstraßen und ruft alle, so viele ihr da trefft, zur Hochzeit. Und jene Knechte gingen hinaus auf die Straßen und holten alle zusammen, die sie trafen: Böse wie Gute. Und voll ward der Hochzeitssaal mit Leuten, die zu Tisch lagen.

Als aber der König hereinkam, um nach denen zu schauen, die zu Tisch lagen, sah er dort einen Menschen, der mit keinem Hochzeitskleid bekleidet war. Und er sagt zu ihm: Freund, wie bist du da hereingekommen, ohne ein Hochzeitskleid anzuhaben? Der aber blieb stumm. Darauf sprach der König zu den Dienern: Fesselt ihn an Händen und Füßen und werft ihn hinaus in die äußerste Finsternis. Dort wird sein: das Heulen und Knirschen der Zähne. Denn viele sind gerufen, aber nur wenige erwählt. MT 22,1–14

Wenn Jesus zu den Hörern seiner Zeit sprach, liebte er es, in einfachen Erzählungen ihr Innerstes anzurühren und sie aufzurufen, belehrt über sich selbst, sich zu entscheiden, was nun gelten solle.

Das Gleichnis vom königlichen Gastmahl, wie Matthäus es überliefert, ist merkwürdig kompliziert und beim ersten Hören wenig folgerichtig. Die Art, wie Jesus es ursprünglich einmal vorgetragen haben muß, läßt sich anhand eines alten ägyptischen Märchens ein Stück weit rekonstruieren. An einem Tag werden zwei Menschen beigesetzt, ein böser reicher Mann, der prunkvoll bestattet wird, und ein armer guter Kerl, den man verscharrt wie einen Hund. Empört fragen sich die Menschen, wie Gott so sein kann, so offensichtlich ungerecht. Ein Weiser enthüllt ihnen das Rätsel. Dieser reiche, böse Mensch hat ein einziges Mal in seinem Leben ein gutes Werk verrichtet, und das belohnt ihm Gott gleich durch die Pracht der Beisetzung. Hernach wird er ihn um so strenger strafen. Es folgt das Gleichnis von dem armen Lazarus und dem reichen Prasser. Das gute Werk dieses Mannes aber kam so zustande: Er hatte sich aus ganz einfachen Verhältnissen emporgearbeitet und Geld und Reichtum aufgehäuft, um endlich dabeisein zu können. Schließlich war es soweit. Er gab ein Gastmahl und lud all die vornehmen, feinen Herren des Ortes ein. Er war mit ihnen gleichgestellt, so glaubte er. Die aber machten üble Scherze und ließen seine Diener, indem sie sie brüskierten, einen nach dem anderen wieder abziehen. Nicht ein einziger von ihnen wollte an der Tafel dieses Emporkömmlings sitzen, sie waren sich zu vornehm. Aus lauter Wut ging dieser reiche Mann hin und sagte zu seinen Dienern: Jetzt ladet ihr ein, wen immer ihr findet an den Straßenkreuzungen und draußen vor dem Ort, die Bettler, die Lahmen, die Blinden, ich gebe mein Gastmahl. So fand sich der reiche Mann in den Kreisen wieder, denen er entstammte, aber aus lauter Zorn war er ein einziges Mal gut zu anderen Menschen, und das honorierte Gott.

Als Jesus diese Geschichte vortrug, muß er etwas anderes damit im Sinn gehabt haben als im Gleichnis vom reichen Prasser und dem armen Lazarus. Was er zu bringen hatte, war etwas Wunderbares. Er wollte den Leuten sagen: »Hört doch auf, euer Leben immer wieder mit den scheinbar so wichtigen Aufgaben zu verhetzen. Da hat der eine einen Laden einzurichten, der zweite ein Landgut zu besorgen, ein dritter steht grad dabei, zu heiraten – wann gelingt es euch, einmal zu dem Wichtigsten zu kommen und euch zu fragen, wie ihr lebt, aus welchem Grundgefühl? Ihr alle könntet so etwas sein wie Eingeladene, Menschen, die sich dazugehörig fühlen können, so wie sie sind. Da könnte euer Leben wie ein Fest der Freude sein, und so, berufen an die Tafel eines Festmahls, dürftet ihr Platz nehmen und die Sorgen vergessen. Alles andere würde sich zeigen.« Jesus muß erlebt haben, daß man diese Einladung zur Freude immer wieder mit der Antwort quittierte: «Es geht nicht, wir haben unser Leben zu besorgen, und wenn es uns in

den Sorgen auch noch so erstickend scheint, wir müssen so weitermachen, wie wir begonnen haben.« Fast verzweifelt hat Jesus schließlich
wohl gedacht: »Einzig die Menschen werden verstehen, die gar nicht
anders können. Die Bettler dieses Lebens, die Verzweifelten werden
spüren, was ich meine, ihnen also gilt endgültig die Botschaft, die ich
auszurichten habe.«

Über dieses wunderbare, gütige Gleichnis, wie Jesus es vorgetragen
haben mag, ist fünfzig Jahre später, bis zur Abfassung des Matthäusevangeliums, im Sturm der Geschichte der Schnee niedergefallen und
hat die ursprüngliche Form der Erzählung eingehüllt in einen Mantel
von Kälte, und darüber ist der Regen gefallen und der vereisende Frost
in fast bizarren Gestalten. Die Geschichte, die sich nach Jesus zugetra-
gen hat, ist zum Problem geworden und bedarf einer eigenen Deutung.
Und nun meint Matthäus: Mit diesem Gleichnis aus dem Munde Jesu
soll die Geschichte Jesu selber erklärt werden. Zunächst steigert es sich
ins Großartige. Nicht irgendein Hausherr lädt da ein, sondern ein
König, und jeder hört: Gemeint ist Gott selber, der König der Welt und
der Herr unserer Geschichte. Aber das Gleichnis Jesu wird *jetzt* in die
Ohren der Hohenpriester und der Ältesten des Volkes gesprochen. Sie
sind es, im Sinne des Matthäus, die die Ermordung der Gottesboten
verschuldet haben. Johannes der Täufer kam und wurde hingerichtet am
Hofe des Herodes; Jesus kam und wurde hingerichtet auf Befehl des
römischen Landpflegers, und immer wieder war es diese Gruppe, die
sich verweigerte, Hohepriester und Schriftgelehrte, die Führer des
Volkes. Sie sind schuld, daß aus der Botschaft der Wärme und der Güte
Tod und Verderben herniederregnete. Die Abrechnung mit dem Karfreitag im Volk der Erwählung ist das erste Ziel dieses Gleichnisses.
Und der vereisende Frost läßt sich bis auf den Tag und das Jahr genau
festmachen. Als im Jahre 70 die römischen Legionen die heilige Stadt
Jerusalem erobern und in Schutt und Asche legen und das Heiligtum
verwüsten, läuft dies für das Volk der Erwählung und für die frühe
Kirche auf eine äußerste Entscheidung hinaus. Was hat sich jetzt
begeben? Auf der heiligen Stadt ruhten all die Verheißungen der
Propheten, daß Gott dort selber Wohnung nehmen und daß er den Berg
Sion als sein Eigentum schützen werde. Die Völker selber würden am
Ende der Tage dorthin wallfahrten, um ihr Licht und ihre Erleuchtung
inmitten des Dunkels der Welt zu finden. All das hat mit einem so
furchtbaren Zerbrechen geendet. Man muß das Matthäusevangelium an

dieser Stelle in aller Bitternis hören: Der Untergang der heiligen Stadt ist fast wie eine wohlverdiente Strafe für die Ermordung der Gottesboten. Es ist der Zorn Gottes selber, der Jerusalem heimgesucht hat. Man kann die Schärfe dieser Auseinandersetzung am Ende des zwanzigsten Jahrhunderts nur mit Entsetzen auf sich wirken lassen. Es ist der frühchristliche Ansatz, der sich ausformt zu einem schroffen Antijudaismus mit allen Folgen, den er im Abendland gezeitigt hat. Immerhin mag man daraus erkennen, wie alternativ die Synagoge und die frühe Kirche sich gegeneinanderstellten. Das Judentum hat sich nach der Zerstörung Jerusalems die Frage vorlegen müssen, wie es jetzt weitergehen solle. Es gab keine Priester mehr im Heiligtum, es gab die Herzmitte des auserwählten Volkes nicht mehr; darunter leidet man bis heute. Man hat damals gedacht, die Religion Abrahams und Moses sei zu retten, wenn sie sich an die Überlieferung der Väter, an das geschriebene Wort des Gesetzes klammere. Die frühe Kirche hat ganz im Widerspruch dazu aus den Begebenheiten die Folgerung gezogen, sich zu öffnen für die sogenannten Heiden, für die Völker. Drum wollte man hinausgehen vor die Stadt, an die Kreuzungen der Wege der menschlichen Geschichte und *alle* einladen, sich zu sammeln im Königssaal der Hochzeit des Königs für seinen Sohn; das sei unsere Kirche, das sei die Legitimation für uns, dazuzugehören und ein wahres Israel zu bilden. Wir müssen über den antijudaistischen Effekt und Affekt hinweg Matthäus und dem Judentum unserer Tage fast bittend sagen: Wir sind keine besseren Gläubigen, wir haben es nicht verdient, wir haben die Pflicht, die Botschaft des Juden Jesus, der wollte, daß auch wir zu den Auserwählten gehören, so zu erläutern, daß sie niemanden ausschließt, die Völker nicht und die Juden nicht. Und dann müßten wir das ganze Gleichnis noch einmal anders erzählen.

Je länger Matthäus seine Geschichte vorträgt, um so mehr ist sein Problem, was sich denn in der Gemeinde der Jesusgläubigen, der Kirche seiner Zeit, begibt. Man sollte glauben, Christen seien entschiedene Menschen. So fing es ja auch an. Als Johannes der Täufer auftrat, drängte seine Botschaft, sich zu entscheiden. Als Jesus sie aufgriff, verkündete er: »Kehrt um, denn das Königtum Gottes ist nahe.« Ohne jeden Aufschub sich zu erklären, das war der Anruf an seine Hörer. In der Kirche Jesu in den Tagen des Matthäus finden sich schon alle möglichen Leute, gute und böse, versammelt, und es droht die Gefahr, die Gnade Gottes faul werden zu lassen. Da sitzen wir denn mit dem

Ergebnis, der einzig wahren, der richtigen, der endgültigen Kirche zuzugehören, sozusagen in einer zweiten Sicherheit, nicht minder gefährlich als jene, in der sich das Judentum ausruhen mochte auf den Verheißungen für Israel und für Jerusalem. Da hat Gott alles getan; es braucht sich nur noch so weiterzutradieren, und wir werden der Wahrheit unfehlbar teilhaftig sein. »So geht es nicht«, will Matthäus sagen. »Wiederholt nicht denselben alten Fehler; es kann euch passieren, ihr seid im Saal, und nichts ist entschieden. Gott wird kommen und euch durchmustern, und seine Frage wird sein, wie ihr *gelebt* habt, ob ihr würdig seid, teilzuhaben an einem Hochzeitsmahl. Macht euch die Sache nicht zu leicht.« Es ist eine drohende, mahnende Botschaft, mit der Matthäus hier endet: Viele sind berufen, weiß Gott, für die ganze Welt gilt die Einladung, aber die Frage ist nach den wenigen, die es verdienen. Das ist fast ein Elitechristentum am Rande der Sekte, mit viel Angst verkündet. Und auch hier muß man Matthäus noch einmal sagen: »Was ist denn der Maßstab, der für uns gelten soll, die wir dazugehören möchten? Es stimmt, wir sind eingeladen als Gute und Böse, und schon diese Grenzziehung verläuft doch nicht zwischen Mensch und Mensch, sondern durchzieht unser eigenes Herz. Matthäus, wir werden es nie schaffen, daß wir am Ende in einer richtigen, feierlichen Robe dasitzen. Das kann der König nicht erwarten. Er kann nicht die Bettler von den Straßenecken einsammeln und anschließend auf eine feierliche, ordentliche, würdige Garderobe achthaben. Wir sind zu schwach dafür, aber im Sinne Jesu können wir dennoch eines tun: spüren, daß wir einzig aus einem unverdienten Erbarmen mit dazugehören. Dann können wir rund um den Tisch uns an den Händen fassen als Schwestern und Brüder, und es wäre nur ein einziger Maßstab, wenn Gott Hochzeit hält zwischen seinem Sohn und unserer Seele: daß wir die Kunst des Verstehens und der Liebe ohne Grenzen üben.«

Es müßte aber über dieses Gleichnis des Matthäus selber noch einmal so etwas kommen wie ein neuer Frühling, nach den Tagen des Sturms am Karfreitag, nach den Tagen des Eisregens im Jahre 70, und es müßte die ganze Härte, die Bitterkeit, die Zweiteilung zwischen Christen und Juden und zwischen Christen und Christen abgeschmolzen werden, bis daß ein neuer sprudelnder Quell frei wird, an welchem die Blumen blühen und ein neuer Sommer der Güte, der Wärme und der Liebe anhebt. Es stimmt: das, was wir Kirche nennen, ist eine Gemein-

schaft der aufgehobenen Entscheidung oder der hinhaltenden Kompromisse. Es würde aus uns niemals etwas werden, würde man uns messen
wollen mit der ehernen Elle von Richtig und Falsch, Tugend und Laster,
Verdienst und mißratenem Leben. Es ist am Ende all unser Leben der
Verzeihung bedürftig, und so kann dieses Gleichnis eigentlich nur
schließen mit dem *Wissen,* daß wir hier sitzen wie Bettler, in einem
Gewand, das sich nicht gehört, und der *Hoffnung,* der König möge uns
das Kleid der Unschuld wiedergeben und uns unseren eigenen Wert
sehen lehren. Und alles begänne noch einmal, die Einladung zur Freude
und die Entfernung der Angst.

Und es geschah: Auf der Wanderung nach Jerusalem zog er mitten durch Samarien und Galiläa. Und es kamen ihm, als er in ein Dorf einziehen wollte, zehn aussätzige Männer entgegen, die aber von ferne stehen blieben. Und die erhoben ihre Stimmen und sagten: Jesus, Meister! Erbarme dich unser! Und als er sie sah, sprach er zu ihnen: Wandert weiter und zeigt euch den Priestern. Und es geschah: Während sie dahingingen, wurden sie rein. Einer von ihnen aber kam zurück, als er sah, daß er geheilt war – mit gewaltiger Stimme Gott verherrlichend. Und er fiel ihm zu Füßen aufs Gesicht und dankte ihm. Und das war ein Samariter. Jesus aber hob an und sprach: Sind nicht alle zehn rein geworden? Die neun aber – wo sind sie? Hat keiner sich zur Rückkehr gefunden, um Gott zu verherrlichen – außer diesem Stammesfremden? Und zu ihm sprach er: Steh auf, wandere weiter. Dein Glaube hat dich gerettet. LK 17,11–19

Manchmal ist unser Körper verständiger als unser Verstand. Er hört auf die feinen Signale unserer Seele, die zu überhören wir am Tage oft ein so großes Interesse haben. Des Nachts verwandeln sie sich in die Symbole der Träume, und hören wir sie auch dann noch nicht, werden sie schließlich zu Symptomen von Krankheit. Dann redet die Natur gezwungenermaßen, was wir freiwillig nicht an uns heranlassen. So kann man denn Krankheiten des Körpers als Wahrheiten der Seele, als Signalsprache unserer verleugneten Natur begreifen.

In keinem Bereich ist dies so buchstäblich mit Händen zu fühlen wie in den Erkrankungen der Zwischenzone zwischen Drinnen und Draußen, in dem feinnervigen Gebiet unserer Haut. Nur wenige Krankheiten in der Antike waren so furchtbar und wirkten so unmenschlich wie der Aussatz. Man füchtete diese Krankheit als ansteckend, obwohl sie es nicht war. Man betrachtete sie als Geißel Gottes, obwohl sie völlig Unschuldige ereilte. Sie war medizinisch nur eine Erkrankung der Haut, aber sie läßt sich auch so verstehen, wie es ihr Name sagt: als das Schicksal von Menschen, die sich bis in die Fingerspitzen hinein und in allem, was sie fühlen, nicht anders vorkommen können denn als Aussätzige, Unreine, Asoziale, zu Meidende. So stand es im Gesetz: Wer aussätzig ist, hat sein Lager außerhalb der Gemeinschaft aller anderen aufzuschlagen. Er hat laut rufend vor sich zu warnen, damit nur ja niemand in Berührungsnähe mit ihm zu kommen wagt. Er hat selber magische Kreise um sein Dasein zu schlagen und jeden abzuweisen, der in seine Nähe kommen möchte. Die Einsamkeit wird zur Pflicht hygienischer Isolation. Schließt sich der Teufelskreis an diesem Punkt, gibt es keine Rettung mehr, denn was könnte die menschliche Haut heilen außer die Zärtlichkeit anderer Menschen, was könnte die Angst des Ausgesetztseins beruhigen außer der Mut von Menschen, die sich gegen alle eigene Furcht in die Nähe trauen? So geschieht es in diesem Wunder, das Jesus an zehn unbekannten Menschen im Grenzgebiet zwischen dem Heiligen Land und dem Heidenland, zwischen Galiläa und Samaria, gleichsam im Grenzbereich von Gottes Macht, wirkt. So verloren können Menschen sich vorkommen, daß sich ihre Verzweiflung schon daran ablesen läßt, wie sie sich zu erkennen geben, daß ihnen das Entsetzen, die Angst und die Not förmlich auf den Leib geschrieben steht und daß sie die anderen nur bitten können, das Weite zu suchen, um nicht Schaden zu nehmen.

Was kann man Menschen sagen, die sich so fühlen? Es ist ein ungeheures Wort, das Jesus den zehn Kranken und deshalb Gemiedenen zumutet: »Geht und zeigt euch den Priestern.« – Worte dieser Art, verlegt in unser Leben, müssen so häufig wiederholt und so geduldig vorgetragen werden, daß sie Jahre innerer Begleitung brauchen, ehe sie glaubhaft werden. Denn alle menschliche Erfahrung spricht dagegen, dieses Ungeheuerliche wirklich tun zu wollen und zu dürfen. Man müßte, den Aussatz noch am Leibe, buchstäblich gegen die heilige Verordnung des Gesetzes, gegen die Regeln des menschlichen Anstandes, gegen alle Angst der normalen Rücksichtnahme es wagen, mit dem ganzen Wust der Seele und des Leibes den anderen sich zuzumuten. Man müßte unternehmen, was man nie gedurft und nie vermocht hat: sich als kontaktfähig, sozial zuträglich, ja womöglich wichtig unter die Menge der anderen zu mischen als ein Mensch wie jeder andere. Dieses unerhörte Wagnis ist es, was Jesus später »glauben« oder »vertrauen« nennen wird. Es ist ein Aufstand gegen die Perfektion, mit der wir nach ehernen Gesetzen Menschen einzuteilen und dann auszusondern pflegen. All diese Grenzziehungen schaffen zumeist erst die Probleme, die zu bekämpfen sie vorgeben. Werden sie früh genug gehandhabt und an Menschen vollzogen, wird so vieles im eigenen Herzen abgespalten, weggeschoben, schließlich bis in das Körpererleben hineingedrängt und verdrängt, daß das Gefühl unvermeidbar wird, man könne sich allenfalls noch verkleidet und bedeckt den Blicken der anderen ausset-

zen. Immer muß man so die Augen der Kritik, die fremde Wahrneh-
mung fürchten, umgehen und mit allen möglichen Mitteln der Tarnung
auszublenden versuchen. Wenn die Heilung der Aussätzigen von dieser
»Krankheit« einmal begriffen wird, ist es in alle Zukunft nicht mehr
möglich, Menschen in die Reservate der Krankenanstalten oder der
Landeskrankenhäuser zu sperren und im übrigen routiniert den Alltag
der sogenannten Gesunden fortzusetzen. Wenn deutlich wird, daß
Menschen nur gesund werden können, wenn sie es wagen, in die
Normalität vorzudringen, so wie sie sind, dann ist deutlich, daß sich das
ganze »normale« Leben ändern muß. Es muß weitherziger, verständ-
nisvoller, mitleidiger und menschlicher werden. Es muß fähig werden,
die untergründigen Verflechtungen zu begreifen. Dann erst kann Heilung geschehen.

　　Jesus greift das Gesetz auf, wie um es bis zum Absurden zu
strapazieren. Grade die Instanzen, die über Rein und Unrein, über
kultisch Zulässiges und Auszusonderndes zu entscheiden haben, die
Priester im Tempel, sollen diejenigen sein, die ihr Augenmerk auf die
Aussätzigen richten. Grade die Gruppe, die am meisten zu fürchten
war, soll es sein, der man sich zuerst zumutet. Keiner dieser zehn
Aussätzigen hat die Krankheit schon überwunden, ehe er sich auf den
Weg macht. Dies ist das Eigentliche, Unwahrscheinliche an diesem
Wunder Jesu: daß er Menschen, die sich ein ganzes Leben lang für
aussätzig halten und erfahren mußten, mit dem Mut begabte, sich auf
den Weg zu machen zu ihren Richtern, zu den anderen Menschen, in
dem Gefühl, der Gesellschaft zugehörig zu sein. Es kann ein sehr langer
Weg sein, der aus der Einsamkeit hinüberführt in die Gemeinschaft
anderer, aber daß Menschen sich auf den Weg machen in dieser
Zuversicht, ist die einzige Kraft, die sie heil macht. Sie mögen
aufschreien und es für unmenschlich und für einen paradoxen Skandal
erklären, so etwas zu tun, und all ihre Lebenserfahrung dagegen setzen
– es hat von einem bestimmten Zeitpunkt an nicht mehr zu gelten, was
man sich hat einreden lassen und sich selber immer wieder vorgesagt
hat: was für ein schlechter Mensch man sei, was für ein wüstes Chaos in
der eigenen Seele herrsche, wie gefährdet die ganze eigene Existenz sei,
was alles man verbergen müsse vor den anderen; es gilt vielmehr, den
Weg zurück zum Heiligtum zu riskieren; anders wachsen wir mit uns
selber nie zusammen, anders werden wir nicht fähig, die Zärtlichkeit
der Welt mit Freude aufzunehmen.

Dann gilt es, irgendwann von der menschlichen Kontrollbefugnis überhaupt ganz loszukommen. Es ist das Schönste, daß es unter diesen zehn Geretteten einen gibt, der sich als so gesund erlebt, daß er die Priester, die Normierung durch das Gesetz, das ärztliche Normalitätsattest ein für allemal nicht mehr braucht, daß vielmehr seine Freude so groß wird, daß sie zu einem demütigen Gesang der Dankbarkeit sich erhebt und er zurückkommt zu dem, der ihn geheilt hat. Die unmittelbare menschliche Beziehung ist ein für allemal wichtiger als der ganze Spuk der Paragraphen, Rechtfertigungen und Rechthabereien. Menschen sind gerettet, wenn sie, aufrecht stehend, unmittelbar zu Gott sind und wissen, daß sie alles ihm verdanken, ihre Schönheit, ihre Größe, ihre Würde, ihre Menschlichkeit und ihr Recht, unbedingt daran zu glauben, daß sie gewollt sind von Gott und bestellt, einen *weiten* Weg zu gehen, mit allen Menschen in das Reich der Himmel.

ZUM NEUNUNDZWANZIGSTEN SONNTAG

Darauf gingen die Pharisäer und faßten den Beschluß, ihm mit einem Wort eine Schlinge zu legen. Und nun senden sie ihre Jünger mit den Herodianern zu ihm, die sagen: Lehrer, wir wissen, daß du wahrhaftig bist, den Weg Gottes der Wahrheit gemäß lehrst und dich dabei um niemand kümmerst; denn du blickst nicht auf das Gesicht der Menschen. Sag uns also, was du meinst: Ist es erlaubt, dem Kaiser Steuer zu zahlen – oder nicht? Jesus aber kannte ihre Bosheit und sprach: Was versucht ihr mich, ihr Blender! Zeigt mir die Steuermünze! Sie brachten ihm einen Denar. Und er sagt zu ihnen: Wessen Bild und Aufschrift ist das? Des Kaisers, sagen sie. Darauf sagt er zu ihnen: Zahlt also, was des Kaisers, dem Kaiser zurück, und was Gottes ist, Gott! MT 22,15–21

Wohl schon die frühe Kirche wird diese Worte Jesu überliefert haben, weil sie darin eine Antwort zu finden hoffte auf die Frage nach dem Verhältnis von Staat und Kirche. Aber Jesus lag nie an dem Verhältnis von Staat und Kirche, ihn interessierten nicht Institutionen und Apparate, schon gar nicht deren Zusammenspiel oder Gegeneinander. Was ihn interessierte, leidenschaftlich und mit dem Einsatz seines Lebens, war die Frage nach der Wahrheit des Menschen vor Gott. Darin lag der Aufruhr, den er stiftete, darin das Motiv, ihn loswerden zu wollen.

Es ist eine Szene, die vor Spannung, Gemeinheit, Souveränität, Niedertracht, Größe vibriert, ein Zusammenprall wie von verschiedenen Klimazonen, die einen Taifun über das Meer zu jagen vermögen; so groß und nicht geringer ist die Sprengkraft und Zerstörungsgewalt der Wahrheit, die in diesem Augenblick geboren wird. Wohlgemerkt, man ist Jesus leid, und was man an ihm leid ist, wird man sehr bald in dem Prozeß vor Pilatus sagen:»Dieser Mann bringt das Volk in Aufruhr, von Galiläa angefangen bis hierher.« – Die Wahrheit Gottes wird erlebt als Anarchie, als Umsturz, als Beseitigung aller scheinbaren Sicherheiten, aller institutionell verbürgten Rechte, aller bürgerlich eingefrorenen Gewalt. Zuviel Freiheit, Offenheit, Wagnis geht von diesem Mann aus. Man will ihn los sein, aus welchen Gründen immer. Die Synagoge fühlt sich beunruhigt ihrer Gesetzestreue wegen, die Pharisäer fühlen sich herausgefordert, wie Jesus die Sabbatordnung mißhandelt aus Mitleid für Menschen, die in Not sind; die politischen Führer haben Grund zu fürchten, daß die Besatzungsmacht der Römer dazwischenfegt, wenn es wieder Aufruhr und Durcheinander geben sollte, egal in welcher Ecke der Provinz. Alle haben sie Grund, Jesus zu fürchten, und alle den Wunsch, ihn loszuwerden, nur daß sie sich nicht geradewegs trauten, schuldig zu werden. Also muß man die Mühle zum Laufen bringen und Jesus zwischen die Steine schieben. Wenn das gelingt, ist der Plan perfekt. Und man weiß, wie.

Seit den Tagen, da die römischen Kohorten Judäa für die Weltmacht Rom besetzt halten, diskutiert man in Israel leidenschaftlich über die Frage, ob man dem Kaiser Steuern zahlen darf oder nicht. Gott ist König in Israel und kein römischer Kaiser! Ist man etwa aus Ägypten ausgezogen und hat die Knechtschaft der Pharaonen abgeschüttelt, nur um knapp 1200 Jahre später wieder im Joch anderer Pharaonen mit anderen Namen und in neuer Herrschaftsgewandung zu sitzen? Dies verträgt sich nicht mit den Impulsen der Bibel. Es gibt genügend Leute, die sagen:»An Gott glauben heißt zum Schwert greifen und die Römer hinausfegen. Macht jedes Dorf in Judäa zu einem Igel, und laßt die Römer darauf Platz nehmen, bis daß es sie sticht; sie werden von allein verschwinden, nur genügend Igel muß es geben. Schlagt sie, trefft sie, überfallt sie, beraubt sie, wo ihr könnt in den Bergen Galiläas.« – Selbst unter den Jüngern Jesu gab es mindestens einen, der aus den Kreisen der Eiferer, der Dolchmänner, der Bandenkämpfer kam, ehe er sich Jesus anschloß, Judas der Zelot, nicht der Verräter.

Es gab andere Kreise, die der Sadduzäer, die etwa dachten:»Die Mächtigen sind die Mächtigen; man muß sie gut ernähren, bis daß ihnen entweder der Wanst platzt oder das Herz sich verfettet; dann sterben sie schneller. Die Kunst ist, zu überleben. Man muß so lange mit ihnen paktieren, bis ihnen die Haare grau werden und der Bart lang. Wenn ihnen die Zähne ausfallen, dann frühestens kann man sie verjagen.«

Gleich, wie man es dreht und wendet, man schachert mit der Politik, und die Leute, die zu Jesus kommen, sind nur gewöhnt, an den Schacher zu denken. Für sie ist die Frage nach Gott identisch mit der Frage nach der Menschenmacht, der politischen Organisation, eben dem Verhältnis von Staat und Kirche. Doch nie wird man die Fragen, die sich dann stellen, auf diesem Niveau der Spitzfindigkeit und der Rechthaberei lösen können. Man hat Jesus dieses Evangeliums wegen einen Realisten genannt, weil er Lebensfragen nicht theoretisch diskutiert. Die Leute, die zu ihm kommen, tragen die Steuermünzen des Kaisers in der Rocktasche. Sie handeln und machen Geschäfte und, so darf man annehmen, Gewinne mit dem Geld des Kaisers. Was also beschwert man sich, wenn der Kaiser Mautgebühren erhebt oder Zolleinnahmen und Steuerzahlungen von seinen Untertanen will? Dies wäre kein Problem, wenn man Gott nicht mit den Fragen nach Geld, Verwaltung, Parteizugehörigkeit und Machtstrukturen verwechseln würde. Die wahre Frage stellen weder die Pharisäer noch die Sadduzäer, aber sie ist die, die Jesus wirklich beantwortet. Auf der Prägemünze des Kaisers ist das Bild des Kaisers eingraviert, also gehören ihm die Denare in Silber, die er aus seiner Münzprägung entlassen hat.

Aber was ist mit dem menschlichen Herzen? In das menschliche Herz hat Gott *sein* Bild eingeprägt. Nun ist die Frage: Wem gehören wir? Man braucht nicht erst die Erfahrungen des Dritten Reiches zu bemühen, obwohl's dabei am deutlichsten würde, um zu wissen, wie verführbar wir gegenüber der Macht sind. Menschen, deren bürgerliche Moral außer Frage steht, gute Familienväter, treusorgende Ehemänner, erfolgreiche Beamte waren nicht nur fähig, sondern glaubten sich verpflichtet, hielten für vollkommen unvermeidlich, mit den Nazis zu paktieren, dienten ihnen, setzten ihre Befehle durch, ließen sich selber einen Schnauzbart wachsen, hängten das Hitlerbild an die Wand und hißten noch einen Monat vor der Kapitulation, zu Führers Geburtstag, die scharz-weiß-rote Fahne. Sie wußten, was sie taten, aber eine Behörde ist eine Behörde, eine staatliche zumal, und man ist ihr Gehorsam, Treue, einen Eid, kurz: alles schuldig.

Man muß die Folgen dieser Mentalität von Angst, Ohnmacht und Untertanengeist nicht aufzählen. Jeder erlebt es ja, wenn er zu irgendeiner Behörde heute geht, egal ob zu einer kirchlichen, staatlichen oder sonstigen. Allein daß irgend jemand als Autorität dasteht, macht aus erwachsenen Menschen große Kinder. Der Pulsschlag erhöht sich, die Speichelabsonderung versiegt im Mund, die Beine zittern, Menschen, die sonst vernünftig denken und reden können, fangen an zu stottern, nur weil jemand von der Behörde dasitzt. Man ringt sich Lügen ab, glaubt, Dinge verbergen zu müssen, man hört auf, ein Mensch zu sein, nur weil man irgendeiner Behörde begegnet. Und man zahlt plötzlich Steuern, furchtbare, nicht in Form von Geld, aber in Form von Seelenpreisgabe, von Prostitution. Das ist es, was Jesus meint. Macht in unserem Herzen sollte Gott haben, das ist, was er verkündete und woran er wirklich glaubte. Menschen, welches Gewand sie auch tragen mögen, ob ein weißes oder graues oder grünes wie die Ärzte, die Soldaten oder die Polizei, Menschen zu fürchten lohnt nicht. Aber es macht glücklich und weit und groß, auf Gott zu hören, der im eigenen Herzen redet, sehr leise und dennoch immer deutlich. Es ist etwas Wunderbares, daß Menschen nicht die Sklaven von römischen Kaisern oder von ihren Aufsehern sind. Erst wenn wir uns zu Sklaven des Geldes machen, werden wir beherrschbar. Aber dann liegt es einzig und allein an uns. Wenn wir das Geld freilich so achten wie Gott, müssen wir den Kaiser für Gott erklären. Gelten uns nur die Ziele, die man verwalten kann, so sind wir die untersten Untertanen im Reiche. Aber wenn das Geld nur Geld ist, relativiert sich alles. Wenn die Macht erkannt wird in ihrer Ohnmacht, hat Gott die Chance, unser Herz für sich zu weiten und mit Licht und Wärme zu durchstrahlen. Es verfliegt dann die Angst, und wir können in unerhörtem Maße lernen, für unser eigenes Leben zuständig zu sein. Denn wir tragen Gottes Bild im Herzen. Diese wunderbare Würde besitzen wir. Die ganze Kunst unseres Lebens besteht darin, daß wir in uns selber und in anderen Menschen, die uns nahestehen, so lange nachsuchen, bis wir erkennen, wie wunderbar die Seele, die in uns und in einem anderen Menschen lebt, ein Abbild und ein Spiegel von Gottes Angesicht ist. Was heißt denn einander lieben anderes, als das Bild des Ewigen in der Seele eines anderen Menschen aufzufinden, voller Dankbarkeit und voller Glück?

Es kann dann aufhören, daß wir uns hinter den Autoritäten verschanzen; das Lakaientum, die Speichelleckerei kann aufhören. Ein eigenes Rückgrat, ein eigener Stolz, ein eigener Mut kann und wird auf der Stelle unser Handeln bestimmen. Stets sind es die Ohnmächtigen, die Zwerge, die kleinsten Geister, die die Autorität herbeirufen, um sich zu legitimieren, um ihre Handlungsweise zu rechtfertigen, um sich selber aufzublähen im Wahn einer fremden, ausgeliehenen Größe. Vielleicht ist dies das Schlimmste, daß die größte Feigheit immer wieder Unterschlupf findet bei geliehener Macht. So die Pharisäer, die Sadduzäer. Sie alle sind plötzlich Handlanger des fernen Kaisers in

Rom. Im Prozeß gegen Jesus wird man sogar Pilatus gefügig machen mit der Erklärung, daß man schon wisse, wer des Kaisers Freund sei. Das sind dieselben Leute, und sie werden den Widerspruch in ihrem Reden und Fragen nicht einmal bemerken. Die Feigheit braucht stets den Popanz, um sich dahinter zu verstecken. Und die Feigsten werden am raschesten zu Gefolgsleuten der Führer, der ganz Großen, der Unpersonen auf den Sockeln der Geschichte.

Da ist es, was Jesus meinte: Gebt dem Kaiser, was des Kaisers ist, denn was ihm gehört, ist banal, billig und relativ. Aber gebt Gott, was Gottes ist, denn er ist eure Größe, eure Schönheit, eure Würde, eure Freiheit. Vertut nicht euer Leben, indem ihr an die Macht von Menschen glaubt. Es gibt nur eine Macht, die der Liebe Gottes.

ZUM DREISSIGSTEN SONNTAG

Als aber die Pharisäer hörten, er habe die Sadduzäer zum Schwei-
gen gebracht, taten sie sich deswegen zusammen. Und einer von ihnen,
ein Gesetzeslehrer, fragte, um ihn zu versuchen: Lehrer, welche
Weisung ist die Große im Gesetz? Er sagte zu ihm: Liebe den Herrn,
deinen Gott, mit deinem ganzen Herzen und mit deinem ganzen Leben
und mit all deinem Sinnen! Das ist die große und erste Weisung. Eine
zweite aber ist ihr gleich: Liebe deinen Nächsten wie dich selbst! An
diesen zwei Weisungen hängt das ganze Gesetz und die Propheten.

MT 22,34–40

Man kann so nach Gott fragen, daß man von ihm gar nichts
vernehmen *kann.* So geschieht es in diesem Evangelium:
Man erkundigt sich nach einem Gotteswort, aber nur, um eine Hand-
habe zu gewinnen, den anderen zu vernichten. Es gehört ein sehr weites
Herz dazu, angesichts einer solchen Herausforderung mit solcher Ruhe
und Klarheit zu reden – nicht eigentlich von dem wichtigsten Gebot im
Gesetz, sondern von dem, worauf es im Leben am meisten ankommt.
Denn so fragt ein jeder immer wieder. Wenn er sehr verzweifelt ist,
fragt er, warum er überhaupt lebt. Wenn er sehr gelangweilt ist, fragt er,
wozu er überhaupt lebt. Nur wenn wir glücklich sind, stellen sich solche
Fragen anscheinend gar nicht, oder sie beantworten sich von innen, wie
getragen, wie umfangen. Es gibt Augenblicke, in denen wir uns
vergewissern müssen, was der Sinn des Lebens ist, was es bedeutet, die
paar Jahrzehnte unserer Existenz zu verbringen, und wir müssen
wissen, wie wir es tun, welche Maßstäbe es gibt, welche Inhalte und
welche Ziele. Das Wort, das schon im Umkreis Jesu zu einer sicheren
Auskunft wurde, klingt abgegriffen:»Du sollst den Herrn, deinen Gott,
lieben mit deinem ganzen Herzen.« Wie geht das – Gott lieben?

Es gibt Psalmen, die den Mut haben, die ganze Schöpfung aufzufor-
dern, Gott zu preisen und zu lieben.»Ihr Vögel des Himmels, ihr Fische
im Meer, Schnee, Regen und Hagel, preiset den Herrn!« Mit diesen
Worten endet das Gebetbuch des alten Israel. Offensichtlich beschwört
man jeden Teil der Kreatur, einzuschwingen in die großen Gesetze des
Lebens, nach denen es gestaltet wurde. Und wie nun, wenn wir

Menschen selber von allem, was uns umgibt, dies als erstes lernen könnten, was es heißt, Gott zu lieben?

Es können die Schneekristalle uns lehren, Gott zu lieben, indem sie zeigen, in welcher Schönheit sie ihre Gestalt gewinnen. Aus einem Wassertropfen gestaltet sich ein Gebilde, das es nur ein einziges Mal geben wird, im unendlichen Auf und Ab nur ein einziges Mal. Aber indem es sich so fügt, preist es seinen Schöpfer. Eine Stufe höher können die Tiere uns lehren, was es heißt, Gott zu lieben. Wenn im Frühling eine Schwalbe unter dem wärmenden Gefieder der Elterntiere das Licht der Welt erblickt, folgt sie dem Hunger, folgt sie der Sehnsucht nach Wärme und bald schon dem Verlangen nach Weite. Mit einem ungeheuren Mut begibt sie sich nach wenigen Wochen aus dem Nest, tut es dem Vorbild ihrer Eltern, aber mehr noch dem Gesetz des eigenen Herzens nach, breitet die Flügel aus und überläßt sich dem unsichtbaren Medium der Luft. Ein ungeheurer Augenblick, bei dem die Angst laut um Hilfe und Schutz rufen möchte, und doch gibt es keinen anderen Weg, um eine Schwalbe zu werden, als sich dem Luftreich auszusetzen. Es werden nur wenige Monate vergehen, und die kleine Schwalbe, herangewachsen, wird den Sternbildern folgen, die sie nie gesehen hat, und Hunderte, Tausende von Kilometern nach Süden fliegen, über Wälder, Gebirge und Meere, nur dem einen Gesetz treu, das in ihr selber liegt. Die Psalmen haben recht: »Ihr Vögel des Himmels, preiset den Herrn!« – Sie wissen's nicht, die Schneekristalle und die Schwalben, aber sie tun's, indem sie dem treu sind, der sie geschaffen hat, und indem sie in Überwindung aller Widerstände leben und sind, wozu sie berufen wurden.

Ganz so wir Menschen. Oft zeigt man uns Gott wie einen fernen, fremden Gesetzgeber, unter dessen Macht wir uns beugen müßten wie unter eine unsichtbare Diktatur. Oder man zeigt uns Gott wie jemanden, der selber nie mit unseren Augen gesehen werden kann, uns aber ständig verfolgt, belauert und bespitzelt. Auf diese Weise kann man vielleicht am Ende alle Gebote halten, aber man tut es in einem Gehorsam der Angst, der Außenlenkung, der Abhängigkeit und der fortschreitenden Selbstzerstörung. Nie wird man auf diese Weise Gott lieben können, schon gar nicht mit ganzem Herzen, mit ganzer Seele und mit ganzem Denken. Wenn wir vielmehr von den Tieren, von den Bäumen, von jedem Stück Natur lernen können, was es heißt, Gott zu lieben, dann wird die Antwort von allem, was uns umgibt, lauten: Folge auch du, wie alles ringsum, dem Gesetz, das in dir liegt, befolge es gegen jeden Widerstand, sei ihm treu gegen alle Angst, füge dich ihm mit aller Entschlossenheit, deren du fähig bist.

Dies war es ja, was Israel selber gelernt hat, als es dem Gott seiner Väter folgte: daß an Gott zu glauben Aufbruch bedeutet und Freiheit, das Abschütteln der Ketten, das Verlassen eines Zuhauses, das zwar die Wohlversorgtheit, aber zugleich die Unterdrückung bedeutet, und daß es gilt, dem Ruf zu folgen, der in ein eigenes Land, in ein eigenes Glück, in ein eigenes Leben führt.

Es ist das Wichtigste, was wir im Leben lernen können: das eigene Wesen zu finden und ihm treu zu werden. Darauf kommt es am meisten an, und nur auf diese Weise dienen wir Gott ganz: indem wir begreifen, wer wir selber sind, und den Mut gewinnen, es zu leben. Denn es gibt Melodien, es gibt Worte, es gibt Bilder, es gibt Gesänge, die schlummern nur in uns, und es kommt einzig darauf an, sie auszusprechen, sie auszusingen. Zu diesem Zweck sind wir gemacht, und keine andere Aufgabe ist wesentlicher, als herauszufinden, welch ein Reichtum in uns liegt, und ihn freizusetzen. Erst dann wird unser Herz ganz, unsere Seele weit, unser Denken stark. Und mit allen Kräften, die in uns sind, werden wir unseren Schöpfer lobpreisen.

Niemals wird ein Gottesbild akzeptierbar sein, das das Denken unterdrückt, weil es Glaubenssätze gibt, die man nicht versteht, aber die das Denken knebeln. Niemals wird ein Gottesbild Zustimmung verdienen, das das Fühlen einzwängt und zusammenschnürt, weil es Gebote gibt, die bestimmen, was gut ist und was böse. – Gott ist die Weite unseres Herzens und die Unendlichkeit unseres Denkens. Er hat Gesetze der Entfaltung und der Reifung in uns gelegt, die kein anderes Maß und kein anderes Ziel kennen als ihn selber, den Unendlichen. Denn dies ist das Geheimnis: Je tiefer wir unser eigenes Wesen spüren, desto mehr werden wir merken, daß es keine Grenzen gibt, sowenig wie es den Schwalben im Sommer genügt, nur zwischen den Häuserzeilen einer kleinen Stadt hin und her zu fliegen. Je tiefer wir uns selbst verstehen, desto mehr verlockt es uns zur Unendlichkeit, zur Liebe. Insofern ist es ein und dasselbe, uns selber zu entdecken und Gott zu finden, Gott zu lieben und uns selber treu zu sein, und es schließt sich ein Ring der Erfahrung zwischen der Kleinheit unserer Existenz und der Unendlichkeit Gottes.

Dennoch kann diese kleine endliche Welt oft so erstickend sein. Wir sind gewöhnt, uns nach Gesetzen zu richten, die weder in uns liegen noch von Gott sind, die vielmehr Menschen erfunden haben, um sich einzurichten, Geld zu verdienen, Macht zu entfalten und selber groß zu werden. Ihr Schatten liegt über der Welt, die Sonne verdunkelnd, die Herzen erfrierend. Menschen können viel tun, um das Bild Gottes in der Seele des anderen zu verwischen, zu verhüllen und einzunebeln mit falschen Worten.

Es war für mich vor Jahren erschütternd, eine kleine Fernsehaufzeichnung von einer Predigt zu sehen, die Martin Luther King vor einer Gruppe von Farbigen in den Südstaaten hielt. Eigentlich wollte er dieses Evangelium auslegen: den Herrn, deinen Gott, lieben mit ganzem Herzen und deinen Nächsten wie dich selbst. Er hatte Menschen vor sich, bei denen man alles getan hatte, um ihr Fortkommen zu behindern, ihre Würde zu schänden, ihre Aussicht auf Zufriedenheit und Glück zu zerstören, oft sogar ihre Gesundheit zu verwüsten; er sprach mit den Ärmsten in Alabama. Es war eine Rede, in der er eigentlich nur aufzählte, was man Menschen zufügen kann. Und so tat er, wie wenn er jeden einzelnen anredete:»Kann sein, du hast nie eine Schule besuchen können; kann sein, du hast nie ein Paar Schuhe an deinen Füßen getragen; es kann sein, daß du glaubst, nicht einmal deine Muttersprache reden zu können; es kann sein, daß du deine Mutter nicht einmal kennengelernt hast; es kann sein, daß du kein Zuhause hast; es kann sein, daß du kein Einkommen besitzt; es kann sein, daß du gar nicht weißt, wovon du auch bloß heute abend leben sollst.« Und jedem dieser Sätze fügte Martin Luther King hinzu:»Aber ich bin jemand. Kann sein, man hat mir nur erzählt, daß ich ein Nigger bin; but I am somebody« – aber ich bin jemand. – Diese Predigt wurde zu einem Gesang, in dem refrainartig die ganze Gruppe von Farbigen mit glänzenden Augen, mit wiegenden Oberkörpern rhythmisch immer wiederholte:»Aber ich bin jemand.«

Dies, daß Menschen ihre Würde finden, bedeutet, Gott zu lieben mit ganzem Herzen, und es bedeutet, wenn man es einem anderen ermöglicht, den Nächsten zu lieben mit ganzem Herzen.

Was zu tun ist auf dem Wege der Liebe, weiß man oft gar nicht. Wir leben in einer Kultur, die uns anweist, daß wir verantwortlich handeln müssen. Vielleicht hat sie darin ihre Größe, ganz sicher ihre Grenze. Was wir in unserem Kulturraum sehr wenig lernen, ist die Kunst, füreinander nicht zu handeln, zu denken und zu machen, sondern füreinander dazusein. Immer wenn wir Nächstenliebe als ein »Machen für« verstehen, schalten wir nicht ein, sondern aus, setzen wir nicht Freiheit frei, sondern beschneiden sie, geben wir dem anderen nicht mehr Leben, sondern Dinge, die ihn ersticken. Aber wenn es uns gelingt, Worte zu finden, die eine solche Resonanz haben wie die von Martin Luther King, die ein Gefühl erwecken für die unvertauschbare Würde, für die unableitbare Schönheit eines jeden Menschen, üben wir in der Liebe zu Gott die Nächstenliebe. Ein jeder von uns wird solche Menschen brauchen, die ihn lehren, sich selber mit den Augen der ewigen Güte zu sehen. Es kann ganz so sein wie in der Gemeinde von Alabama, daß die Menschen des unmittelbaren Umkreises, die eigenen Eltern, die Nachbarn im gleichen Slum, die Arbeitgeber, die Erzieher, alle eher dazu beitrugen, das Bild Gottes in der Seele zu verfälschen. Und doch wird man entdecken, daß es ein unverwechselbares Bild der Sehnsucht gibt und daß oft ein einziger Anruf genügt. Wir alle haben vor Gott auf immer Bedeutung, Würde und Größe. Wenn irgend wir einen Menschen lieben, wird dieser Glanz in seine Seele steigen. Und wann immer wir es fertigbekommen, einen anderen von seiner Größe zu überzeugen, werden wir gemeinsam Gott näher sein. Keine Gesetze gibt es außer diesem einen: sich selber treu zu sein und Gott, der uns gemacht hat.

Er sprach aber auch zu gewissen Leuten, die auf sich selbst
vertrauen, daß sie »Gerechte« seien und die übrigen für nichts achten,
dieses Gleichnis: Zwei Männer stiegen zum Heiligtum hinauf, um zu
beten: der eine ein Pharisäer, der andere ein Zöllner. Der Pharisäer
stellte sich auf und also betete er für sich: Gott du, ich sage dir Dank,
daß ich nicht bin wie die übrigen Menschen – Räuber, Unrechttäter,
Ehebrecher, oder auch wie dieser Zöllner. Ich faste zweimal in der
Woche; ich verzehnte alles, was ich erwerbe. Der Zöllner aber stand
weit weg und mochte nicht einmal die Augen zum Himmel erheben. Er
klopfte vielmehr an seine Brust und sagte: Gott du, versöhne dich mit
mir, dem Sünder. Ich sage euch: Dieser stieg gerechtgesprochen zu
seinem Haus hinunter, jener nicht.   LK 18,9–14a

D as Thema läßt uns im Neuen Testament nicht los, so wie es
Jesus begleitet hat bis hin zum Ende nach Jerusalem und
Golgota. Er läßt sich ein auf Zöllner und Sünder und richtet sich nicht
nach dem Spruch des geschriebenen Rechtes. Jesus muß in vielen
Gleichnissen versucht haben, zu Verständnis und Mitleid und zur
Überprüfung des eigenen Standortes einzuladen. Nie hat Jesus im
Neuen Testament die Sprache zur Verfügung, die man braucht, um mit
den Männern des Rechts ernsthaft zu diskutieren. Er argumentiert
niemals im Sinn einer doch auch möglichen oder denkbaren Gesetzesre-
form, disputiert nicht über Paragraphen, wie wenn er sie nicht kennte
oder wie wenn er sie nicht des Kennenlernens für würdig hielte.
Jedenfalls muß er gewußt haben, daß, wer Gesetze ändern will, erst
einmal Macht erobern muß und also *im Prinzip* verrät, woran ihm liegt:
an der Menschlichkeit und an der Zusammengehörigkeit grad mit den
Ohnmächtigen. Jesus argumentiert manchmal mit Beispielen und An-
klängen des Alten Testamentes, aber niemals argumentiert er nach der
Art der Theologen, scharfsinnig, begriffskundig, haarspalterisch. Offensichtlich sagt er sich, daß man so von Gott nicht sprechen kann, weil
diese Art zu reden nur verschlimmert, was man antrifft: die Entfremdung des Begriffs von der Wirklichkeit, die Trennung der Lehre vom
Leben und die Verwandlung Gottes in einen Gott der Toten. Jesus hat
offensichtlich gemeint, daß es nur eine einzige Form gibt, von Gott
richtig zu reden, indem man über Menschen so spricht, daß die Worte
menschlich Evidenz haben und das Herz ändern. Ja, Jesus hat sogar

einmal Gott in seiner Väterlichkeit dafür gepriesen, daß er sein wahres Geheimnis nur den einfachen Leuten verständlich mache, den Gelehrten aber überhaupt nicht, weil sie jede Menschlichkeit in Rabulistik und Rechthaberei verwandeln.

Bei den Worten dieses Evangeliums scheint Jesus noch einen Schritt weiter gegangen zu sein. Die Gleichnisse, die er sonst erzählt, wollen und sollen Brücken der Versöhnung schlagen zwischen seinem Standpunkt und dem seiner Gegner. Dies hier ist kein Gleichnis mehr. Es ist ein Beispiel, das grade so sich zu irgendeiner Tageszeit im Tempel ereignet haben kann. Dabei schildert Jesus zunächst ohne jeden bösen Beigeschmack, was für einen wirklich Frommen im alten Israel wie vorbildlich gelten muß. Man ahnt nicht, daß hier eine Falle aufgestellt wird, ein Spiegel, in dem das eigene Porträt verbrennt, wenn man beginnt, sich darin zu erkennen. Es wird nur gemalt, wozu der Rechtgläubige eigentlich bloß nicken kann, ja wie zu sein er sich gradezu wünschen müßte. Die Pharisäer gelten in der Tat als das Beispiel für eine bestimmte Haltung in Sachen Religion. Sie selber bezeichnen sich mit diesem Wort, das übersetzt heißt: die Ausgesonderten, die Besonderen. Denn das sind sie. Sie meinen es besonders richtig, sie handeln ausgeprägt korrekt. Von ihnen freilich auch geht der meiste Widerstand gegen das aus, was Jesus will und verkörpert. Alles, was Christus hier aufzählt, paßt zum Selbstbild jedes wirklich Frommen. Er tut niemals etwas Böses, und wenn es in seinem Leben etwas gibt, wofür er dankbar sein kann, dann, daß er von dem Schmutz und dem Unrat der Welt nie wirklich berührt wurde. Ja, er schreibt dies nicht einmal allein seinem Verdienst zu, er hält dies für eine Gnade Gottes, der gegenüber man dankbar sein muß. Und trotzdem erklärt Jesus mit einem einzigen beißenden Halbsatz schließlich:»Dieser Mann ging nicht gerechtfertigt nach Hause«, will sagen, er war mit seinem Leben, wesentlich betrachtet, unter den Augen Gottes, nicht nur nicht im Recht, sondern vollständig auf der falschen Bahn, als ein Abgesonderter gänzlich im Abseits, nicht nur sozial isoliert, sondern von seinem eigenen Leben entfremdet.

Wie ist das möglich? Es wird in dem Text nicht eigentlich begründet, bis auf den einen Punkt, daß die Frömmigkeit dieses Mannes der Grund seiner Selbstachtung ist und daß für ihn die einzige Art, sich selber zu achten, die Verachtung aller anderen, weniger Guten, weniger Frommen, Minderwertigen ist. Gezeichnet wird, ohne daß Jesus dies näher begründet, die Gestalt eines Menschen, von dem man in der Tat

annehmen muß, daß alles, was er selber an Wertgefühl für sich
aufbringen kann, sich einzig aus dem Bemühen um Korrektheit und
Anpassung an die Norm des Gesetzes ergibt.

Man müßte, um eindringlich genug die Gestalt, die Haltung dieses
Typs von Mensch zu verstehen, daran denken, daß für gewöhnlich wir
alle so sehr im Mißtrauen gegenüber den eigenen Kräften in unserer
Seele erzogen worden sind, daß wir den schlimmsten Irritationen in
Sachen Gut und Böse ausgesetzt sind. Die Neigung, uns selber zu
hassen, gilt fast allgemein als das rechte Instrument, einen Menschen
in die Kultur, auch in die Frömmigkeit und in die Religion hineinzu-
führen. Fast scheint es, als müßte man Menschen erst so weit demo-
ralisiert haben, daß sie gefügig, ordentlich, brav genug werden, um
ohne Widerspruch zu tun, was befohlen wird. Niemals geht dies
ohne enorme innere Reibung, ohne Kämpfe der Unterdrückung gegen sich selber, ohne das ständige Härterwerden des eigenen Charak-
ters ab. Viele mögen bei dieser Art des Erziehungssystems unter die
Räder kommen, aber eine bestimmte Elite wird es immer wieder
schaffen, und sie wird an der Spitze stehen und später die Gesetze
weitergeben. Sie sind dann die Ausgesonderten, die Privilegierten,
die Pharisäer.

In den Augen Jesu sind sie keine Menschen und haben längst schon
aufgehört, Menschlichkeit gelernt zu haben. Hört man sie sprechen,
dann begreift man, warum. In allem, was sie sagen, tauchen sie als
Personen selber nicht auf. Es ist eine Sprache, die es nicht erlaubt,
zwischen Ich und Du sich auszutauschen. Wo man meint, den anderen
als Person zu erreichen oder zu berühren, verwandelt er sich in ein
Bündel von normierten Sätzen. Was man *muß,* schreibt die Bahn seiner
Gedanken vor; was man nicht tun darf, gilt ihm als ehernes Verbot;
seine eigenen Gefühle auszumerzen hat er gelernt; allenfalls die Gefühle des Ressentiments, der Schadenfreude und der gallenbitteren
Empörung sind ihm noch eigen; die Haltung der moralischen Entrü-
stung ist sein Grundgefühl, wenn's noch eines gibt. Aber Freude, Güte,
Weitherzigkeit – solche Dinge machen ihm angst, das heißt, sie würden
ihm angst machen, wenn er sie zuließe. So weit wird es niemals
kommen. Mit Berufung auf das, was sein *muß,* wird er das Leben
abschnüren, und er wird nie begreifen, warum andere mit ihm nicht
zurechtkommen, wo er doch alles so gut meint und alles so richtig tut.
Man kann mit diesen Leuten diskutieren und diskutieren. Wie will man

Menschen von Gott sprechen, für die menschliches Leid keinen Argumentationswert hat, für die Mitleid keine Evidenz besitzt, sondern die selbst dann, wenn Menschen leiden, noch erklären werden, daß dies nach Maßgabe des Gesetzes überhaupt nicht anders sein kann und daß, weil das Gesetz von Gott ist, Gott auch gar nicht anders wünschen kann, als daß dies so bleibt? Das Ende dessen, was Jesus zu sagen hat, ist ein letzter schwacher Aufruf. Es steht hinten im Tempel ein anderer. Er gehört nicht in den Tempel. Sobald ihn die Tempelpolizei erwischt, wird er hinausgeführt. Er ist stadtbekannt, darf man annehmen, und er weiß das selber. Gewiß, daß es Sünder gibt, werden auch die guten Leute alle wissen, und sie sollen auch Zugang haben zum Tempel und zur Gemeinschaft mit Gott, aber sie müssen vorher Buße tun, sie müssen sagen, wie sie sich ändern, gute Vorsätze müssen sie fassen und diese ausführen, damit man ihnen die Reue und den Vorsatz glauben kann, sonst wird auch Gott nicht vergeben, das Gesetz ist das Gesetz. Und es geht zu wie bei Kafka: Wer in das Gesetz will, muß zuerst durch die Türe des Gesetzes, dort steht der Türhüter.

Dieser Mann, von dem Jesus hier spricht, Repräsentant all derer, mit denen Jesus sich abgibt, all der hundertsten Schafe, die in seinen Augen viel zahlreicher sind als die sogenannten Guten, dieser Mann weiß sehr genau, daß er keine Chance hat. Er kann sein Leben nicht ändern, und er wüßte überhaupt nicht, wie. Würde er aufhören, Zöllner zu sein, was er dem Gesetz nach unbedingt müßte – wovon sollte er leben außer vom Betteln? Und er käme auch dann nicht zurecht. Man würde ihm seine Vergangenheit ewig wie einen Strick um den Hals drehen. Er kann nur so weitermachen. Er sitzt insofern im Getriebe, als er inzwischen der Römer bedarf, um wenigstens geschützt zu sein vor seinen eigenen Volksgenossen. Und dennoch möchte er in irgendeiner Form doch leben dürfen, und wenn's ihm kein Mensch erlaubt, irgendwo verstohlen genug hoffen dürfen, daß Gott ihn versteht.

Sie können diesen Mann in der Ecke des Tempels einsetzen für viele, die nicht mehr in die Kirche kommen, weil sie nicht glauben können, daß die Türen offen wären. Aber die Kirche begann sich doch von der Synagoge zu lösen, weil sie glaubte, daß es gegen das Gesetz eine Universalität der Vergebung und des Mitleids gebe. Dieses Evangelium ist ihre Urkunde, ihr Testament, das einzige, wonach sie leben darf und muß und sollte, wenn sie sich auf Jesus beruft.

Krasser, vernichtender, aber auch aufbauender kann man überhaupt nicht reden, als wenn Jesus von diesem hoffnungslosen Fall in eindeutiger Wertung behauptet:»Er ging gerechtfertigt nach Hause.« Und man muß so denken: Schon weil er weiß, daß er der Vergebung bedarf, wird er mitten in seiner Schuld, die unentrinnbar ist, darauf setzen, auch anderen, soviel als es geht, zu vergeben. Es gibt Dinge, die wir nur durch Not und Leid lernen, und dieser Mann hat viel gelernt. Er ist unglaublich viel menschlicher als diese Herren des Gesetzes. Schon weil er die Vergebung braucht, ohne daran wirklich glauben zu können, wird Gott sie ihm geben. Und je mehr er dieses Unwahrscheinliche für möglich hält, wird er's auch selber tun. Denn wenn *er* berechtigt ist zu leben, sind es alle anderen auch.

Das war es, was Jesus meinte, wenn er sagte:»So sollt ihr beten zu Gott: Vergib uns unsere Schuld, damit wir vergeben können und weil wir bereit sind, allen anderen zu vergeben.« Es ist das Ende jeder Form, Menschen einzuordnen, zu normieren, zu fesseln, zu dirigieren. Wenn diese Worte stimmen, muß man anerkennen, daß Jesus im Grunde keine neue Religion hat gründen wollen, wohl aber eine, die die Bande jeder erstarrten Form von Religiosität aufbricht. Es gilt nur eine Art, vor Gott hinzutreten; sie ist in dem Psalm beschrieben:»Denen, die zerbrochenen Herzens sind, werde ich nahe sein.«

ZUM EINUNDDREISSIGSTEN SONNTAG

Als er mit ihnen hinabgestiegen war, blieb er auf einem ebenen Platz stehen – auch viele Leute von seinen Jüngern, und eine große Menge des Volks aus ganz Judäa, aus Jerusalem und dem Küstengau von Tyrus und Sidon. Sie waren gekommen, um ihn zu hören und von ihren Gebrechen geheilt zu werden. Auch die von unreinen Geistern Gequälten wollten sich heil machen lassen. Und viele Leute suchten ihn festzuhalten; denn eine Kraft ging von ihm aus, und er heilte alle.

Und er hob seine Arme zu seinen Jüngern und sagte:
Selig, ihr Armen,
denn euer ist das Königtum Gottes.
Selig, die ihr jetzt hungert,
denn ihr werdet satt gemacht werden.
Selig, die ihr jetzt weint,
denn ihr werdet lachen.
Selig seid ihr, wenn die Menschen euch hassen,
und wenn sie euch ächten und fluchen
und euren Namen als bösen verwerfen
um des Menschensohns willen.
Freut euch an jenem Tag und hüpft. Denn da! Groß ist euer Lohn im Himmel. Denn gerade so machten es ihre Väter den Propheten.
Jedoch: Weh euch, ihr Reichen,
denn weg habt ihr eure Ermutigung.
Weh euch, die ihr jetzt vollgestopft seid,
denn ihr werdet hungern.
Weh euch, die ihr jetzt lacht,
denn ihr werdet trauern und klagen.
Weh, wenn alle Menschen euch schöntun,
denn gerade so machten es ihre Väter den Trugpropheten. LK 6,17–26

D iese Worte Jesu enthalten das gesamte Christentum. In ihnen verdichtet sich die Grundlage, auf der wir stehen, wenn wir die Jünger Jesu sind. Sie bilden die Eintrittskarte in ein verlorenes Paradies, wo die Menschen einander wiederfinden in ihrer ursprünglichen Reinheit, im Besitz ihrer eigenen Größe.

Was ist Glück? Folgt man den gewöhnlichen Bestimmungen, so hat man Glück, wenn das Schicksal einem gewogen ist und man gesund ist, ein ordentliches Einkommen hat, mit seinen Nachbarn einigermaßen gut auskommt und ein ruhiges, zufriedenes Leben führt. Was will man mehr? Solange man *Glück hat*, kann man nicht glücklich werden, denn ob man Glück hat oder nicht, hängt von außen ab, und es tut einem Menschen nicht gut, sich von außen abhängig zu machen. Um glücklich zu *sein*, braucht man eine bestimmte Art der Lebenseinstellung, und sie beschreibt Jesus in den Seligpreisungen.

Warum sind Besitz, Geld und Reichtum so gefährlich? Warum ist es für Jesus mit Sicherheit ein Weg in den Ruin, ins Unglück? Folgt man seinen Worten, so muß man zwischen Gott und dem Mammon wählen, ohne Mittelweg und ohne Kompromiß. Man darf und wird sich nicht erlauben, das Geld einzusetzen als ein Sicherungsmittel gegen die Angst, gegen die Not und die wechselnden Unglücksfälle des Lebens. Gewiß hat man seine Ausreden: Man braucht Geld, um sich dies und das zu kaufen; man braucht es, um sich ein Stück vom Leben leisten zu können; man kauft ein Stück der Zukunft ein. Außerdem: wenn man Geld hat, kann man verantwortlich handeln für seine Familienangehörigen, die eigenen Kinder insbesondere. Lauter Ausreden. Man sieht einen Bettler an der Straße und geht vorbei; denn man braucht sein Geld für Wichtigeres. Man sieht im Fernsehen Tausende in Äthiopien sterben; man wechselt das Programm und lebt weiter, zufrieden, denn man braucht das Geld für Wichtigeres. Man liest in der Zeitung, wie sich das Elend vermehrt; man blättert weiter, denn man braucht sein Geld für Wichtigeres. Immer gibt es Wichtigeres, nur am Ende verliert man das Glück bei all dem Wichtigen. Man hat tausendmal innerhalb von ein paar Jahren gelernt, sein Herz zu verschließen, und immer weniger hat man sich die Chance gewährt, ein Mensch zu sein. Deshalb sagte Jesus eindeutig und klar: »Kein Reicher wird ins Himmelreich eingehen.« Er wird nie wissen, welche Macht Gott in seinem Herzen hat.

Wir können versuchen, uns daran vorbeizureden, aber es wird kein Entkommen geben. Nicht einmal das Versprechen des Geldes läßt sich halten, daß ein Stück der äußeren Existenz sich mit seiner Hilfe beruhigen ließe. Der Tod kann schnell kommen. Aber die Chance, glücklich zu leben, beginnt heute, und wer sie jetzt nicht lernt, wird merken, daß es irgendwann zu spät ist, eigentlich für immer.

Und geht es denn nur um den Reichtum im materiellen Sinn? Ist es seelisch nicht genau dasselbe, daß wir uns schwertun, ehrlich zu sagen, wie arm wir voreinander sind? Statt dessen quälen wir uns, plustern uns auf, machen uns wichtig und wissen nicht, wofür wir sind, denn immer besorgen wir den Unterhalt und das Durchhalten, aber nie das Leben. Es gibt nur eine Art, mit Geld vernünftig umzugehen, das ist, es einzusetzen als Mittel des Glücks. Unsere Augen können so weit sein, zu sehen, was es an Not gibt, die wir lindern können, an Gemeinsamkeit, die wir stiften können, an Freude, die wir verbreiten können. Und die leeren Hände berühren einander inniger, als wenn die Geldscheine in ihnen knistern. Und die Herzen sind einander näher, wenn sie nicht aufgepumpt sind mit Eitelkeiten. Glücklich sind die Armen.

Es ist möglich, daß wir am Ende in unserem Totenhemd keinen Pfennig haben, und genau das zeigt, daß wir richtig gelebt haben. Gewiß steht unsere gesamte Kultur dagegen. Sie lehrt uns, daß wir Reichtum brauchen, und es wird niemand schamrot dabei, durch das Mikrophon zu verkünden und in die Zeitung zu schreiben, daß es noch nie auf dem deutschen Boden eine Republik gegeben hat, die wohlbestellter und wohlhabender als die unsere war. Als Bürger und Steuerzahler und Geldverdiener mag es erlaubt sein, so zu denken. Als Christ müßte man rot werden bis über beide Ohren, denn dieser Wohlstand zerstört die Natur, trennt die Menschen voneinander und schafft jeden Tag sich vermehrende grausame Ungerechtigkeiten.

»Aber«, wird man sagen, »die kommende Generation, braucht sie nicht unseren Fleiß, unsere Ersparnisse, unser Aufgeschüttetes?« – Da ist man bei dem nächsten Wort des Herrn: »Selig, ihr Hungernden.«

Ein Mensch verträgt es nicht, ausgehalten zu werden wie ein Zootier, das Risiko des Lebens abgenommen zu bekommen und seine Freiheit eingegrenzt zu sehen in den Spielregeln bürgerlicher Existenz. Ein Mensch will nicht wissen, wovon er lebt, sondern wofür er leben kann. Er braucht Ideale, Ziele, Dinge, die sein Herz beflügeln. Ein Mensch ist nur so groß wie die Ideale, an die er glaubt. Und selig sind die Hungernden. Nichts ist schlimmer als die Sattheit der Zufriedenen, der durch nichts mehr Aufzuregenden, die von einer angemästeten Schutzzone des Herzens Umgebenen. O ja, man hat uns gelehrt, daß Ideale verkehrt sind, denn sie sind utopisch, und sie stören die Ordnung, sie sind illusionär und gehören in die Schublade der Phantasten, Aussteiger und Traumgeister. – Man muß an Ideale glauben, selbst wenn man sie nicht erreichen könnte, denn Ideale sind Lichter in der Nacht, und ohne sie wäre nur die Finsternis. Und der Hunger des Herzens ist glücklicher für die Menschen als die Beruhigtheit in allem. Gewiß, man kann sagen:»Ein solches Leben wird anstrengend.« Und wieder ist man bei dem nächsten Wort:»Selig, ihr Weinenden.«

Es ist besser für einen Menschen, verletzbar zu sein, Mitleid zu haben, sich engagieren zu können, das Risiko zu wagen, womöglich in und an seinen besten Absichten zu scheitern. Es ist besser, die Tränen hinzunehmen, als die Oberflächlichkeit eines Glücks, das nur immer neue Leiden schafft. Es gibt keinen Menschen, der seelisch leidet, ohne daß hinter ihm ein anderer stünde, der sich die Leiden der Seele erspart durch mangelndes Nachdenken, mangelnde Ehrlichkeit, durch Scheinberuhigungen und Lügen tagaus, tagein, durch den Terror seiner Normalität. Aber andere gibt es, und sie standen Jesus sehr nahe, die von klein an litten, und Menschlichkeit, Verständnis, Güte gelernt haben. Und diese sind menschlicher, wahrer und glücklicher.

»Aber«, wird man sagen,»vielleicht wird man dann mitunter sehr allein sein.« Wenn es so steht, wird man Sturm laufen müssen gegen eine ganze Welt. Und das meint Jesus in der Tat: Besser ist, man verleumdet euch und stößt euch aus und hält euch für Verrückte, als daß ihr euch anpaßt an das konformierte Konsumglück aller. Um ein Mensch zu sein, darf man nicht im ersten und wesentlichen fragen:»Wie muß man es machen?« und:»Wie machen es die anderen?« und:»Wie wollen mich die anderen haben?« und:»Was muß ich tun, um bei ihnen gesehen zu werden und Ansehen zu erhalten?« – Es gibt nur eine Frage, die für die menschliche Existenz wesentlich ist:»Wer bin ich selber? Worauf darf ich hoffen? Welches ist die Wahrheit meines Herzens, und wie kann ich sie leben, und stünde eine ganze Welt dagegen?«

Vier Sätze aus dem Munde des Herrn rollen eine ganze Welt auf. Sie lassen keinen Stein auf dem anderen, und so milde sie gesprochen sind, sie wirken wie ein Erdbeben. Denn wenn sie wahr sind, stimmen die bürgerlichen Götzen nicht mehr, Reichtum, Auskommen, Gesundheit und gesellschaftliche Anerkennung. Wer dies will, mag äußerlich beruhigt im Dasein stehen, geachtet, anerkannt, gesichert und im normalen Verständnis ein beneidenswerter Mensch, aber er wird die Chance vertun, seine Seele zu entdecken und Gott nahe zu sein. Er wird, im letzten gesprochen, aufhören, ein Mensch zu sein. Er wird, je älter er wird, ein grimassierendes Zootier, nicht mehr, nicht weniger.

Nun richten Sie, meine lieben Schwestern und Brüder. Sie können sagen: »So zu sprechen bedeutet nicht, das Evangelium auszulegen.« Dann sollte ich meinen Dienst quittieren, denn ich glaube, daß das Evangelium so ist. Und wenn Sie zeigen möchten, daß es anders ist, versuchen Sie's, ich bitte Sie, nur, es helfen dann nicht die Argumente, daß so zu sprechen bedeutet, die Menschen zu überfordern, so könnte man nicht leben. Den Einwand hat man Jesus auch entgegengehalten. Es nutzt auch nicht, zu sagen, so zu denken, sei verrückt. Es sind die nämlichen Worte, die man auch Jesus gesagt hat. Ist dies aber das Evangelium, dann ist es keinem Priester erlaubt, die Botschaft Jesu zu herabgesetzten Preisen zu verkaufen, um das bürgerliche Sonntagmittagessen einzuläuten. Dann ist dies wahr, und es gibt keine Beruhigung. Es ist dann noch möglich zu sagen: »Dies mag wahr sein, aber es paßt nicht für uns.« Dann ist es nicht möglich, das Evangelium so zu verkünden, daß es wirksam ist für eine Gemeinde, und dies darf und kann nicht sein. Dann aber bleibt nur noch ein einziger Schluß übrig: daß an unserer normalen, bürgerlichen Existenz von Grund auf etwas faul sein muß und daß wir sie ändern müssen, am besten heute noch, weil morgen bereits die Ausreden und Ausflüchte beginnen und der Trott uns einholen wird.

Wir haben die Chance, einander zu begegnen ohne die Grenzen und Schranken des Reichtums, der Sicherheit, der Abhärtung gegeneinander und der Anpassung. Wir haben die Chance, einander das Glück der Liebe, der Freundschaft, des Verständnisses, der Güte, des Wagemuts zu schenken – lauter Dinge, die man nicht im Laden kaufen kann. Wir haben die Chance, einander zu begleiten mit Mitgefühl, Mitleid, Sensibilität, Poesie, Kreativität, Phantasie und dem Reichtum des Herzens. Es wird uns Tränen kosten, aber nicht nur des Schmerzes, oft auch des Glücks. Wir werden vielleicht ständig auf der Suche sein, hungrige Seelen ohne Sicherheit, ohne genau zu wissen, ob stimmt, was wir heute tun, und ob es nicht morgen anders aussehen kann. Aber wir werden uns als Suchende Gott nähern, und wir werden gemeinsam begreifen, daß die Wanderschaft unter den Sternen des Himmels schöner ist als das Ausruhen. Wir werden das Wagnis der Einsamkeit kennenlernen, aber dafür die Verbundenheit wirklicher Freundschaft erfahren. Und sie wird uns tragen zu Gott, unserem Vater.

ZUM ZWEIUNDDREISSIGSTEN SONNTAG

Er machte sich auf und ging nach Sarepta. Als er an das Stadttor kam, traf er dort eine Witwe, die Holz auflas. Er bat sie: Bring mir in einem Gefäß ein wenig Wasser zum Trinken! Als sie wegging, um es zu holen, rief er ihr nach: Bring mir auch einen Bissen Brot mit! Doch sie sagte: So wahr der Herr, dein Gott, lebt: Ich habe nichts mehr vorrätig als eine Handvoll Mehl im Topf und ein wenig Öl im Krug. Ich lese hier ein paar Stücke Holz auf und gehe dann heim, um für mich und meinen Sohn etwas zuzubereiten. Das wollen wir noch essen und dann sterben. Elija entgegnete ihr: Fürchte dich nicht! Geh heim, und tu, was du gesagt hast. Nur mache zuerst für mich ein kleines Gebäck, und bring es zu mir heraus! Danach kannst du für dich und deinen Sohn etwas zubereiten; denn so spricht der Herr, der Gott Israels: Der Mehltopf wird nicht leer werden und der Ölkrug nicht versiegen bis zu dem Tag, an dem der Herr wieder Regen auf den Erdboden sendet. Sie ging und tat, was Elija gesagt hatte. So hatte sie mit ihm und ihrem Sohn viele Tage zu essen. Der Mehltopf wurde nicht leer, und der Ölkrug versiegte nicht, wie der Herr durch Elija versprochen hatte. 1 KÖN 17,10–16

So sagte er in seiner Lehrrede: Seht euch vor den Schriftgelehrten vor, die in Talaren einherzuwandeln lieben, Begrüßungen auf den Marktplätzen, erste Sitze in den Synagogen, erste Liegen bei den Gastmählern, sie, die die Häuser der Witwen verschlingen, sogar unter heuchlerisch langen Gebeten – diese werden ein um so härteres Urteil empfangen.
Da nahm er Platz gegenüber dem Opferstock und sah zu, wie das Volk Geld in den Opferstock wirft. Da warfen viele Reiche viel hinein. Da kam auch eine Witwe, eine Bettlerin, und warf zwei Kleinmünzen, das ist ein Pfennig, hinein. Da rief er seine Jünger herzu und sagt ihnen: Wahrlich, sage ich euch, diese Witwe, die Bettlerin – mehr als alle hat sie eingeworfen von denen, die in den Opferstock einwerfen. Denn alle haben aus ihrem Überfluß eingeworfen, sie aber, aus ihrem Mangel heraus, hat alles, was sie hatte, eingeworfen, ihr ganzes Leben.
MK 12,38–44

Manche Erzählungen der Völker und auch der Bibel stellen unser gesamtes Weltbild in Frage, wenn wir sie wirklich verstehen. Fragt man uns, was eine Legende ist, so werden die meisten geneigt sein, zu antworten, es handle sich da um schöne, erbauliche Geschichten, besonders nützlich für das Fassungsvermögen von Kindern, da sie auf phantastische und wunderbare Weise von etwas Göttlichem berichteten; für uns selber seien Legenden im Grunde etwas Durchschaubares und für unser alltägliches erwachsenes Leben Überflüssiges. Die Erzählung von der Witwe in Sarepta ist eine Legende. Verwandtes finden wir in den Märchenbüchern. Jeder von uns kennt das Grimmsche Märchen von den Sterntalern. Es erzählt die Geschichte eines Mädchens, das alles gibt, was es hat. Aber der Himmel belohnt es und läßt die Sterne regnen, um es reich zu machen. Was sollten solche Geschichten uns wirklich zu sagen haben? Sie widersprechen dem, was wir zu denken gewöhnt sind. Sie künden von einer Welt, die so nicht existiert. Sie sind so sehr von frommem Wunschdenken geprägt, daß sie uns ärgerlich machen würden, verlangte man von uns, sie ernst zu nehmen. Aber heute morgen sollten wir einmal versuchen, die Geschichte von der Witwe in Sarepta ernst zu nehmen, wenigstens deshalb, um den Abstand zu begreifen, der uns von dieser Frau trennt.

Wie denn, da wäre vor rund dreitausend Jahren in den Tagen des Propheten Elija, als der Himmel infolge eines göttlichen Strafgerichtes sich weigerte, zu regnen und das Land zu befruchten, mitten in den Jahren einer Hungersnot eine alleinstehende Frau mit ihrem Kind gewesen, sie hätte tagaus, tagein sehen mögen, wie ihr kärglicher ersparter Vorrat zusammenschmolz, ohne dagegen irgend etwas tun zu können, und als es schon zum äußersten stand, habe sie mit einem hergelaufenen Hungerleider, den sie nicht kannte, den letzten Rest ihrer Habe geteilt? Das widerspricht all unserer Menschenkenntnis. Wo immer Menschen an den Rand gedrängt werden, so daß es in ihrer Not und Angst um Sein oder Nichtsein geht, dürfen wir nicht nur vermuten, sondern sind wir ganz sicher, daß sie kämpfen wie die Tiere, das Bißchen, was sie haben, verteidigen und das, was sie nicht haben, sich mit allen Tricks und Mitteln zu erobern suchen. Not kennt kein Gebot – das ist die Wahrheit, an die wir glauben. Und wie auch nicht? Diese Frau aus Sarepta hat sogar gute Motive. Es ist ihre Verantwortung, für ihr Kind zu sorgen, ihre Pflicht als Mutter ist das.

Man möchte beinah traurig werden und bekommt ein Gefühl von Schuld und Wehmut, wenn man uns auffordert, an Legenden zu glauben. Es stimmt einen fast resignierend, daß hier von einem Gott erzählt wird, der die Güte von Menschen sichtbar belohnt. Wo wäre da unsere Erfahrung? Die Mark, die wir ausgeben, kommt nicht zurück, das lernen wir bei jeder Sparkasse und jeder Bank. Was man weggegeben hat, besitzt man nicht mehr, und auf solche Wunder zu warten ist müßig. Wir mißverstehen, was Legenden sagen wollen, solange wir ablehnend oder zustimmend, in der Welt des Äußeren bleiben. Wir mißverstehen sie, wenn wir glauben, sie gäben uns Rezepte an die Hand, wie wir planvoll, systematisch, vernünftig und verantwortlich als erwachsene Menschen handeln. Legenden sind in gewissem Sinne Geschichten für Kinder und jedenfalls für Menschen, die nie aufhören, Kinder sein zu wollen.

Die Erzählung von der Witwe in Sarepta beginnt überhaupt erst wirklich damit, daß hier eine Frau existiert, die aufgehört hat, zu überlegen, wie sie den morgigen Tag einrichtet. Gut, sie kann gar nicht mehr bis morgen denken, weil keine Grundlage dafür besteht. Aber das Entscheidende ist, daß sie sich in den Augenblick, wie er jetzt existiert, ganz und gar hineingibt. Sie handelt nicht so, wie man es verantwortlich sollte, sie handelt einzig so, wie ihr das Herz jetzt eingibt. Sie überlegt nicht, sie *tut*. Es ist wirklich der Beginn eines Wunders aus einer anderen Welt, zu dem die Religion uns verzaubern möchte und zu dessen Zweck sie Geschichten braucht von der Art der Legenden und der Märchen: Fenster in eine andere Ordnung, beschwörende Bilder einer anderen Realität. Es ist eine andere Welt, die Jesus uns anempfahl, als er meinte, so sollten wir beten: »das tägliche Brot gib uns heute«, und der morgige Tag liege ganz und gar in den Händen Gottes. Es ist der Abschied vom Planen, Ausklügeln und Machen.

Vermutlich liegt das Geheimnis aller menschlichen Wahrheit darin, daß wir die wirklich wichtigen Dinge gar nicht erst zu tun wagen, sobald wir uns mit den Vorstellungen von Wirksamkeit, Veränderung und absichtsvollem Handeln überhäufen. Wir überlasten uns dabei mit einem solchen Maß an Verantwortungsdruck und Zuständigkeit, daß wir resignieren, bevor es überhaupt losgeht. Was zum Beispiel können wir anderen Menschen geben, die in derselben Not sind wie wir auch? Sobald wir anfangen zu denken, müssen wir sagen: »Wir können nur geben, was wir haben, und da wir wenig haben, auch nur wenig.« Tatsächlich und Gott sei Dank handeln wir innerlich oft ganz anders. Wieviel gibt oft ein Mensch dem anderen an Gefühlen, an Zuwendung, an Zeit von seinem eigenen Leben! Viel mehr, als er wirklich hat. Und Tausende von Malen, ohne daß wir's recht gemerkt haben, war doch die Erfahrung: Etwas, das wir geben, ist nicht verloren, wird uns nicht entzogen, sondern ganz im Gegenteil, es kehrt reicher zurück. Es beginnt, sich zu verwandeln, und bildet eine Gemeinsamkeit, aus der auch wir selber bereichert leben können. Grade das, was wir dem anderen mit leeren Händen geben, ist das, was uns erfüllt und menschlich kostbar macht. Das, woran wir uns klammern und von dem wir sagen, es sei unseres, läßt uns schließlich nur leer und beschämt zurück, es macht aus uns kleine Menschen und immer kleinere Geister. Die Weitherzigkeit und die Größe unseres Lebens lernen wir nur, indem wir schauen, was der andere braucht. Und wo immer wir für ihn eintreten, wachsen wir. Legenden erzählen von diesen Wundern Gottes in unserer Seele. Sie sprechen, um uns den Mut zu verleihen, heute, im Augenblick, einfach das zu tun, was stimmt, gleich, was dabei herauskommt. Solang wir noch denken: »Was wird werden?«, sind wir in den falschen Geleisen des Alltags, bei der Welt, die in der Zeitung steht, einer rohen, nüchternen, traumlosen, unmenschlichen Welt. Legenden sind Geschichten, die uns verführen können, an die Ordnung des Herzens zu glauben, an die Wahrheit der Träume, an die Allmacht der Güte – Dinge, die wir sonst nicht lernen können, die auch nicht aus der Welt stammen, die wir mit Händen greifen können. Aber sie werden wahr, wenn immer wir es versuchen.

Zum Sonntag nach Allerheiligen

Zu Beginn des Novembermonats gehen unsere Gedanken den Fragen von Tod und Leben nach. Wir besuchen die Grabstätten unserer Angehörigen, versuchen im Gebet die Verbundenheit mit ihnen erlebbar wachzuhalten und fragen uns selber nach der Kürze des Lebens und dem Sinn dieser winzigen Zeitspanne irdischen Daseins. Kaum eine Frage sonst scheint in unserem Alltagsleben so sehr verdrängt zu sein wie die Frage des Todes. Vor Jahren gab der englische Dichter Evelyn Waugh in seinem Buch »Tod in Hollywood« eine Charakterisierung dieses panischen Schreckens, der uns zu überfallen scheint, wenn wir mit dem Tod konfrontiert werden. Beerdigungsinstitute in der Nähe von Hollywood versuchten und versuchen noch, des Todes mit kosmetischen Mitteln Herr zu werden. Wie das Leben, so das Sterben; der Tod muß schön sein und der Gestorbene womöglich noch attraktiver und noch ansehnlicher, als er zu Lebzeiten war. Es darf die Trauer, die Einsamkeit, die Wahrheit nicht geben. Das Fest, die Party des Lebens verlangt ihre Fortsetzung, die Show muß weitergehen. Hollywood ist keine Ausnahme. Wir ertragen den Anblick von Leid und Schmerz nicht. Wir beharren auf einer Gesellschaft, die funktionstüchtig und störungsfrei abläuft; wir haben den Tod zu einer peinlichen, heimlichen Heimsuchung gemacht.

Niemand verlangt von uns, daß wir die Vorgänge des Sterbens schön oder auch nur menschengemäß fänden. Schon hygienische Gründe scheinen es in der Evolution gewesen zu sein, die uns beim Anblick von Verstorbenen ein instinktives Grausen einflößen. Keine der Linien, die zum Menschen führten, hat irgendwann die Reihe der Aasfresser passiert, so daß wir vor dem Töten anscheinend weniger Ekel empfinden als vor den Toten. Zerfall, Verwesung – was unsere Augen sehen und was unser Gefühl wahrnimmt, ist verletzend, abstoßend und erniedrigend. Das ist nicht vermeidbar. Es stärkt den Willen, leben zu wollen, das ist natürlich für uns Menschen. Aber völlig unmenschlich und unnatürlich und das Leben schädigend ist die Verlogenheit, mit der wir dem Tod begegnen. Eine Gesellschaft wie die unsere hat keine Antworten auf die Fragen, die das Sterben stellt. Sie fühlt sich in Frage gestellt und riegelt sich ab, indem sie lügt. Bis in die Sterbestunden hinein muß dem Kranken von Ärzten und Angehörigen suggeriert werden, daß er gesund werden, daß er bald schon nach Hause kommen wird, daß er schon dabei ist, wieder der alte zu werden. In den Krankenhäusern habe ich Krebspatienten kennengelernt, die bis zur Todesagonie ihren Angehörigen die Posse vorspielen mußten, sie seien unwissend. Sie mußten sich bis zum letzten Augenblick das Gefasel anhören, sie würden bald gesund, sie hätten nur eine harmlose Magenkrankheit. Schließlich schließt man sie an Apparate und Schläuche an, um das Sterben weiter unter die Illusion der Funktionstüchtigkeit und des Wir-schaffens's-Schon, Wir-haben-die-machbaren-Antworten zu zwingen. Einsam in irgendeiner Kammer, abgeschnitten vom normalen Leben, gehen wir aus dem Leben, so wie wir hineingekommen sind, steril und geordnet, ohne Gefühl, Beteiligung und Menschlichkeit.

Die Lüge, mit der wir dem Tod begegnen, ist dieselbe, mit der wir uns weigern, wirklich zu leben. Wir verdrängen das Alter, wir meiden die Krankheit, wir halten den Schmerz nicht aus, wir wissen mit Trauer nicht umzugehen, es ist überall die gleiche schleichende Krankheit, die uns hindert, menschlich zu sein, es ist immer derselbe wahnsinnige Zwang, der uns nötigt, aus dem ganzen Leben eine endlose Party mit Geschwätz zu machen. Es geht um Gehaltsbezüge, um den nächsten Urlaub in Paris oder auf Sylt, um die kleinen Wehwehchen, deren wir Herr werden, und die großen Zusammenhänge, die wir nicht verstehen. Dies heißt nicht leben, und so ist es nicht menschenwürdig. Hinzu kommt der Zwang zur ewigen Jugend: Wir müssen schön bleiben, fit sein, leistungsfähig sein, so daß die Trauer schon mit vierzig beim Blick in den Spiegel beginnt. Mit fünfzig spätestens stehen wir im Konkurrenzkampf mit den Nachfolgern. Mit sechzig spätestens sind wir erledigt, unsere Kultur fügt uns noch zwanzig Jahre hinzu, in denen wir uns dann an die Kinder klammern und sie zu neuen Komödien und Possenspielen nötigen. Es hilft überhaupt nichts, wir müssen spätestens von fünfzehn an lernen, zu leben inklusive dem Wissen um die Endlichkeit, um die Begrenztheit unseres Daseins.

Dann aber gibt es sonderbare Dinge zu entdecken: Der Tod ist kein Würgeengel, er ist ein Zeichen unserer irdischen Existenz. Er ist weise und ein Lehrmeister, wenn wir ihn dafür nehmen. Er nötigt uns mit Sicherheit, uns in dieses Erdendasein nicht allzu heftig zu vergaffen, so als ob es eine andere Welt nicht gäbe und alle Rechnungen nach Hoffnung und Glück hier auf Erden sich bilanzieren ließen. Er nötigt uns zu der heiligen Unruhe, Fragen zu stellen, die die irdische Existenz niemals beantworten wird. Nur wir Menschen werden angesichts des Todes zu der Frage genötigt, warum es uns als einzelne gibt. Der Tod zwingt uns, aus der Masse herauszutreten und die Anonymität zu verlassen, indem wir uns auf ihn einlassen. Er steht vor uns und will uns und möchte, daß wir Antworten haben für unsere eigene Existenz, unableitbar, ohne Ausweichen, ehrlich. In jedem Moment kann der Tod uns fragen, wie wir mit dem Leben umgehen, und er verlangt von uns Tapferkeit, Geradheit, Ehrlichkeit und Weitherzigkeit.

Gewiß können wir auf den Tod mit Vermehrung von Lebensangst, Engstirnigkeit und den Mechanismen sinnloser Verteidigung antworten. Wir können aber grade angesichts des Todes auch lernen, weitherzig zu sein. Alle sind wir Brüder und Schwestern in diesem Erdendasein, heimgesucht vom gleichen Schicksal. Unsere Individualität kann darin bestehen, die Wunderbarkeit, die Seltsamkeit, die Unableitbarkeit, die Schönheit jedes Menschen an unserer Seite zu entdecken, zu fördern und zu vermehren. Dieses Leben, das wir führen, kann ein einziges Konzert der Dankbarkeit sein, daß es uns gibt. Wir sind nicht selbstverständlich, der Tod sagt es uns am allerdeutlichsten, und jede Zeitspanne irdischer Existenz trägt in sich ein Verlangen nach Unendlichkeit, nach Würde nach Liebe, nach Ewigkeit. So sind wir Menschen.

Wenn wir die Gräber besuchen, tun wir's mit Symbolen, die in Jahrhunderttausenden der Menschheitsgeschichte geformt wurden.

Wir stellen Lichter auf die Gräber und erinnern uns selber an die wohl geheimnisvollste Erfahrung der Menschheit: wie aus totem Stein und morschem Holz Licht und Wärme hervorzugehen vermag, etwas jahrhunderttausendelang völlig Unbegreifbares, ein langsam sich formendes Bild für die Gewißheit, so sei's mit unserm Leib; wenn er verfällt, kalt wie Stein, modrig wie Holz, sei er dabei, die Lichtkraft und die Wärme der Seele und des ewigen Lebens hervorzubringen.

Wir legen Blumenkränze auf die Gräber, um zu sagen, daß der Ring des Lebens sich nur schließt im Tod, aber das Dasein nicht endet, sowenig wie Blumen, die geschnitten werden. Im Erdreich bleibt ihre Kraft, und im beginnenden Frühjahr werden sie wiederkommen. So möge das Geheimnis der Erde den toten Leib eines Angehörigen aufnehmen und Gott zurückgeben im Kreis des Lebens für die Ewigkeit.

Wir pflanzen Bäume auf die Gräber, weil auch sie im Abwerfen der

Blätter und Begrünen im Frühjahr Bilder der Unsterblichkeit sind, aber mehr noch Wegweiser zwischen Diesseits und Jenseits, Himmel und Erde, Symbole für die Traumreisen der Seelen, so wie in den Märchen und den Mythen Menschen an den Bäumen in den Himmel emporklettern und die Mächte des Himmels herniederschauen und herniedersteigen, um sie in Empfang zu nehmen.

Bilder sind dies, an die tiefer zu glauben wir wieder lernen müßten. Denn wir haben in Wahrheit ein Recht auf ewige Schönheit, ewige Jugend, ewiges Glück. Wir vertun es, wenn wir dies alles von unserem Körper, von unserer irdischen Existenz erwarten. Jene Bilder bereiten sich *innerlich* vor, denn schön ist unser Wesen, Jugend unser Schicksal in der Erfahrung einer immer neuen Entfaltung, Bereicherung und Entwicklung im Leben miteinander. Und ewig ist das Glück, in die Wahrheit unseres Lebens einzutauchen. *Ganz* sind wir gemeint, immer dürfen wir sein. Und unzerstörbar ist die Liebe, die Gott selber ist.

NACHWEISE

Die alttestamentlichen Texte in diesem Band sind der Einheitsübersetzung der Heiligen Schrift (erschienen in der Katholischen Bibelanstalt, Stuttgart, und im Österreichischen Katholischen Bibelwerk, Klosterneuburg) entnommen; die neutestamentlichen Passagen sind wiedergegeben nach Eugen Drewermanns Übersetzung des Markusevangeliums (im Walter Verlag, 1989) und nach dem Neuen Testament in der Übersetzung von Fridolin Stier (bei Kösel und Patmos, 1989).

Die folgende Übersicht gibt den biblischen Bezugstext und das Datum der einzelnen Predigten an.

S. 151	Mk 7,1–8. 14–15.21–23	22. Sonntag	28. 8. 1988
S. 158	Mt 18,15–20	23. Sonntag	5. 9. 1987
S. 164	Lk 14,25–32	23. Sonntag	10. 9. 1989
S. 170	Mt 18,21–35	24. Sonntag	16. 9. 1990
S. 179	Lk 15,11–32	24. Sonntag	17. 9. 1989
S. 185	Lk 16,9–13	25. Sonntag	18. 9. 1983
S. 189	Lk 16,19–31	26. Sonntag	25. 9. 1983
S. 194	Lk 17,5–10	27. Sonntag	4. 10. 1986
S. 198	Mt 22,1–14	28. Sonntag	14. 10. 1990
S. 204	Lk 17,11–19	28. Sonntag	11. 10. 1986
S. 208	Mt 22,15–21	29. Sonntag	20. 10. 1984
S. 213	Mt 22,34–40	30. Sonntag	28. 10. 1984
S. 218	Lk 18,9–14 a	30. Sonntag	26. 10. 1986
S. 223	Lk 6,17–26	31. Sonntag	4. 11. 1984
S. 228	1 Kön 17,10–16; Mk 12,38–44	32. Sonntag	6. 11. 1988
S. 232		Sonntag nach Allerheiligen	3. 11. 1985

Eugen Drewermann

Wort des Heils
Wort der Heilung

Von der befreienden Kraft des Glaubens

Gespräche und Interviews
Herausgegeben von Bernd Marz

Band I
1988, 6. Auflage 1991, 212 Seiten.
Leinen mit Schutzumschlag

Band II
1988, 3. Auflage 1990, 224 Seiten.
Leinen mit Schutzumschlag

Band III
1989, 156 Seiten.
Leinen mit Schutzumschlag

Die Gespräche und Interviews mit Eugen Drewermann
zeichnen den Weg der Suche nach Erkenntnis von Wahrheit und den verborgenen Ort ihrer Quelle. Ein Grund für
das Interesse seiner Gesprächspartner dürfte darin liegen,
daß er »alte Wahrheiten« über den Tag hinaus in einer
neuen bildhaften und verstehbaren Sprache aussagt, fühlbar macht und so die gewohnten Aufspaltungen in »Einsichten des Herzens« und in »Erkenntnisse des Verstandes« überwindet. Die Menschen spüren, daß Drewermann
weiß, wovon er spricht; sie wissen, daß er selbst einzulö-
sen bereit ist, was er heute von Theologie und Kirche
fordert: Rückkehr zu einer unmittelbaren Ehrfurcht vor
dem Menschen, seiner Daseinsangst und seinem Leid.

PATMOS VERLAG DÜSSELDORF

Eugen Drewermann

Der offene Himmel

Predigten zum Advent und zur Weihnacht

Herausgegeben von Bernd Marz

1990, 3. Auflage 1990, 220 Seiten

Dieses Buch vereint Predigten von Eugen Drewermann zur Advents- und Weihnachtszeit, die im letzten Jahrzehnt entstanden sind. Sie veranschaulichen einerseits seinen auslegenden Umgang mit dem biblischen Wort und werden andererseits dem Leser zur Inspiration für sein eigenes Meditieren der Feste des Kirchenjahrs. Zugleich zeigt sich hier, daß die gottesdienstliche Homilie der ursprüngliche Ort von Eugen Drewermannns Theologie ist. Vieles von dem, was in seinen großen Werken breit entfaltet ist, erscheint hier in konzentrierter Form, in seiner originären und originellen Gestalt des gesprochenen Wortes. In immer neuen Angängen nähert sich der Prediger den biblischen Texten, so manches Mal wiederholt sich das Thema, das Grundmotiv in den verschiedenen Jahren, immer aber kommt Neues hinzu – aus dem Geschehen in Gesellschaft und Kirche, aus erneutem, intensivem Nachsinnen und theologischer Auseinandersetzung, aus therapeutischer Erfahrung mit den Menschen. Meditatives Verweilen solcher Art führt in die Tiefe. In dieser Auslegung der Schrift geschieht der Brückenschlag zwischen dem verkündigten Wort und dem Hörer des Wortes, und es geschieht, daß Menschen der Gegenwart sich durch christliche Tradition auf ganz neue Weise in An-Spruch genommen sehen.

PATMOS VERLAG DÜSSELDORF

Eugen Drewermann

Leben, das dem Tod entwächst

Predigten zur Passions- und Osterzeit

Herausgegeben von Bernd Marz

1991, 301 Seiten

Von jeher hat das Christentum in das Zentrum seiner Botschaft die Rede von Leiden, Tod und Auferstehung Jesu Christi gerückt. Auch in der liturgischen Feier stellt das Gedächtnis dieser Ereignisse alljährlich den Höhepunkt dar. An den Sonntagen der Fastenzeit bereitet sich die Gemeinde auf das »Mysterium paschale« vor; in den Sonntagen nach Ostern klingt das große Geschehen nach. Die biblischen Lesungen dieser Zeit handeln immer wieder neu von den existentiell bewegenden Fragen Angst, Schuld, Nichtwissen, Leid, Tod, (ewiges) Leben. Eugen Drewermanns Predigten folgen diesem liturgischen und inhaltlichen Rhythmus. Und sie lassen darin ihre Leser ebenso wie seinerzeit ihre Hörer entdecken, daß es in Passion, Sterben und Auferweckung Jesu um eine Realität geht, die das Leben des Menschen von heute mit seinem Fragen, Suchen, Leiden und Gelingen an-geht.
Der Band schlägt theologisch und anthropologisch den Bogen von dem so realistischen Wissen des christlichen Glaubens um die staubgeborene, erdgebundene Existenz der Menschen (Aschermittwoch) über die unausweichliche und durch nichts zu beschönigende Erfahrung des Sterbenmüssens (Karfreitag) bis hin zur österlichen Hoffnung, daß die Liebe – Gottes zu den Menschen und der Menschen zueinander – die Macht des Todes zu brechen vermag.

PATMOS VERLAG DÜSSELDORF